不厚黑也能成功的心理學

作者——李恆

人和人之間，最短的距離是曲線

史蒂芬・柯維（Stephen Richards Covey)博士

每個人心裡都有**一本存摺**，
儲蓄可以增進人際關係的『情感』。
儲蓄得越多，你的財富就越富足。

換位思考，不耍心機也能贏得他人信任

目錄

Contents

Contents

Contents

推薦序

二十一世紀的社會是一個什麼樣的社會呢？

也許，每個人都有自己的觀點和看法。

在我看來，無情的競爭和壓力已經從四面八方襲來。只要你活著，就無法逃避。

你手中的「飯碗」還穩定嗎？

在一個不斷變化的世界裡，公司的破產、倒閉、裁員等都是司空見慣的事情。作為公司一員的你，可能隨時都面臨著被資遣的危險。

你不感到恐懼嗎？

面對未來，很多人不敢想像；面對明天，很多人一臉茫然。

你也許並不滿意自己的職位、自己的生活，可是當你發現，就連手中的這個職位和生活都無法獲得保障的時候，你還怎麼去奢談成功？

為什麼會這樣？

為什麼經歷了多年的社會打拚，你才得到這樣一個結果——朝不保夕，戰戰兢兢，沒有高薪，沒有休假，升遷無望，成功無門。

在我看來，原因可能有很多，但最關鍵的一點，就是你在追求成功的過程中，做事的方法不對。

常言道：想致富，找出路；想成功，找方法。

一個想成功的人，一定要用對方法。

舉一個例子，假設你在一家公司上班，那麼身為一名下屬，必須要和主管溝通。

溝通的時候要注意：兩點之間最短的距離是直線，但是在人和人之間，最短的距離是曲線，因為有些話不能直接說。特別是在一些企業中，主管開會說出一個想法，他在說這個東西的時候，可能連自己都沒有想清楚，底下人也不會對他提出質疑，全部回家關上門自己揣摩。

再比如說，開會的時候，提建議給老闆時要注意：第一，不是最緊急、最重要的問題不要提；第二，有想法、但無具體實行辦法的問題不要提，因為沒有必要提出一個解決不了的問題，只提最緊急、最重要、有想法、也有具體實行辦法的問題。

為什麼？很簡單，老闆開會，一般要解決的是他認為亟需解決的問題，也就是說，老闆開會自有他的目的，假如你總是提了與開會議案背道而馳的問題，那不是亂上添亂嗎？再者，老闆是請你來協助他解決問題的，不是讓你提一大堆沒意義的問題或建議的。

類似的問題，在本書裡提到很多，剖析得也更加專業、深入。令我更高興的是，從心理學的角度談成功，確實能指引讀者一個新的方向。

一個人在走向成功的歷程中會遇到無數的問題，面對這些問題的時候，你選擇做事的方式能不能讓對方滿意，決定了你最終能不能取得成功。

那麼，面對一件事情時，知道對方是怎麼想的、對方希望你怎麼做、你怎樣才能讓對方滿意就顯得非常重要了。而要做到、做好這一點，從心理學的角度去思考無疑是一條捷徑。

鑑於此，我們必須掌握相關的心理學知識，所以我鄭重向大家推薦本書。

書中選取了在追求事業成功和生活幸福的過程中較為常見的問題，從心理學的角度深入分析，並給出一些比較實用的解決方法。相信本書一定能夠在你追求成功的過程中，助你一臂之力。

李澤堯

前言

什麼是成功？教育部國語辭典上面寫道：「成功，達成目標、成就功業。」言簡意賅。成功在每個人心中的定義是不一樣的，因為成功是因人而異的！

世界著名的管理學家傑克·威爾許認為，成功就是「一旦你產生了一個簡單的、堅定的想法，只要你不停地重複它，終會使之成為現實。」

成功其實很簡單，在每個領域都取得成功的人，並不是非要獲得世界之最不可才是成功！只要透過努力得到自己夢寐以求的東西，並產生了價值被肯定的滿足和喜悅，這就是成功！

人生是一場沒有硝煙的戰場，撲朔迷離，成功的道路上布滿了荊棘，每個人都會遭遇種種意想不到的挫折和失敗。此時，即使有人告訴你如何做，恐怕你也會充滿著疑惑和不解。

例如，大家都知道應該擁有一個正向的人生態度，但是究竟如何才能做到不抱怨，心態平和而積極向上呢？在失落和壓力下，我們都知道要冷靜，但是究竟應該如何控制自己的情緒呢？

再如，在職場中，我們怎樣才能先人一步獲得晉升和加薪的機會呢？在人際交往中，到底應該如何透過身體語言看破對方的真實意圖呢？在帶領團隊達成目標時，怎麼樣才能影響和引導隊員，更好地發揮他們的潛能呢？

在我的培訓經歷中，幾乎每堂培訓課上都會有學生問一些非常尖銳的問題，其中涉及最多的就是如何才能取得成功。

學生問：「我們都想追求成功，也曾閱讀過很多勵志的書，但是將那些理念和技巧運用到生活中的時候，為什麼經常會遇到一些瓶頸呢？」

我的回答是：「成功的理念是對的，技巧也可以當做參考。大多數人的問題出在細節。」

學生問：「那麼如何才能將這些理念和技巧融入到細節呢？」

我的回答是：「學學心理學吧！」

……

在我的職業生涯早期，有一次很尷尬的經歷：

眼看一筆生意就在眼前了，最後卻神不知鬼不覺地泡湯了。事後詢問才知道，只是因為談判時衣著太隨便了，牛仔褲、夾腳拖，從不扣鈕扣的襯衫。而合作的對象是一家精密儀器的組裝公司，在合作夥伴的選擇上，對細節的關注幾乎到了苛刻的程度。直到這時，我才明白為什麼客戶在談判時總是皺著眉頭。

這件事情對我造成了很大的影響，我經常為當時沒有注意到客戶心理的變化而自責，但自責沒有用，成功的機會就這樣稍縱即逝。

在追求成功的道路上，我們需要面對各式各樣的未知情況，很多事情不是單憑一些技巧就可以解決的。許多事情如果你想深入了解，就必須多問幾個「為什麼」。多年的職場耕耘，我漸漸領悟到，很多問題如果追根究柢，就只能用心理學的知識來回答了。

現今，心理學不僅被廣泛地應用到生活領域，更被嫁接到社會的各個層面，作用於人們的思想行為。學好成功中的心理學，我們才能在生活和工作中真正地擁有一個樂觀的心態，一個正確的自我主觀意識；我們才能更好地把握自己的事情、控制自己的情緒，更好地融於集體、更好地適應環境……對自己的生活和工作能有一個清晰的規劃，對自己的人生有明確定位和追求，才能加快成功的步伐。

本書側重以生動的故事點題，解釋抽象的概念。在數不勝數的故事中堅持優中擇優的原則，努力讓讀者有耳目一新的感覺，在恍然大悟中感嘆：原來這都是心理學。筆者以故事作為切入點，輔以深入淺出的分析，希望把讀者帶入「成功劇場」的觀眾席，看劇中人如何表演，或聰明或愚頑。筆者認為，這是以多對一的、耐心的教導。

本書不乏經典的案例，沒有多費口舌在沒必要解釋的地方，相信讀者自會有獨立的判斷。

第1章 慣性思維
別讓慣性控制你

什麼叫做慣性思維

談到什麼是慣性思維，我們先來看一則有趣的小故事：

有一天，著名心算家阿伯特．卡米洛正在表演心算，忽然有人出了一道題：

「一輛載著兩百八十三名旅客的火車駛進車站，有八十七人下車，六十五人上車；下一站又下去四十九人，上來一百一十二人；再下一站又下去三十七人，上來九十六人；再下下一站又下去七十四人，上來六十九人，再下下下一站又下去十七人，上來二十三人……」

那人剛說完，心算大師便不屑地回答道：「很簡單！告訴你，車上一共還有……」

「不，」那人突然打斷他，「我是請您算出火車一共停靠了幾站。」

以心算聞名於世的阿伯特．卡米洛頓時呆住了，面色難堪，他沒想到這個人會問這麼簡單的加減法。

卡米洛的錯誤就是陷入了一種慣性思維。而這種現象在我們的工作、生活中都是很常見的，我們每個人都有不同程度的慣性思維，不論在做事或說話時都呈現出一種慣性狀態。無論對待什麼事情，都會自然而然地順著過去的習慣思考，得出結論，付諸實踐。

在心理學上，我們把這種按照累積的思維活動、經驗教訓和已有的思維規律，在反覆使用中所形成的相對穩定的、定型化的思維路線和方式稱為慣性思維。

關於人們做事時的慣性思維，美國心理學家愛德華曾做過一個有趣的實驗：

他在房間內放上三種顏色的氣球，紅色氣球的數量最多，黃色氣球為五個，綠色氣球為四個，然後請六十名受試者到房間內數出紅色氣球的數量，時間為二十秒。

他們出來後，心理學家詢問他們看到了幾個黃色氣球、綠色氣球，卻沒有詢問他們看到了幾個紅色氣球，由於他們只專注紅色氣球，沒有注意其他氣球，所以沒有一個人答對。

雖然這只是一個實驗，卻準確地證明了人們慣性思維心理的存在。

無論是在工作中還是在生活中，如果你細心觀察，便會發現：當我們突然遇到一件事情時，都會自然而然地順著過去的習慣來思考和抉擇。

很多人可能會有疑問：為什麼慣性思維總會像影子一樣跟隨我們，並使我們的決策和行為呈現出一種慣性狀態？

從心理學的角度看，這其實是一種很正常的現象，這是我們心理反應的一種常態。

當我們在做某件事情或者表達某個觀點時，我們會認為自己所掌握的知識和經驗都是已經被證明為正確、完整的，至少是可供借鑑的，所以，當我們習慣性地依照自己以往的知識和經驗去思考問題的時候，會有一種安全感。另外，思維上也會有一種順暢、方便和快捷的感覺。

但是，我們必須注意到，當我們毫不猶豫地根據這些知識和經驗去行事的時候，結果卻常常事與願違。

因為慣性思維在帶給人們方便與快捷的同時，也束縛了人們的認知，使人們總是按照以往的思維思考問題、解決事情，導致人們不能更好地適應變化，致使命運的天平偏向失敗、荊棘、坎坷的一方。

在追求成功的道路上，請大家思考一下這個問題：為什麼面對著同樣的環境，不同的人卻會取得截然不同的結果？

這樣的事情經常發生在我們身邊。

同時大學畢業、同時進入一家公司並從事相同工作的人，幾年之後，有的已經成為部門主管，有的還在原地踏步；同時到大都市打拚的年輕人，幾年之後，有些人已經在大都市買房，有些人返鄉創業，而有些人卻背起行囊，遠走他鄉。

其實，這與人們長期以來養成的對待問題、困難時的態度有著緊密的關係。

成功之人能夠適時調整自己的態度，認清順境和逆境中的不同，不停地打破慣性思維，進而在逆境中尋找便捷的方式；失敗之人習慣採取消極的思維方式與行為態度，面對順境時可能看不出差異，一旦遭遇逆境，便感到迷茫、不知所措，在徘徊中虛度光陰，有些人甚至還走了下坡路。

由此可知，把握好慣性思維對我們而言有多麼重要。在工作和生活中，要想保證良好的思維狀態，人們就需要認清慣性思維，勇於打破慣性思維，從自己現在的狀況出發，了解自身的處境。碰到如意的事情時，要克服自我膨脹的思維；碰到不如意的事情時，要克服恐懼負面的心理。多一分勇敢和堅定，我們就離成功更近一步了。

見怪不怪、常見不疑

在軍事、商業和生活中，人們常用「見怪不怪、常見不疑」的思維方式，利用對方的慣性思維取得突破，獲得成功。

人們常常利用對方的慣性思維心理，以重複的行動展現在對手面前。這種方式往往會影響對手下一步的預測，對手會認為我方還會繼續保持同樣的行為模式，遵循某一固定的模式。此時，如果我們突然改變行動，往往會達到意想不到的結果。

在《三國演義》中，就有這樣一個很有趣的故事：

東漢末年，黃巾軍進攻北海。北海太守孔融被黃巾軍管亥圍困在都昌。孔融打算向平原太守劉備求救，但敵人圍兵重重，無法出城。這使得孔融一籌莫展。

此時，名士太史慈求見，請求突圍。他胸有成竹地對孔融說：「現在敵軍圍困嚴密，如果硬往外衝，那無異於羊入虎口，要想成功，須用奇計。我如今已想出了一條妙計，定可為您搬來救兵。現在軍情緊急，請您別再猶豫了。」孔融雖不願讓太史慈去冒險，但見他胸有成竹的樣子，便答應了他的請求。

第二天天剛亮，太史慈匆匆地吃完早飯，然後提了弓箭，扛起箭靶，騎上快馬，打開城門衝了出去。城外的敵軍見城中有人衝出來，以為是來挑戰的，便急忙調動人馬準備迎戰。誰知太史慈下了馬，來到城邊的一個壕塹裡，栽好靶，一個人不慌不忙地練起箭來。太史慈練了好一陣，然後扛起箭靶，進城去了。圍觀的人嘀咕了一陣子，起初都感到奇怪，便遠遠地站著不動，後來見他只是練箭而已，這才放心散去。

第二天，太史慈騎上馬，又扛著箭靶來到壕塹裡練箭。這一回，圍觀的敵兵不那麼警惕太史慈了。他們有的躺著不動，有的還圍上來閒看，相互間耳語一番，評論他的箭法如何如何。太史慈足足練了兩個時辰，最後又扛起箭靶，騎馬進城去了。

到了第三天，太史慈又扛著箭靶出城了。圍觀的人以為這個古怪的人物又出來練箭了，便不再理會他。誰知太史慈這次卻把箭靶一丟，揚鞭策馬，徑直衝向城外。

當圍城大軍清醒過來時，太史慈已經衝出重圍。他們氣急敗壞地派人追趕，太史慈卻早已跑得無影無蹤了。

太史慈來到平原郡，向劉備請求援軍。於是劉備派出精兵強將三千名，跟隨太史慈去解都昌之圍。圍城大軍得知劉備的援兵到來，再也無心攻城，四散退去了。

人們對於司空見慣的事情不會感到意外或者產生疑惑。故事中的太史慈正是利用了這一點，以不斷重複的行為來麻痺對手，成功地使對手陷入慣性思維的誤區，而後出其不意地行動，突破重圍。

在商業競爭上，同樣的計策也可以出其不意地打擊對手，就像處於弱勢的古爾德最後卻控制了西聯匯款一樣。

古爾德是美國商業市場老手。西元一八七八年，他投資一百萬美元（約新臺幣三千萬）成立了一家電報公司。

在此之前，西聯匯款一直獨占著電報市場的生意，因此古爾德的電報公司可以說直接威脅到了西聯匯款的利益。

面對威脅，西聯公司的董事決定不惜任何代價收購古爾德的公司。他們認為這麼一來就可以除掉這個惱人的競爭對手。

然而過了幾個月，古爾德又開了一家電報公司，再一次和西聯匯款展開了競爭。同樣的事情再度發生，西聯又出資買下了古爾德新開的公司。不久後，這樣的事情又發生了。可是這次西聯匯款卻吃驚地發現，西聯公司的經營權已經落入了古爾德手中。

西聯公司的董事以為古爾德的目的只是等著被高價收購，從中賺取利潤。其實古爾德是在轉移西聯的注意力，並透過西聯公司的收購行為在西聯內部安插自己的人馬。與此同時，古爾德搶在西聯公司之前高價購買了愛迪生的四重發報機專利，進而在故伎重演的掩護下，以內部蠶食和專利權作為要脅，一步步控制了西聯的經營權。

古爾德採取的是一種反覆模式的心理戰術，以重複的行動展現在對手面前，讓他們相信自己會繼續保持同樣的行為模式。這種模式掌控著西聯匯款的心理預測，他們認為古爾德的行為會遵循一個固定的模式，再開一家公司也只不過是在重複上一次的行動。正是這種觀念，使得他們落入古爾德設下的圈套而不自知。

可以看到，無論是在生活中還是在競爭中，如果能很好地運用心理學的科學原理和方法，利用對手的心理活動規律，往往能使對方在不知不覺中接受心理暗示，落入另一方的心理圈套，以小的代價取得大的勝利，甚至兵不血刃，不戰而勝。

別讓慣性左右自己

慣性思維是指一個人對環境的適應程度，這裡的環境包括周圍的一切事情，拿我們搭乘公車來說，當公車加速時，人們的身體會向後仰；公車減速時，人們會向前傾，人們總是很難在瞬間保持一定的平衡性，這是因為人們的身體受制於物理慣性的作用。從慣性思維的角度來看，人們的心理同樣也存在著這樣一種慣性，甚至有人認為：我們的命運經常被習慣所主宰。

透過慣性思維來解決問題既有積極的一面，也有消極的一面。它容易使我們產生思想上的惰性，養成一種呆板、機械、千篇一律的思維習慣。當遇到新問題或者環境發生變化後，慣性思維往往使我們在思考問題時出現盲點，步入思維的誤區。

美國心理學家邁克曾經做過這樣一個實驗：

他從天花板上垂下兩根繩子，兩根繩子之間的距離超過人雙臂展開時的距離，如果你用一隻手抓住一根繩子，那麼另一隻手無論如何也抓不到另外一根。在這種情況下，他要求一個人把兩根繩子繫在一起。不過他在離繩子不遠的地方放了一個滑輪，意思是想幫助繫繩的人。然而，儘管繫繩的人早已看到這個滑輪，卻沒有想到它的用處，沒有想到滑輪會與繫繩活動有關，因此無法完成任務和解決問題。

但是，很多人在看到滑輪後的反應是：滑輪是吊起重物時可以省力的一種工具，對目前的問題一點幫助也沒有。

其實，這個問題很簡單。如果繫繩的人將滑輪繫到一根繩子的末端，用力讓它盪起來，然後抓住另一根繩子的末端，待滑輪盪到他面前時抓住它，就能把兩根繩子繫在一起，問題就解決了。

實驗中，這位著名的心理學家對部分受試者給了指向性的暗示，對另一些受試者則沒有給予任何暗示。結果，得到暗示的受試者絕大多數都快速解決了問題，而沒有得到暗示的人幾乎沒有一個能抓住另外一根繩子。

不可否認，當我們遇到一些需要重複操作的事情，或者一些經常遇到的情況時，慣性思維可以使我們更快地找到解決問題的方法。但當一個問題的條件發生變化時，思維的慣性往往會使我們墨守成規，局限於以往經驗和知識的框架中，難以湧現新思維、做出新決策。

看看我們周圍，有很多事情已經是「昨是今非」了。例如，在工業生產時代，幾乎每個工廠都要求員工打卡上下班，那是因為工廠內的工人必須各就各位，連續生產才能夠開始。但是在很多企業中，如果要求每位銷售員每天必須打卡簽到，無疑會使很多銷售員浪費很多寶貴的時間，錯失很多抓住客戶的良機。

沒有一成不變的事物，也沒有放諸四海皆準的真理，必須有變化地看待我們所遇到的各種問題。特別是在這個日新月異的時代，如果總是用自己過去的經驗來看待新情況，必然是行不通的。

因為不同的問題之間既有相同之處，也有差異之處，在一些相同的問題面前，我們長期以來形成的慣性思維有助於解決問題。但當問題之間存在較大的差異時，慣性思維卻有礙於解決問題。

在工作和生活中，我們都會遇到各種新的問題和挑戰，此時我們要秉持著正向的心態，要相信無論是什麼問題，總會有解決的方法。同時，我們也要有打破慣性思維的意識，很多問題我們只要換個角度思考，往往都能迎刃而解。在一些問題面前，我們經常會陷入「堅定不移」的慣性思維。在這種情況下，最有效的辦法就是開闊我們的視野，改變我們既有的思維方式，時刻警惕自己不要落入「經驗」的陷阱。

自我設限的悲哀

在英國的田徑運動歷史中，班尼斯特永遠是一個不可不提的人物。因為他是人類歷史上第一位用了不到四分鐘就跑完一英里（一千六百零九公尺）的人，他所創造的這一紀錄後來雖然被超越，但仍舊被認為是二十世紀世界田徑史上最偉大的奇蹟。

在班尼斯特達成這一奇蹟之前，從十九世紀初開始，無數人夢想著完成這個目標，但最後都以失敗告終。一九四五年，瑞典人根德爾·哈格跑出四分一秒四的成績，但在此後的八年間，再也沒有人接近這個目標。

於是大眾一致認為：四分鐘內跑完一英里，對於人類來說是絕對不可能的，這是人類的極限。

但是，就在一九五四年五月六日這個刮著寒風的日子，在一個剛下過雨的煤渣跑道上，一位醫學院的學生——班尼斯特打破了這個「極限」——他只用了三分五十九秒四的時間就跑完了一英里。

當人們還處於驚訝和困惑的時候，一連串的奇蹟出現了：

在班尼斯特打破紀錄後，不到五十天，一位叫約翰·蘭迪的人就打破了班尼斯特所創的紀錄，跑出了三分五十七秒九的成績。在接下來的十五年當中，班尼斯特的紀錄先後在一百七十七場比賽中被打破了兩百六十次。自此，四分鐘內跑完一英里這個曾經的極限就變成了一個玩笑。

這個故事可以引起我們很多思考。

自從人類文明開始一直到一九五四年，數千年時間，為什麼沒有一個人打破這個紀錄呢？是因為前人沒有這個實力？不是的！是因為所有人都認為這是一個不可能做到的事情。所有人都把這一目標視為無法達成的極限。

從班尼斯特打破這個紀錄之後，短時間內這個紀錄不斷地被超越的結果看，很多比班尼斯特更有實力的人在此前都受到了這種群體性自我設想的影響。

班尼斯特是如何突破的呢？

根據資料顯示，醫學專業出身的班尼斯特當時並不認同大眾的這個觀點，並發誓要成為第一個突破四分鐘極限的人。為了達成這一目標，他堅持從自己所學的醫學知識出發，一直獨自訓練，並刻意地遠離那些灌輸自己「不可能」思想的教練和經紀人。為了證明自己的觀點，他還特意挑選了一個刮著寒風的雨後下午，他以自己的行動否定了當時人們口中的「極限」，也讓自己成為了人類突破自身極限的永恆象徵。

美國著名心理學家赫緒勒說過：「二十世紀人類最可怕的悲劇不是地震，也不是原子彈在廣島爆炸，而是從未意識到開發人類龐大的潛能。」

我們都知道，平時跳蚤可以跳起自己身高一百倍以上的高度。如果替跳蚤蓋上一個玻璃罩再讓牠跳，牠一下撞到玻璃罩上，連續跳過多次以後，跳蚤跳的高度就降低了，不再碰到玻璃罩。接著再換更矮的玻璃罩，跳蚤很快改變跳的高度。最後，玻璃罩接近桌面，這時跳蚤已經變成「爬蚤」了。跳蚤在牠的環境中多次受到挫折，心靈上被加上了一個「罩」，原本行動的潛能就被扼殺了。

心理學上把這種現象稱為自我設限。自我設限就是自己在內心默認了一個「高度」，這個「心理高度」常常暗示自己：「這件事情，我是不可能做到的。」在這種「不可能」的心理暗示下，一些人會轉身離去，但更多的人是在這個「高度」下陷入目標缺失的沮喪和苦悶。

有一次，我替一家企業的銷售員做培訓，一位學生在下課後特意找到我，並希望進行一次私人對話。

在路邊的咖啡館裡，他很直接地問：「李老師，您能否介紹某企業（國內排行前幾的知名企業）的經理職位給我？」

我問：「是想跳槽嗎？」

「是的。」

「為什麼不試試OO公司呢？」這家公司是此行業的龍頭，世界五百強中的領先企業。

「不可能吧，我恐怕達不到他們的要求吧……」

在與這位學生的這番談話中，我很支持他追求理想，支持他期望透過跳槽來追求理想的想法，但也對他樹立目標時的自我設限感到遺憾。此時，我告訴他這家公司近期正在拓展海外市場，亟需大量人才加盟，條件已經下調很多。他驚訝之餘非常懊悔，原來他在選擇跳槽目標的時候，一開始就將此類公司排除在選擇範圍之外，也不關注這些企業的資訊，差點失去這次良機。

跳槽往往是追求職涯理想時必須面對的一個問題，在職場中苦苦奮鬥的你，有沒有遇過這種情形？有沒有自我設限呢？

在樹立目標時，心理上的自我設限是人無法取得成就的重要原因之一。它就像一塊頑石，橫亙在成長道路上，阻礙我們前進。

這種情形和下面這個實驗非常相似。

工作人員曾將一條鯊魚和很多小魚放在一個大魚缸裡，在鯊魚和小魚之間，隔著一塊玻璃，鯊魚看到小魚後，出於本能地向小魚遊去，想吃小魚，卻被玻璃給擋住了，鯊魚又發起攻勢，如此失敗幾次之後，鯊魚縮到了角落裡。

後來工作人員悄悄地把玻璃拿掉，小魚紛紛朝鯊魚游過去，奇怪的事情發生了，鯊魚不僅沒吃小魚，反而往後退縮。此時，鯊魚並非喪失了吃小魚的能力，而是因為剛才的錯誤經驗，以為自己吃不了小魚，而頻頻後退。

其實，在很多目標面前，我們常常不是因為有些事情難以做到，才失去了信心；而是我們失去了信心，才導致了最終的失敗。

無論是在培訓中還是在日常生活中，我都經常聽到這樣的話：「我很想做，但我擔心……」這也是一種心理上的自我設限。現在我們要反思的是：你所擔心的那些因素，真的會發生嗎？

曾經有調查研究顯示，在人們擔憂的事情中：

有百分之四十的擔憂從未發生過；

有百分之三十的擔憂源於過去的失敗，但這些是無法改變的；有百分之十二的擔憂是目前無法改變的；

有百分之十的擔憂是那些瑣碎的小事，幾乎不會影響到目標的達成；只有百分之八的擔憂可以列入必須考慮的範圍，而就在這百分之八中，還有百分之四的事情是完全不能控制的。

以上資料顯示，導致憂慮、害怕進而放棄的十個問題中，真正值得重視、考慮的問題平均還不到一個。

另外，我們應該意識到：在追求成功的道路上，「一路順風」的情況是永遠不存在的。換句話說，失敗就是成功的一部分。所以我們不要在目標面前空耗時間和精力，而要把精力集中到目標上，隨時準備應對失敗，並力爭反敗為勝。

在這一點上，他人是自己的一面鏡子，我們可以透過別人來警醒自己。如果我們自己都不信任自己了，別人就更不可能信任你了。只有那些相信自己是最好的、最棒的人，才能激發潛能、挖掘優勢，排除他人干擾，最終獲得成功。

哲學家盧梭曾經提出：「認識自我」比一切名著都更為重要，也更為深奧。

沒有誰不渴望精彩的人生，讓我們開始認識自我，發掘自身的潛能，擺脫自我設限的悲哀吧！

要懂得打破常規

一間化學實驗室裡，一位實驗員正在向一個大玻璃水槽裡灌水，水流很急，不一會兒就灌得差不多了。於是，那位實驗員去關水龍頭，萬萬沒有想到，水龍頭竟然壞了！怎麼也關不住。再過半分鐘，水就會溢出水槽，流到工作台上。水如果浸到工作台上的儀器，便會立刻引起爆裂，裡面正在起化學反應的藥品，一遇到空氣就會直接燃燒，幾秒鐘之內就能讓整個實驗室變成一片火海。

眾實驗員面對這個可怕的情景，驚恐萬分，他們知道誰也不可能從這個實驗室裡逃出去。那位實驗員一邊堵住出水口，一邊絕望地大聲叫喊起來。這時，實驗室裡一片慌亂，死神正一步一步地向他們靠近。

就在這時，只聽「叭」地一聲，一位女實驗員猛然將手中搗藥用的瓷研杵投進玻璃水槽裡，將水槽底部砸開一個大洞，水直瀉而下，實驗室裡一下轉危為安。

在後來的表揚大會上，人們問她，在那千鈞一髮之際，她是如何想到這樣做的？

這位女實驗員只是淡淡地一笑，說道：「當我們在上小學的時候，就已經讀過了這篇課文，我只不過是故技重施罷了。」

我們看到，這位女實驗員用了一個最簡單的辦法來避免了一場災難。司馬光砸缸的故事我們都讀過，砸缸救人，關鍵在於「捨缸」，破缸救命。但多數人的思維都會先想到「得」，而不是先想到「捨」。

殊不知，在追求成功的過程中，捨棄也是一種智慧。

思維最大的敵人，是習慣性思維。世界觀、生活環境和知識背景都會影響人們對事物的態度和思維方式，不過最重要的影響因素是過去的經驗。

其實這個「缸」就可以被視為我們的慣性思維，唯有打破它，才能讓我們的思維得到自由，進入新天地。

不錯，在規律化的生活中，要改變常規並不容易。但這並不代表一定做不到。對此，我認為：

首先，需要有明確的創新意識，並自覺地進行；

其次，要有足夠的決心和勇氣。

現在是一個支持個性、鼓勵創新的時代，無論是在生活中還是在工作上，社會都為我們提供了一個相對安全的、創新的環境，使我們打破常規的成本越來越小。例如，在職場中，很多人認為首先應該確保自己職位的安全，應該和老同事一樣老老實實上班下班，認為披荊斬棘的創業離自己很遙遠。可是，有一天你會發現，以前一起共事的夥伴不知何時變成一家公司的老闆，並以客戶的身分坐到了你的面前。你這時才發現，創業並沒有自己想像中的艱難。

香港首富李嘉誠非常重視「打破常規」的理念，並視為自己成功的寶貴經驗之一。他將自己所有的成功歸結為一句話：「肯用心思考未來，抓重大趨勢。預見未來，就是要懷疑一切，打破常規，看透現在，顛覆時代。」

美國名校史丹佛大學的一位教授羅伯特‧克利傑在他的著作中說：「在運動場上，很多選手創造佳績是因為他們打破了傳統的比賽方法。」

而事實上，在自我的認知中，人們後天獲得的固定思維如同無形的引力，很容易吸引人們的思路並朝著這個方向發展，這些固定的方向原本也是人們自己預定的潛規則，正是這些規則在無形中套住了自己，使他們失去了與生俱來的創造力。

例如，在生活中，原本看似第一的東西不一定是最好的東西，人們已經取得的成功做法也不一定是絕對成功的做法。所以，在生活中要學會換個角度思考問題，客觀、冷靜地分析事情，勇於打破常規舊俗，運用嶄新的眼光尋找最佳途徑。

要知道，能夠把人限制住的，只有人自己。人的思維空間是無限的，像迴紋針一樣，至少有億萬種可能的變化。也許我們正被困在一個看似走投無路的境地，也許我們正囿於一種兩難選擇之間，這時一定要保持清醒，這種境遇可能就是我們固執的慣性思維所致，只要勇於重新考慮，一定能夠找到不止一條跳出困境的道路。

而我們一旦自我設限，就會像那隻玻璃罩中的跳蚤，自動放棄了成功的機會。生活中多數人寧願在既定的規則中原地踏步，也不願意打破常規推陳出新，然而多數成功者勇於標新立異，突破界限和極限，讓自己更準確、更有效率地完成了心中的目標。

心理學家的研究結果顯示：我們平時發揮出來的能力，只是我們所具備能力的百分之二到百分之五。也就是說，絕大部分能力只有在打破常規的情況下才能被發揮出來。所以，在生活中無論做什麼事情，一定要懂得勤於思考，善於打破常規，勇於創新。在困難和選擇面前認清自我，正視現實，理智分析內外因素，你就能掌控命運，繼續前進。

要想打破常規，必須具有創新的意識，面對困難和選擇大膽創新，突破慣性思維，打破現有的常規，突破思想的牢籠，發掘自我的潛能，不斷地超越自我，超越他人。

第2章 對比效應 變化的只是認知

什麼叫做對比效應

在心理學上，對比效應是一個很有趣的心理現象，有人也稱為知覺對比。

例如，把顏色相近的兩束花放在你的面前，可能並沒有什麼感覺，但是如果把顏色相對的兩種花放在一起，就能馬上給你一個很深刻的印象：鮮豔的顏色更鮮豔，模糊的顏色就顯得更模糊。

很多人在上學時都有過這種經歷，一向對自己嚴格要求的老師，畢業離別時話語突然變得柔和體貼，令自己終身難忘。在工作中我們也經常遇到這種現象，月底績效考核時，如果跟在績效非常突出的員工後面遞交報告，雖然這個月的成績並不差，但也很可能被經理評為

「比較差」。同樣的工作成績，如果你把報告混在一堆新人報告裡，可能出乎意料地被評為「較好」。

一些大學在為應屆畢業生舉辦求職講座的時候，很多大學生都問過這樣一個問題：去一些公司面試，準備得很充分，表現得也很好，為什麼有些面試官顯得無動於衷呢？

對此，我的解釋是：很可能在你前面進去的那位表現得非常優秀，在面試官強烈的對比效應心理下，優秀的你顯得黯然無光。

當我們去買東西時，通常習慣「貨比三家」，然後選擇相對物美價廉的那一家購買；一個相貌平平的女子，站在美女面前黯然失色，如果此時正好經過一位貌似無鹽的女子，對比之下，她就會立即顯得光彩照人。

這一切，都是對比效應心理的結果。

心理學家發現，當人們面臨不同的選擇，必須做出決策的時候，通常不是像傳統經濟學說的那樣去判斷一個物品的真正價值，而是會無意識地根據一些比較容易對比的線索來判斷。也就是說，人們經常不自覺地陷入「對比效應」陷阱。

例如，我們有時常常根據霜淇淋到底滿不滿這個容易對比的標準來決定要不要買這一家的霜淇淋。實際上，這樣的行為很可能導致我們為一個並不十分值得的東西付出了更多的錢。

我們要了解的是，對比效應只是一種心理現象，事物的本質並沒有改變，這是我們主動對比的結果。

讓我們來看一則有趣的故事：

一位準備結婚的男士在未婚妻的陪同下，走進一家男士服裝專賣店，表示要為即將到來的婚禮購買新衣。店員很機靈，趕緊走上前來，準備引導這位男士從襯衫看起。

就在這時，經驗老到的店長走過來制止了她，並走到客戶面前說：「想不想先看西裝？」然後巧妙地將這位男士引到陳列西裝的櫥窗。

到此，可能大家都出現了一個疑問：店長為什麼要這麼做？

不錯，店長的目的很簡單，就是要利用客戶的對比效應心理。

既然這位男士已表示要購買新婚服飾，若先看襯衫再看西裝，那西裝的價格在和襯衫對比之下，無形中就會變得很貴；反之，若先從西裝看起，在以上萬元的價格成交後，再去看一件一千元的襯衫，在顧客強烈的價格對比心理下，就會認為襯衫相對便宜，並不奢侈。然後其他如皮鞋、領帶的價格也是如此，在和西裝的對比之下都顯得微不足道。

在銷售中，很多時候，如果你想要突顯自己產品的特點，你也可以拿競爭對手的產品來做對比，利用對方的缺點，來突顯自己的優點。這會使客戶的感受更加深刻。當然，這需要事先了解對手的產品特色和相關資訊，並要明確自己產品的優勢。

對於心理學中的對比效應，我們還需要注意對比效應感的強弱，不決定於面前的事物本身，而決定於兩事物之間的差異程度。

對比效應是一種概括，是一個人主動地理解和整合感覺資訊的過程。

我們在做決策和判斷某些事情時，一定要警惕對比效應心理現象的存在，力求排除自己第一印象和其他容易判斷的資訊的干擾，準確把握自己真正需要的。在工作和生活中，要力求避免陷入「對比」的誤區，讓自己的價值能被完整和清晰地展現出來。

不要總是覺得鄰居家的草坪更綠

現實生活中，人們總是喜歡拿自己與別人做比較，總是羨慕別人擁有的東西，認為「別人有的我也應該有」。或者心想：要是我能像他一樣到處旅遊就好了，要是我能像他一樣定居國外就好了，要是我能像他一樣住在豪宅就好了……可是，說不定你羨慕的這些事情對他來說卻是束縛，他反而更羨慕你呢！就像下面這則故事中的富人和島上居民一樣。

十年前，有一個富人乘坐快艇來到太平洋的小島上玩，出來迎接的島上居民對他說：「你們有錢人真好，真羨慕你們啊！」而這個人卻回答：「別開玩笑了，我才羨慕你們呢！我努力工作存錢，好不容易放假才可以來南方的小島遊玩，哪像你們就住在這裡享受生活，你們才是令人羨慕的呢！」

其實，幸福是沒有統一標準的。如果你總是喜歡和別人做比較，總是覺得鄰居家的草坪更綠，那你永遠不會開心。因為「人比人，氣死人」，這個世界上總有比你更厲害、更富有的人。

例如，你最近在臺北的市中心買了一幢別墅，你覺得很開心。如果你以前住在普通的老式公寓，現在有了自己的獨棟別墅，當然會很開心。可是開心沒多久，你與周圍的同事朋友一比較，發現有的人已經住在更好的房子裡了，那麼，即使你住著別墅，也不會覺得特別開心。

所以，成功學創始人拿破崙・希爾認為：「如果想要獲得成功，有一點要注意，那就是不要拿別人和自己比較。」

希爾舉了一個這樣的例子：

莉莎和艾倫是一起長大的好朋友。走上社會後，莉莎開始羨慕起艾倫來。因為艾倫已經去國外旅遊好幾次了，而莉莎直到二十五歲也沒有出過一次國。

「艾倫每次去國外，都好像炫耀一樣帶各種名牌貨回來，我明年也要出國！而且要去艾倫還沒去過的法國，買更多的名牌貨。」莉莎心裡這麼想著。

有了如此決心的莉莎，因為定期存款到期和拿到了比預期更多的獎金，所以願望很快就實現了。她去了嚮往已久的法國旅行。但是，旅行本身卻不能說非常愉快，理由有兩個：一是她並非真的像艾倫那樣熱衷名牌，即使買到最新的名牌貨，也不會有滿足感，甚至產生了一種「實在不該花這麼一大筆錢」的後悔念頭。

另一個就是食物的問題，對莉莎來說，每天吃法國餐幾乎使食慾減退，最後甚至一看到法國餐都覺得噁心。

對於莉莎來說，想去法國旅行的願望並沒有伴隨著「無論如何也要」、「絕對」等從心裡湧出的強烈欲望，只是純粹地要和艾倫比較，為了滿足自己「想和她站在同等地位或自己要占上風」這樣的虛榮心。

這種對比心態，如同前面提到的現象一樣，都是陷入了盲目對比的心理誤區。很多人甚至嚴重到無法接受自我。

如果細心觀察就會發現，生活中打擾我們的往往不是自己的成功與失敗，而是別人的生活和別人的表現。總在心中比來比去，盲目地羨慕別人的成功，就會替自己帶來混亂和迷茫，甚至失去自我。有的人越往高處比就越自卑、越氣餒，對自己也就越沒有信心，最終掉入宿命論的泥淖而無法自拔。

如果有「別人是這樣，所以我也要這樣」的念頭的話，你就要好好地想一想「自己真的希望這樣嗎？」不要總看鄰居的草坪比較綠，而要回過頭來看看自己的花園更適合種植哪一種花草。

我們常常看不清楚自己想要的到底是什麼，心裡始終有一種不安於現狀的感覺，還會莫名其妙地增加一些抱怨，其實生活就是看你用什麼樣的態度去面對，你對它熱情，相信它也不會冷落你的。

對比也可以成為一種成功中的智慧。以己之長比人所短，是為了揚長避短，發揮自己獨特的優勢；以己之短比人所長，目的是為了看到自己的不足，激發自我超越的動力；有時，對比是為了替自己找出前進的標準；有時我們和不如自己的人對比，是為了讓自己知足常樂，感受成功。由此可見，正向的、理智的對比同樣可以成為寶貴的人生經驗。

多關注自己的生活，關注自己的內心感受，少一些無謂的比較，固守自己想要的，珍惜自己得到的，這樣才不會「身在福中不知福」，才能擁有一種良好的心態，才有可能獲得更大的成功。

在比較中脫穎而出

生活中，我們從小到大都在和別人比較。

小時候，父母拿我們跟鄰居家的孩子做比較：「你看隔壁家的OO多聽話啊，你怎麼這麼皮！」上學以後，老師拿我們和其他的同學做比較：「OO進步了很多，你要加油啊！」工作了，我們和同事明裡暗裡對比著：「他這個月的業績還是這麼多，我再不加把勁，這個月的獎金可就泡湯啦！」

理性的對比是一種智慧，也是幫助我們邁向成功的工具。在追求成功的道路上，我們要正確看待對比現象，善於利用對比，在比較中脫穎而出。

有這樣一則寓言故事。

> 每當太陽升起的時候，非洲大草原上的動物就開始了一天的奔跑。
>
> 獅子對自己的孩子說：「你一定要跑得更快一點，如果跑不過最慢的羚羊，你就會被活活餓死。」
>
> 在草原的另一端，羚羊媽媽對自己的孩子說：「孩子，你必須跑得快一點，更快一點。如果跑不過最快的獅子，你就會被牠們吃掉。」

有時候，成功與失敗之間的差別並不大，甚至只是極其細微的差別。在體育比賽中有很多這樣的例子，只需要那麼一點點的差距，就決定了你是否能成為萬眾矚目的世界冠軍。

在二〇〇八年北京奧運會上，美國選手費爾普斯以五十秒五八的成績奪取了男子一百公尺蝶泳冠軍，僅僅領先於亞軍塞爾維亞選手查維奇零點零一秒。

在很多面試中，面試官也在暗暗觀察你和別人的差別。有時決定你能否能脫穎而出的原因，並非你是否擁有超群的專業能力，而是一些在與其他競爭者的比較過程中，更能展示自我優勢、打動面試官的細節。

小黃大學畢業後來到一家公司面試，前來面試的人很多，甚至有一些還是業內的菁英。第一輪面試完畢後，小黃和另外一些應屆畢業生站在公司門口等候消息。

這時，經理走到他們面前說，這次公司需要應徵一位有相關經驗的人員，他們都不太合適，因此決定送給每人一本紀念手冊作為留念。

大家都很沮喪，很隨意地用一隻手接過經理雙手遞過來的手冊。唯有小黃雙手握住手冊，恭敬地說了一聲：「謝謝您！」經理眼睛一亮，微笑著拍了拍他的肩膀，詢問他叫什麼名字。

第二天，小黃接到了經理的電話，讓他下週就去上班。後來他得知，在這次錄取的人員中，只有自己是應屆畢業生。

對於平常人也是如此，或許你只要比競爭對手再往前一步，就能打開成功的大門。特別是在職場中，我們要像故事中的小黃一樣，善於利用人們心理上的「對比效應」，抓住機會在競爭者中脫穎而出。

例如，一家公司裡有很多員工，在同事中脫穎而出是每個員工的夢想，但不是所有人都勇於抓住機會，在主管面前表達和實踐自己的想法。絕大多數人依舊認為「槍打出頭鳥」——你一出頭，就會招致別人的嫉妒和打擊。

這種顧慮和「承擔責任」的壓力，讓很多「鬥志昂揚」的人在開始實踐內心想法的那一刻膽怯、退縮了。

但是大家有沒有想過，如果此時你能勇敢地站出來，展示自己的工作成績、表達看法、提出計畫，是不是就能與身邊的同事產生強烈的對比，令主管眼睛一亮？

在工作中，如果你能有意識地時時與別人做比較，就能知道自己究竟處於什麼樣的位置，究竟是比別人優秀，還是旗鼓相當，或是落後？透過全面而客觀的比較後，你就會發現自己的優勢與劣勢，便於在今後的工作中有意識地發揮自己的長處，彌補自己的不足，逐漸減少自己與別人的差距。

在物理學上，事物有了參考物才能定下正確的座標。生活中也是這樣，有了參考對象我們才能夠真正地認識自己，在肯定自己優點的同時，也不要忽視自己的缺點。沒有對比就沒有競爭，也就沒有了向上的動力。我們要善於利用心理上的「對比效應」，在對比中發現自己的不足之處；在對比中展示自我，讓自己脫穎而出。

一開始就告訴對方最壞的情況

有一段時期經濟不景氣，一家向來營運得不錯的公司，盈餘大幅下滑，老闆為只能發給員工一個月的年終獎金而憂心：「許多員工都以為可以拿到至少兩個月的獎金，恐怕飛機票、新傢俱都訂好了，只等拿了獎金去結帳呢！」

經理也愁眉苦臉：「就像拿糖果給孩子，每次都給一大把，現在突然變成兩顆了，孩子一定會吵。」老闆聽完，好像有了靈感。

兩天後，傳出消息：「由於公司營運不佳，年底要裁員，年終的聚會晚宴，可能都要取消。」聽到這個消息，公司裡頓時人心惶惶。每個人都在猜，被裁的那個會不會是自己呢？

過了幾天又有消息宣布：「公司雖然艱苦，但大家在一條船上，要同舟共濟，再怎麼艱難，也絕不會犧牲共患難的同事，就是年終獎金沒辦法發了。」

聽說不裁員，大家總算放下了心中的大石頭。不至於捲舖蓋走人的喜悅，早壓過了沒有年終獎金的失落。

突然，老闆召集各主管開緊急會議。員工之間面面相覷，不知道又有什麼新的狀況。幾分鐘後，主管紛紛衝進自己的部門，興奮地高喊著：「有了！有了！還是有年終獎金的，整整一個月，馬上就會發下來，讓大家過個好年！」霎時，整個公司淹沒在一片歡呼聲中。

上述案例中的故事也經常發生在我們身邊。很多父母都用這種心理技巧「對付」自己的孩子。每年春節時孩子總會提出許多要求，各種玩具、看中的衣服等。

如果全部滿足，很容易引起孩子過分的期望，很多父母一開始全部否決，讓孩子的心理期望一下降到最低點，臨到過年前，再按照孩子的期望將禮物逐步呈現在孩子面前，引得孩子歡呼雀躍。此種方式，巧妙地利用了心理上的對比效應，既避免了兒童的過分期望，又滿足了孩子的童心，可謂一舉兩得。

同樣的道理也適用於我們的工作中，例如，在談判時，一開始就告訴對方最壞的情況——你所提出的條件我們一條都滿足不了。對方的期望值便會大大降低，嚴重者甚至會產生放棄的心理。在其幾乎放棄之前，你如能以驚喜的方式告知對方某些條件能接受，某些要求能滿足，對方肯定會感到驚喜，並視你為能設身處地為他著想且願意真誠合作的人。

此種現象在生活中比比皆是。例如，我們身邊有很多人無論做什麼事情，開始的時候總是抱持太高的期望，想得到的太多，結果雖然也有一點收穫，但得到的失望更大，毫無成就感。

就像上述故事中，面對選擇，如果我們能事先有最壞的打算，得到任何收穫都會有種意外驚喜的感覺。

還有一則美國的徵兵啟事也產生了同樣意外的效果。

來，快來當兵吧！

當兵有兩種可能，有戰爭或沒有戰爭，沒有戰爭有什麼可怕的？

有戰爭有兩種可能，上前線或不上前線，不上前線有什麼可怕的？

上前線有兩種可能，受傷或者不受傷，不受傷有什麼可怕的？

受傷有兩種可能，能治好或者不能治好，能治好有什麼可怕的？不能治好更不可怕，因為已經死了。

據說這則幽默的啟事一出，原來應徵者寥寥無幾的局面馬上改變了。因為啟事中已經把最壞的結果告訴了人們。

其實，有些事情只要事先做好最壞的打算，或者不要沉浸在患得患失的想法當中，就能夠積極而勇敢地去面對，當我們對事情有了一種「大不了如此而已」的想法，我們就會感到勇氣倍增，也可以接受很多不完美的事實，畢竟世界上絕大多數的事情都難以完美，我們反而變得更加坦然了。

「折中選項」背後的祕密

一九八九年，美國人西蒙森做了一個很有趣的實驗：他的實驗對象是某所大學的學生，他公開表示可以免費提供兩棟房子任其租住。

在這些大學生眼中，第一棟非常漂亮，但它離校園有十一公里遠；第二棟房子不像第一間那麼好，但離校園只有六公里遠。

學生選完之後，西蒙森又做了一次測試，這一次他增加了一個選項——第三棟房子：離學校只需步行十分鐘，但是住房條件不如第二棟。然後讓這些大學生重新選擇。驚人的結果出現了：

只有兩棟房子可供選擇時，五成的學生選擇了第二棟；第三棟房子出現之後，他們的選擇並沒有平均分配，而是有六成六的人希望租第二棟房子了。

西蒙森對這個結果很感興趣，並就此與受試者進行深入交流。原來在這些大學生心中，並不是很確定生活條件和距離誰更重要，第一次選擇只是按照自己的第一印象。但當第三棟房子出現後，他們發現第二棟房子是上述兩個因素的綜合體。在相比之下，這種類似於「折中」的選項便成了首選。

經過深入研究，西蒙森發現，在人們面臨的選擇中，只要存在中間選項，該選項會獲得平均百分之十七點五的支持。

西蒙森把這個現象命名為「折中效應」，把那些選擇的中間選項稱之為「折中選項」。生活中，我們經常會發現「折中現象」的存在，我們的選擇表面上看起來各式各樣，但其實有很多都是選擇中的「折中選項」。

舉個大家都熟悉的例子：

多數酒吧和餐廳會把較貴的酒類列在菜單底側，顧客在點餐時也許都看不到那裡；還有些店則把它們列在單獨的菜單上。這兩種菜單都無法讓各種不同價位的酒形成對比，也就無法使中等價位的酒具備「折中選項」的優勢。中等價位的酒對顧客來說，也就沒有那麼大的吸引力了。

其實我們只要稍加改動，把高價的酒類和其他酒列在一起，並且將高價酒列在菜單頂端，列在顧客一眼就看得到的地方。這樣，中等價位的酒就會變成「折中選項」，變得更容易讓人接受了。

在我們的經濟生活中，也存在著許多隱藏的「折中效應」。讓我們來看下面這則故事：

許多年前，美國廚具零售商 Williams-Sonoma 公司推出了一種高級麵包機。它比當時該公司最暢銷的麵包機還要先進。但該公司將新商品推出市場後，銷量並沒有原來想像的那麼好，更令他們奇怪的是，有跡象顯示，這種產品的推出讓原先暢銷的那種麵包機銷量又翻了一倍。

這是為什麼呢？

經過詳細的市場調查，這家公司終於找到了答案。原來，當顧客有幾種型號的商品可選擇時，他們容易選「折中選項」——既符合最低限度的使用需求，又不會超過最高心理價位的商品。

也就是說，當顧客在兩個合適的商品中做選擇時，通常會選擇價格較低的那個。此時如果有價格更高的商品出現，顧客又會放棄最便宜的那種而購買中間價位的商品。

正因為顧客的這種心理，Williams-Sonoma 公司推出的高級麵包機就把原先暢銷的麵包機變成了「折中選項」，也就出現了原先暢銷的麵包機再次熱銷的情況。

更多的「折中效應」發生在銷售員與客戶之間。

大家都知道，對於銷售員來說，一定要摸清客戶購買產品時的心理，並且根據客戶的購買心理採取相應的方式，在滿足客戶實物需求的同時滿足其心理需求。但如同銷售員不是總能達成預期目標一樣，客戶在購買產品時也會因為各種條件的限制而無法買到稱心如意的產品。品質較好的產品價格太高，顏色漂亮的衣服款式陳舊，價格適中的東西顯得不夠符合潮流等。

從心理學中的「對比效應」和「折中效應」來看，當客戶發現自己期望中的條件不可能被完全滿足的時候，就會在心裡做一番權衡，將眼前的、選擇範圍內的商品進行對比，找出自己認為物有所值而又盡量滿足自身需求的產品。

對於客戶這種對比和權衡的心理，銷售員一定要明白，每個客戶都期望擁有一定的選擇空間，以使自己能夠在商品的對比中說服自己，這種心理是「折中心理」的重要展現。聰明的銷售員會理解並尊重客戶的這種心理，還會特意替客戶建立一定的選擇空間。例如，多準備幾種不同類型、不同層次、不同價位的產品。這樣一來，既可以滿足不同客戶的不同需求，又可以讓每位客戶都能在一定範圍之內進行充分選擇，從而滿足客戶的折中心理。

這樣的道理同樣適用於工作環境。例如，公司派你參加一場在遊輪上召開的會議。如果你希望能住在有窗戶的客房裡，那麼，你最好不要直接向經理提出這樣的請求。

好的方法是，提供多個選擇給經理，例如，一間不是很理想的房間（沒有窗戶的），和一間更好的但價格也較貴的房間（有陽台）。把這樣的搭配呈給經理選，那你就更有可能住在原先希望住的那個有窗戶的房間裡。

第3章 浪潮效應

毛毛蟲為什麼會餓死

什麼叫做浪潮效應

生活中，當人們看到一種行為或現象有很多人做時，心裡也會自覺或不自覺地以多數人的意見為準則並做出判斷，進而採取與大眾相符的行為。這就是心理學中所說的「浪潮效應」(bandwagon effect)。

當我們處在不同的群體壓力下，我們的認知通常會以多數人的行為為標準。這種行為源於每個人內心深處對孤立的恐懼。也就是說，在一個群體的環境中，保持和大多數人的意見一致，會帶給人一種融入的安全感。我們會直覺地認為，「人多」就是一個有說服力的明證，於是很少有人能夠在眾口一詞的情況下還堅持自己的不同觀點。關於「浪潮效應」，曾經有一個很著名，也很有啟發意義的實驗——阿希從眾實驗（Asch conformity experiments），它是美國心理學家所羅門·阿希（Solomon Asch）在一九五六年設計實施的。

阿希認為：普通人在群體中很容易受到他人影響，影響甚至可以大到違心地進行明顯錯誤的判斷。

在他的實驗中，阿希請了一些大學生當受試者，並告訴他們這個實驗的目的是研究人的視覺情況。當某個受試者走進實驗室的時候，他發現已經有五個人先坐在那裡了，他只能坐在第六個位置上。受試者並不知情，其他五個人是阿希早已安排好的。

接著，阿希要大家做一個非常容易的判斷——比較線段的長度。

他拿出一張畫有一條分隔號的卡片，然後讓大家比較這條線和另一張卡片上的三條線中的哪一條線等長。共進行了十八次判斷。事實上，這些線條的長短差異很明顯，正常人很容易就能做出正確的判斷。

然而，在兩次正常判斷之後，那五個人故意異口同聲地說出一個錯誤答案。

於是，許多人開始迷惑了，很多人在看到這種情景後產生了動搖，並猶豫不決地一遍遍審視著手中的卡片……

阿希實驗的結果很明顯：不同的人有不同程度的從眾傾向。從詳細資料上看，平均有百分之三十三的人的判斷是從眾的，有百分之七十六的人至少做了一次從眾的判斷，在群體意見的影響下，能堅持自己觀點的人只占實驗者中的百分之二十四。要知道，在正常的情況下，人們做出這種明顯的錯誤判斷的可能性還不到百分之一。

另外，很多人認為，女性的從眾傾向要高於男性，但從實驗結果來看，並沒有顯著的區別。

由此可見，從眾心理在相當程度上影響著一個人甚至是一個集體的正確判斷能力。我們所謂的「人云亦云」就是這種心理效應的形象描述。

股神巴菲特在波克夏‧海瑟威公司一九八五年的年報中講了這樣一則故事：

一個石油大亨正在向天堂走去，但聖彼得對他說：「你有資格住進來，但替石油大亨保留的住所已經客滿了，沒辦法把你擠進去。」

這位大亨想了一會兒，請求對住所裡的住民說句話。這對聖彼得來說似乎沒什麼不妥，於是，聖彼得同意了大亨的請求。這位大亨攏起嘴大聲喊道：「在地獄裡發現石油了！」住所的大門很快就打開了，裡面的人蜂擁而出，向地獄奔去。

聖彼得非常驚訝，於是請這位大亨進入大院並要他自己照顧自己。大亨遲疑了一下說：「不，我認為我應該跟著那些人，這個謠言中可能會有一些真實的東西。」

說完，他也朝地獄飛奔而去。

這個故事很好地諷刺了從眾的後果，一個人最後竟也相信了自己編造的謊言。

心理學研究顯示，能否減少盲從行為，運用自己的理性判斷是非並堅持自己的判斷，是成功者與失敗者的分水嶺。

筆者認為，服從多數人的意見沒有錯，但缺乏分析和獨立思考的行為不可取。我們應該用正當的態度面對從眾，在從眾的時候，要保持清醒的頭腦、獨特的視角、敏銳的眼光，這樣才能避免盲從的行為。

毛毛蟲為什麼會餓死

與從眾心理有關的研究中，還有一個著名的實驗，那就是法國心理學家約翰·法伯曾經做過的「毛毛蟲實驗」：

他把許多毛毛蟲放在一個花盆的邊緣上，使其首尾相接，圍成一圈，在花盆周圍不遠的地方，撒了一些毛毛蟲喜歡吃的松葉。

剛開始，毛毛蟲一個跟著一個，繞著花盆的邊緣一圈一圈地走，一小時過去了，一天過去了，又一天過去了，這些毛毛蟲還是夜以繼日地繞著花盆的邊緣轉圈，一連走了七天七夜，最終因為飢餓和精疲力竭而相繼死去。

也許很多人會感到疑惑，為什麼毛毛蟲會一直持續這種毫無意義的繞圈，而沒有一隻毛毛蟲脫離群體，轉向牠們的食物呢？熟悉「毛毛蟲」這種昆蟲的人都知道，牠們的生活習性就是跟著前面的「毛毛蟲」走，正是這種固守原有的本能、習慣、經驗和服從群體行為的習性，導致了這場悲劇。

讓我們最感興趣的是，我們是不是也經常陷入這種盲目的「從眾」循環呢？

例如，去某商業區買東西，每家店鋪賣的東西可能大同小異，但有的店鋪人滿為患，有的卻冷冷清清。這時，你多半會選擇進什麼樣的商店購物？那些人滿為患的店，對吧？

我們常常能在電視節目上聽到許多罐頭笑聲，無論是在綜藝節目上，還是在真人秀節目、相聲、喜劇小品，甚至電視劇和電影裡。在那些講笑話、趣事的節目中，主持人或者講述者在講完一個笑話後，或者說完一個有趣的橋段的時候，都會有一陣笑聲或者掌聲傳出。如果你仔細聽，你就會發現這些笑聲或者掌聲每次都一樣。其實這些都是罐頭笑聲。你也許會問：有必要這樣嗎？

設置這種笑聲的目的是為了塑造一種群體效應，讓觀眾不自覺地「從眾」而笑逐顏開。

許多商家也經常利用人們的這一心理來為自己謀利。

一九七〇年代末，日本 SONY 公司生產了一種能邊走邊聽的隨身聽「Walkman」。

雖然這種產品的優勢已經超出所有市場的同類產品。但為了打通銷路，SONY 公司決定採取一種更新穎、更有效的行銷方式。

當時日本的校園興起了學英語的熱潮，學校要求每位學生都必須有一台播放器，SONY 公司知道這個情況時，立即派出十名年輕的員工，攜帶「隨身聽」在學校的大門口來回走動，並故意放大音量，作陶醉欣賞狀。幾天之後，果然造成迴響，一些學生開始向他們打聽從何處買的。幾個月後，SONY 的「Walkman」遍及日本各大、中、小學。

索尼這種獨出心裁的宣傳方式的成本幾乎為零，但是效果卻非常的明顯。

分析其模式，他們並沒有直接向消費者推薦他們的產品，而是先選定了一部分傳播性非常強的目標客戶——中小學生族群，利用他們的從眾心理，吸引他們跟隨潮流，加入了搶購隨身聽的行列，並透過他們的行為形成更大的「浪潮效應」。

由此我們看出，積極的浪潮效應可以互相激勵情緒，做出單人無法或者很難做到的勇敢之舉，有利於建立良好的群體氛圍，並使個體達到心理平衡，最終達成目標。

消極的從眾則會導致毛毛蟲那樣的可悲下場。

如果 SONY 利用人們的從眾心理做宣傳可以獲得成功，那麼我們也可以活學活用。因為這一心理戰術的運用並非某些人的專利。

盲目從眾的危害性

如今，我們經常可以看到媒體上出現這樣的報導：一些在眾目睽睽之下發生的意外事故，卻沒有一個人願意伸出援手。我想這種情況的出現，有其道德方面的因素，也有心理上的因素。從心理學角度來講，這就是一種盲目的從眾行為。

馬克・吐溫曾經說過：「一般人缺乏獨立思考的能力，不喜歡透過學習和自省來構建自己的觀點，然而卻迫不及待地想知道自己的鄰居在想什麼，接著盲目從眾。」

不錯，人們總是喜歡隨波逐流，但我們更應該看到的是，與眾不同必須承受很大的心理壓力。就好比在車流滾滾的道路上，一位汽車司機忽然逆向行駛；在彈雨紛飛的戰場上，一名戰士偏離集體、誤入敵區；在萬眾屏氣靜觀的劇場裡，一位觀眾突然歇斯底里地大聲喊叫……大眾幾乎都討厭越軌者，甚至會對他群起而攻之。古人云：「木秀於林，風必摧之；獨雁南飛，險必隨之」就是這個道理。

正是因為每個人都畏懼這樣的心理壓力，所以才會不自覺地選擇從眾的思想和行為。然而我們必須要弄清楚一點，大家都在做的事情並不一定就是正確的，大家都在說的話也並不全是有道理的。

有兩間蔥抓餅店，每到下午四點多的時候，就在社區的門口擺好攤位賣蔥抓餅，但時常出現一家蔥抓餅需要排隊買，而另一家蔥抓餅門口羅雀的現象。需要排隊買的那家，甚至有人在這家蔥抓餅暫時售罄的情況下，寧願花時間在那裡等，也不願買咫尺之遙的另一家的蔥抓餅。而事實上，很少人買的那間店比需要排隊購買的那間店口感更好，但人們仍喜歡買需要排隊等待的那家。

其實，生活中這樣的現象比比皆是。例如，夏天買西瓜，你買的時候可能還沒有其他人買。但當你付完錢回頭後發現，身後已經聚了一些人也在挑揀西瓜。

許多聰明的商家掌握了人們的這種從眾心理，在推銷某些商品的時候，就會用一些「手段」來引誘消費者前去購買。例如，一家鞋店在顧客少的情況下，就會讓幾個店員假裝顧客在櫃台前挑挑揀揀。路過的消費者看人多，也想上前看看，其他人看人多，就好奇也去看，這樣人就越聚越多，而這時候，「先前的顧客」會找機會退出，恢復店員身分從後台走出來。

此時，我們不禁要問：人們為什麼會從眾呢？從心理學的角度分析，主要原因有三個：

第一，從眾是我們對規範的社會影響所作出的直接反應。在一個社會組織中，遵循社會規範往往可以得到獎賞。

第二，從眾可以從團體中得到有價值的資訊。尊重規範和群體行為並不是人們從眾的唯一原因，人們從眾還因為團體可以提供有價值的資訊。

第三，當任務有難度時，從眾現象會增加。如果遇到從未遇過的難題，或者超出自己解決能力的困難時，人們都會不自覺地閉嘴，期待團隊的意見和回應，並希望得到團體的鼓勵和支持。

由此我們可以看出，從眾自會為人帶來安全感，特別是他的行為、態度與意見和別人一致時，但盲目從眾的危害性也不容低估。盲目從眾會抑制個性發展，束縛思維，扼殺創造力，使人變得無主見和墨守成規等。

因此，我們要「擇其善者而從之，其不善者而改之」，培養自己獨立思考的能力，努力獲取全面的資訊，做出正確的抉擇。

以多數人的意見為準則到底對不對

前一節曾經提到過兩家大餅店的例子，雖然兩家大餅店相距只有幾步遠，賣的也是相同的東西，但人們寧可排很長時間隊來買人多那家的大餅，也不願意去另外一家人少的餅店，可見大家都有著同樣的心理：誰的顧客多，誰的貨色就更好。

有時，百貨商店門口排起長隊，有些人經過這裡，還沒有弄清楚在賣什麼東西，往往先排個隊，占個位置再說。他們的心理是：那麼多人搶著購買的東西一定是便宜貨或緊俏商品。

面對一種社會現象，我們的心中可能會發出疑問，以多數人的意見為準則到底對不對呢？

其實，要想判斷出多數人的意見究竟好不好，就要看多數人的意見是盲目的還是理性的，是表面的順從還是內心的接受。而就其意義說，以大多數人的意見為準則，產生的結果會有兩種，負面的或者正面的。

因為人們生活於社會之中，從社會連結的意義來看，群體構成了人類社會生活的基礎，每個人都是一定社會群體的成員。而群體的凝聚力來自對其成員的感召力和組織力。因此，當群體代表進步的潮流時，個人服從組織，做出從眾行為，這是很正常的。

也就是說，當大多數人的意見是正確的時候，以此為準則就會為我們自身帶來正面的影響。就好比在大學，假設同一間寢室的其他同學都很認真讀書，寢室裡的學習氛圍就會很濃，那麼另一個人也可能會受到他們的影響，也跟著努力學習。同理，如果在社會上出現對邪惡事物「老鼠過街，人人喊打」的群體效應，我們的生活就會變得更安定而有序。

然而，如果個人過分依賴於群體，從而導致自身出現一種缺乏自信和主見的盲從，一種向壓力屈服的心理狀態，而不是自覺地、有明確目的地面對外界事物，這樣很容易為自己帶來負面的影響，這樣的心理狀態是不可取的。

我們經常可以看到社會上存在一些「一面倒」的輿論傾向，這種群體影響經常會壓制一些具有創造性的見解和理論，形成人云亦云的盲從現象，導致流言蜚語不斷，使一些組織的「叛逆者」迫於壓力而被迫放棄自己的主張。

例如，當一個人在公共場所遭搶劫或偷竊的時候，迫於歹徒的威嚇，周圍的人群都不敢去維護正義，本來願意幫忙的人一看周圍都不出頭，很可能也袖手旁觀。

既然以大多數人的意見為準則是具有兩面性的，那麼為什麼我們依然傾向於選擇去相信大多數人的意見，而忽略了自己的想法呢？

這是因為以多數人的意見為準則，可以使個人減少資訊的搜尋成本。我們都知道，任何人在從事某一行動前，總得付出一些時間和金錢等方面的成本。

決斷本身就需要時間，就需要承擔壓力，在情況不明的條件下，用於決斷的時間就相對較長，承受的壓力越大，對於一些優柔寡斷者更是如此。這時候，其他人的行為選擇就形成了一條便利的資訊。這也說明了為什麼人們總喜歡以大多數人的意見為準則。

其實，避開選擇的壓力、減少資訊搜尋成本，以大多數人的意見為準則本身沒有任何對錯之分，錯的是很多人在這一過程都養成了過於依賴大多數人的意見，而放棄了自己獨立思考的能力，以至於人云亦云、是非不分，這就是一種錯誤。

總之，從眾有好的一面也有不好的一面。要克服負面從眾的心理，就要培養自尊心和自信心，提高自制性和獨立性，如此才能有效地、客觀地審視自己的想法和群體的意見。

誰才是最大的笨蛋

很多人都知道，期貨和證券在某種程度上可以說是一種投機行為或賭博行為。但在買股票的時候，你往往不知道某個股票的真實價值，但為什麼你要花一百元買走一股呢？因為你預期有人會花更高的價錢從你那買走它，這就是心理學上所謂的「博傻理論」，也就是說，人們相信總有一個人比自己更傻。

在股票市場上，一些投資者根本就不在乎股票的理論價格和內在價值，他們購入股票的原因，只是因為他們相信將來會有更傻的人以更高的價格從他們手中接過「燙山芋」。

支持博傻理論的基礎，是投資大眾對未來判定的不一致和判定的不同步。對於任何部分或整體消息，總有人過於樂觀估計，也總有人趨向悲觀，有人過早採取行動，而也有人行動遲緩，這些判定的差異導致整體行為出現差異，並激發市場自身的激勵系統，導致最大笨蛋的出現。

讓我們先看一則發生在著名經濟學家凱因斯身上的事。

凱因斯參加過報紙選美有獎投票，從一百張照片中，選擇你認為最漂亮的臉蛋，選中有獎。當然，最終是由最高票數來決定哪張臉蛋最漂亮。

你應該如何投票呢？正確的做法不是選出你認為漂亮的那張臉蛋，而是推斷多數人會選誰，就投她一票，哪怕她醜得像時下出沒於各種搞笑場合、令人晚上做噩夢的娛樂明星。也就是說，投機行為應建立在對大眾心理的猜測之上。

這就是為什麼你在不知道某個股票的真實價值時，會花一百元去買的原因。因為你預期有人會花更高的價錢，從你那裡買走它。

由此可以看出，投機行為的關鍵是，很多人認定肯定有比自己更笨的「笨蛋」，只要自己不是其中最大的一個，就是贏多贏少的問題。但是，如果你找不到願出更高價格的「笨蛋」，把它從你那裡買走，那麼，你就是最大的「笨蛋」。波頓·麥基爾把凱因斯的這一看法歸納為「博傻理論」。

關於「博傻理論」，曾經有一個很典型的故事。

在西元一五九三年，一位維也納的植物學教授到荷蘭的萊頓任教，他帶去了一種土耳其植物——鬱金香。荷蘭人從來沒有見過，對它如癡如醉。於是，教授認定可以大賺一筆，他的售價高到令荷蘭人只有去偷的地步，從此，一場尋找最大笨蛋的風潮——鬱金香風潮開始了。

一個快速致富的神話開始流傳，貴族、平民、僕人、煙囪清潔工、洗衣老婦先後捲了進來，每個被捲進來的人都相信會有更大的笨蛋願出更高的價格，從他（或她）那裡買走鬱金香。到了西元一六三〇年，一枝鬱金香可以換回「兩馬車小麥、四馬車黑麥、四頭強壯的公牛、八頭肥豬、十二頭肥羊、八升葡萄酒、四桶啤酒、兩桶奶油、一千磅乳酪、一張漂亮的雙人床，再加上一輛華麗的馬車」。

西元一六三六年，阿姆斯特丹和鹿特丹等地的股票交易所全部開設了鬱金香交易，一枝花還沒露出地面，就以節節上漲的價格幾易其手。沒錢的人抵押房產借貸投資，巨額貸款不斷堆積到小小的花莖上。

花價的漲落造就了一大批富翁，而花價的每一次高漲都使更多的人堅信，這條發財之路能永久地延伸下去。

然而事實並非如此，西元一六三八年，隨著最開始一批投機者的撤離，導致最大的笨蛋出現了，持續了五年之久的鬱金香狂熱迎來最悲慘的一幕，很快地，鬱金香球莖的價格跌到洋蔥那般低。

由此看出，在特定的條件下，由於沒有足夠的資訊或者搜尋不到準確的資訊，最大笨蛋的產生是無可避免的。透過模仿他人的行為來選擇策略並無大礙，有時甚至可以有效地避免風險和取得進步。但是不顧是非曲直地隨波逐流，則是危險的。

我們在判斷是非時，經常會先看看別人是怎麼想的，尤其是當我們要決定什麼是正確的行為的時候。如果我們看到其他人在某個地方做某件事情，我們可能會得出結論——這樣做是對的，此時便是受到了周圍人的做法或看法的影響。

人們普遍會認為，大多數人是怎麼看的，就應該是正確的。因為按照眾人的經驗去做某件事可以使我們少犯很多錯誤，這是社會認同原理的優點。它為我們的思考和行動提供了一條捷徑，同時也讓我們更易受到投機商的「青睞」。

所以無論是在投資上，還是在面對生活中的種種選擇，我們都得學會在足夠的資訊下進行理性的分析，獨立思考，避免自己成為最大的笨蛋。

第4章

權威效應
關鍵是誰在說

什麼叫做權威效應

「權威效應」是由美國心理學家托瑞提出的，在心理學領域有著悠久的歷史。

托瑞提出的權威效應最初是指：處於不同地位的人提出的意見、辦法會產生不同的效應。也就是說，人們對地位高的人提出的意見和辦法會產生認同的心理和執行的行為，而對地位低的人提出的同樣意見和辦法在多數情況下會拒絕，更不會去執行。即「人微言輕、人貴言重」。

托瑞曾做過一個實驗：讓機場空勤人員（其中有駕駛員、領航員、機槍手）一起討論解決某個問題，每個成員必須先提出自己的解決辦法，最後把全組同意的辦法記錄下來。

他發現，絕大多數成員同意領航員的辦法而很少同意機槍手的，當領航員有正確辦法時，群體會百分百同意；而當機槍手有正確辦法時，群體只有四成的人同意。

從這個例子中我們很容易就可以看出，大多數人總是認為那些位高權重的人說出的話、做出的行為都是正確的，這就是典型的權威效應。那麼，我們為什麼總認為那些位高權重的人說出的話、做出的行為都是正確的呢？根據心理學的研究，不外乎三點：

一是人們總認為，那些地位高的人具有豐富的經驗、資深的經歷，因此十分信任他們，他們說的話往往被認為是正確的。

而地位低微的人，人們常常把他們視為很普通的人，因此，人們總是習慣性地「無視」他們的能力，不會深入思索和驗證他們所說的話。

二是位高者往往擁有權力、名氣或財富，這種高高在上的地位使人們產生一種遵從感。古人說的「權大氣粗、財大氣粗」，也說明了「金字塔」頂端地位的「霸氣」，人們會有種不得不認同的心理傾向。因為人們為了生活安逸、工作有成，就不得不服從位高者，否則就會產生一種不安全感。

三是位高者與位低者在資訊的持有上有著量與質的不同。

位高者處於金字塔組織的最頂端，擁有整個組織的資訊，這些資訊又經智囊團的過濾細析，從而得出最有價值的資訊。因而，他所言之語自然擁有分量，加上處於高位，人們關注程度高，再加上些許拍馬討好者的奉承，位高之人的話更被認同。因位低者處於「金字塔」組織的最底層，得到的資訊十分有限，有些還是小道消息，再加上思考時間有限，主要精力用於具體工作，因此，所言不太會引起重視，也就不可能對他人造成太大的影響。

事實上，位低者對自己所從事工作中的見解往往也是擲地有聲，只是被權威效應所湮沒而已。

在現實生活中，利用權威效應的事例比比皆是。

例如，有些渴望出人頭地的普通人希望借助權威效應，把名人當做招牌，以達到事半功倍的效果；跳槽的職場人士，如果自己以前的公司是行業內的「龍頭」或者「明星企業」，往往也會拿出來給自己的新公司看，以證明自己的實力。

眾多的廠家與廣告商都請大明星來代言產品，這也是想借助明星的權威效應；初出茅廬的作家千方百計地讓知名作家替自己的作品作序或寫推薦語；那些想涉足演藝事業的演員多麼希望自己的表演天賦與能力能得到明星前輩的肯定。

這裡提到的行業「龍頭」公司、知名作家、明星前輩，他們都是知名企業和權威人士，有了他們的參與，跳槽者可能很容易就拿到錄取通知；新手的作品有可能大賣；演藝新人的人氣有可能短時間內高升，甚至一舉成名。

如此看來，「權威效應」對人們的心理與行為都有很大的影響。

當然，權威性也有大小之分。在你工作或生活的小圈子裡，你身邊某個人的意見與觀點也可能具有權威性。例如，令你肅然起敬的上司、你傑出的父母或優秀的手足。這些人雖不是眾人眼裡所謂的「大人物」，但是在一定的圈子裡，他們也具有權威性。靈活地使用這些權威效應，可以幫助你在生活和事業中更加有效率地處理問題。

到這裡，大家可以思考一下，在你的社會圈子裡，你是一個權威人物，還是一個被權威人物影響的人？

聽專家的到底對不對

你有沒有聽過這種話：

「買股票要聽權威股評專家的判斷，搭配服裝要看知名服裝師的分析，吃藥要聽著名醫生的意見，看書要看某權威評論家推薦的書籍……」

我們不禁思考，為什麼人們會有這種心理？聽專家的到底對不對呢？

回答上述疑問之前，我們先來看一看下面這一個事實：

一七六九年，著名科學家瓦特發明了蒸汽機，瓦特也由此成為了科學界權威人物，但是當時的瓦特並未考慮到蒸汽機的更大用途——帶動交通工具。

他的助手默多克卻想到了這一點，並經過五年的努力成功地發明了初期的火車，但是瓦特卻擔心火車會影響到蒸汽機的名譽而禁止默多克進一步改良，導致火車發明的中斷。後來，英國技師——特里威雪科延續了默多克的發明，他首先改良了蒸汽機，卻由此遭到瓦特的妒忌，瓦特甚至還公開否認了他的發明，但特里威雪科並未放棄，他又接連製造了四輛火車，可是由於瓦特的否定，人們甚至不想了解他的發明，最終特里威雪科也失敗了。由於瓦特的一次次干涉，導致火車一直到一八二五年才被一個叫史蒂芬生的科學家成功地發明出來。

瓦特的這個故事反映了什麼道理呢？它告訴人們：專家的觀念並不是絕對正確的。在現實生活中不論遇到什麼樣的事情，都不能隨意地效仿他人或者隨波逐流，應該時刻保持清晰、理性的頭腦。權威不是不可信，是不可以迷信。我們在檢查一件事情正確與否的時候，要以一種理性的心態去推敲。要知道，對一個問題做出正確的判斷離不開獨立的思考和實踐的檢驗。

那麼，人們又為何習慣聽信於專家呢？

這是因為，人們信任和崇拜他們身上豐富的經驗、資深的經歷、成功的碩果，從心理分析上看，這些可以讓我們產生一種「安全感」。也就是說，人們總認為專家的思想、行為和語言往往是正確的，服從他們會使自己有種安全感，增加不會出錯的「保險係數」。同時，人們還有一種「認可心理」，即人們總認為權威人物的要求往往和社會要求相一致，按照權威人物的要求去做，會得到社會上更多人的認可。

很多人認為，每個人每天都會遇到各式各樣的資訊，然而每個人的知識（特別是專業知識）都是有局限性的，不可能對所有遇到的資訊都能做出正確的判斷和評價，那就得參考別人的判斷、評價。但參考哪種人的判斷、評價才可靠呢？當然是有關這一資訊所指的行業的成功人士、行家或研究這一行業的專家、教授。

然而要清楚的是，專家並不是時時正確、事事正確的。例如，大家都覺得很多成功人士的觀點都很容易接受和執行，但要注意的是，一定要看清楚這些觀點是否適合自己。任何所謂的正確都不可能永遠是正確的，這就暗示著人們：

大家都追隨的東西並不一定適合自己，所以不要盲目樂觀地跟隨權威的步伐，做事之前要理性地分析，三思而後行。

利用權威引導對方的態度和行為

前面講了這麼多權威效應的作用，那麼，我們是否也可以借用權威效應來達到目的呢？比方說要讓一個完全沒有主張，也沒有判斷力的人來附和你的意見，可以巧妙地運用「權威效應」一法，達到引導或改變對方態度和行為的目的。你可以告訴他：「著名的 OOO 就是這樣認為的。」原本搖擺不定的他很大機率就會倒向你這邊了。

在勸說他人支持自己的行動與觀點時，恰當地利用權威效應，不僅可以節省很多精力，還會收到非常好的效果。

麥哲倫的成功就是利用權威說服西班牙國王環遊世界的。

為了說服西班牙國王贊助並支援自己的航海事業，麥哲倫邀請了當時著名的地理學家路易・法利羅和自己一塊去勸說國王。

當時，由於哥倫布航海成功的影響，很多騙子都覺得有機可乘，都想打著航海的招牌來騙取皇室的信任，從而騙取金錢，因此，國王對一般所謂的「航海家」都抱持懷疑態度。但和麥哲倫同行的法利羅卻久負盛名，是人們公認的地理學界的權威，國王不但尊重他，而且非常信任他。

法利羅歷數了麥哲倫環球航海的必要性與各種好處給國王聽，讓國王心悅誠服地支持了麥哲倫的航海計畫。正是因為相信權威的地理學家，國王才相信了麥哲倫，正是因為權威的作用，才促成了這一舉世聞名的成就。

事實上，在麥哲倫的環球航海結束之後，人們發現，那時法利羅對世界地理的某些認識是不全面甚至是錯誤的，得出的某些計算結果也與事實有偏差。

不過，這一切都無關緊要，國王正是因為權威效應，認為專家的觀點不會錯，從而陰差陽錯地成就了麥哲倫環繞地球航行的創舉。

相信在職場中，很多人都遇過這樣的情況——剛剛被提拔上位，或者被指派領導某個任務，但因為威信不足，在工作時猶如逆水行舟，時常遇到人為的阻力，陷入說話無人聽的尷尬處境。

大家要注意，領導者其本身就是發揮自身威信產生力量的一個身分，作為一個領導別人的人，可以說威信就是你的生命。一個新上任的主管，或者僅僅是替代主管工作的人，若是缺少威信，就會在工作中出現種種困難。

面對如此的困境，難道就真的束手無策了嗎？當然不是，這正是展現權威效應威力的大好時機。如果你的部下對你的決策和方案有所質疑，你大可對他們說「這是高層研究下達的方案，如果你有疑問，可以向他們反應。」相信聽到這樣的話，沒有哪個員工會在決策方案上面再刁難你。

當然，如果你自己想成為一位真正的權威，就一定要不斷加強學習，提高個人素養，樹立良好形象，並重視管理，這樣才能夠正確地樹立權威，也才能夠讓權威保持得更長久。

總之，在公司當好一名主管很難，需要培養出個人的威信，讓員工覺得你值得信任、值得學習，願意跟著你做事；在生活上做一位為人信服的權威也很難，唯有積極主動地提高個人的能力、培養自己的魅力，使自己產生權威效應，才能讓身邊的朋友或者員工心悅誠服地跟隨你、支持你。

權威並不是上帝

有時候我們信任專家，因為在我們的意識中，專家必然是「術業有專攻」的人，在他的研究領域裡，他具有比普通大眾更加深刻的認識，也更加具有權威。然而，專家並不是萬能的，權威也並不是上帝。

獲得諾貝爾獎的物理學家丁肇中在南航做學術報告時，一連說了三個「不知道」，這也是他接受提問時最常給出的回答。他說：「一個人不可能因為拿了諾貝爾獎，就把自己當成了什麼都懂的『萬能專家』，對任何事情都可以評價，我可沒這麼大的能耐。知之為知之、不知為不知，是知也。」

就連榮獲諾貝爾獎的他都有如此多的問題和疑惑，更何況其他人。

所以說，真正的權威只屬於上帝，而專家不過是「術業有專攻」的人罷了。然而，現實中我們不乏看到權威對人們所產生的龐大蠱惑力，那麼該如何盡量避免它的危害呢？

可以說，人類發展歷史從某種意義上講，就是一部否定和反思錯誤的歷史。從原始社會到遙遠的未來，社會總是在後一代人糾正前一代人的錯誤這一過程中發展著的。由於歷史的局限，人們的錯誤總是難免的。人們在探索真理的過程中，也總是會出現這樣或那樣的錯誤，任何人都不可能完全避免發生認知上或行動上的失誤，即使是聰明偉大的科學家都不能例外。

> 亞里斯多德關於物體降落快慢與重量成正比的論斷整整統治了世界兩千年。伽利略不迷信權威的論斷，對這一論斷提出了大膽批判，經比薩斜塔實驗，推翻了亞里斯多德的錯誤論斷，從而創立了自由落體定律。

在歷史的長河中，此種案例舉不勝舉。

要知道，質疑是創新的前提，懷疑是創新的開始。正如牛頓所說的那樣：「沒有大膽的猜疑，就做不出偉大的發現。」巴爾扎克的論述更為精闢：「打開一切科學的鑰匙，都毫無異議的是問號。」作為普通人，我們想到的是，如果沒有質疑和創新，我們如何才能在眾人中脫穎而出呢？

如今的時代是一個知識爆炸的時代，我們獲取各種知識、各種資訊的成本已經降到了很低的程度，我們已經有很多條件、很多機會去證明我們所看到、所聽到的一切，我們做任何事都比以往有更多的選擇。也就是說，我們可以有更多的機會去養成和發揮獨立判斷的能力、理性思考的能力，我們可以更好地為改變我們人生所做的選擇、持有的價值觀念和做出的行為負責，並具有以現實為基礎追求成功的信念。當然，在我們進行獨立思考時，也可以把自己的觀點和評價告訴別人，批評地吸收他們的看法。

總之，權威不是上帝。我們應該持之以恆地培養自己獨立思考的能力，堅持正確的觀點，在追求成功的道路上不斷前進。

第5章 競爭效應
互相牽制的螃蟹

什麼叫做競爭效應

心理學家曾做過這樣的實驗：

研究人員讓受試者兩兩結合，但是不能商量，各自在紙上寫下自己想得到的錢數。如果兩個人的錢數之和剛好等於一百或者小於一百，那麼，兩個人就可以得到自己寫在紙上的錢數；如果兩個人的錢數之和大於一百，比如說是一百二十，那麼，兩個人就要分別付給心理學家六十元。

結果如何呢？幾乎沒有哪一組的學生寫下的錢數之和小於一百，當然他們就都得付錢。

從這個實驗的結果來看，在利益衝突面前，人們會優先選擇競爭。這就是心理學上所說的「競爭效應」。

除此之外，心理學家還認為，溝通的缺乏也是人們選擇競爭的重要原因之一。如果雙方曾經就利益分配問題進行商量，達成共識，合作的可能性就會大大增加。

如果在上面的實驗中允許參加實驗的兩個人互相商量，或者兩個人對對方的選擇有充分的把握，結果必然會是另外一個樣子。

說到這裡，筆者想到了一件發生在戰國的事。

秦昭襄王對范睢說：「天下的賢才武士，以合縱為目標，相聚在趙國，而且要攻擊秦國，我們該如何對付？」范睢說：「大王不必憂愁，讓我來破解他們的合縱關係。秦國與天下的賢才武士，並沒有什麼仇恨呀！他們相聚要來攻打秦國，只是為求一己的富貴。一群狗在一處，臥的臥，立的立，走的走，停的停，不會互相爭鬥，如果投一塊骨頭過去，每隻狗就起來搶奪，並且互相撕咬，這是什麼原因呢？因為那塊骨頭，彼此都起了爭奪之意。」於是秦王派范睢帶五千金，在武安大擺宴會，散給合縱之士的黃金不到三千兩，他們就互相爭鬥起來，也不再策劃攻擊秦國了。

由這個故事可見，即使在有共同利益的情況下，因為利益分配的不平均，以及長期利益與眼前利益的矛盾，人們仍然會選擇競爭。這就是競爭效應中消極的一面。

要消除「競爭效應」的這種消極作用，就要推崇「雙贏」理論，強調合作。

著名的心理學家榮格有這樣一個公式：「我＋我們＝完整的我」。絕對的我是不存在的，只有融入我們的「我」。合作應該成為我們的主旋律，合作為我們每一個人營造了一個發展的空間。特別是對於廣大的職場人士來說，要想達成事業上的成功，實現自身價值，就必須學會與周圍的人友好相處，精誠合作，達成優勢互補，在競爭中共同發展。要意識到「雙贏」才是真正的贏。

林肯在任美國總統時，對政敵的態度引起了一位官員的不滿。他批評林肯不應該試圖跟那些人當朋友，而應該消滅他們。林肯十分溫和地回答說：「難道我不是在消滅我的敵人嗎？」林肯是在化敵為友。

合作通常要透過談判來達成。在所有談判中，當事方都會表現出一定的態度，這種態度會影響他們之間的相互作用，敵意或友善，競爭或合作。在避免盲目競爭、追求雙贏的策略方面，美國著名談判高手史坦伯格的「誠實取勝法」則值得我們學習：

(1) 與懂得分享你的價值觀的人密切合作；
(2) 盡可能地向對方學習；
(3) 創造一個合作而不是衝突的氣氛；
(4) 在面對威脅時，表現出不怕；
(5) 學會聆聽，習慣沉默，避免妥協折中；

(6) 絕對不要將一個看起來會失敗的爭論推到極端；

(7) 發展關係，而不是征服。

綜上所述，從心理學上看，競爭是人的一種天性。但過度地、盲目地競爭卻會導致前功盡棄。為了獲得成功，我們並不一定需要處處與人競爭，我們只要學會如何讓別人的長處為我所用便足夠了。競爭雖然可以一時獲利，但是合作才是長久獲得成功的金鑰匙。

容不得別人比自己強

有這樣一個笑話：

上帝向一個人允諾說：「我可以滿足你的三個願望，但有一個條件——你在得到你所想要的東西的時候，你的鄰居將得到你所得到的兩倍。」

於是這個人開始提出自己的願望，第一個願望和第二個願望都是一大筆財產，第三個願望卻是「請你把我打個半死吧！」

這個人想的是，如果把我打個半死的話，鄰居注定會被「完全」打死。如果是這樣，那麼他從我身上賺到的「便宜」，豈不是要付出生命的代價？雖然要為此被打個半死，但為了不讓人白得好處，也是值得的。

可見，人生來就喜好競爭，每個人都不能容忍自己的對手比自己強。因此，人們在面對利益衝突的時候，往往拚個兩敗俱傷也在所不惜。

雖然這只是一個玩笑，卻經常與日常生活中發生的瑣事不謀而合。

例如，我們常看到商家舉辦一些讓顧客限時搶購的活動，這種活動往往在一開始就讓商家賺得盆滿缽滿。

這究竟是什麼原因呢？

第一，每個人都有競爭意識。

廣告商就經常利用我們的這種心理傾向賺錢，他們會在廣告中展示他們的商品是如此受歡迎，我們必須「趕快去買」，不然就買不到了。與此同時，在電視畫面上，我們能夠看到商店還沒有營業，人們就已經將商店門口圍得裡三層外三層的了。我們還能看到，很多手迅速伸向貨架，貨架上的東西被一搶而空。

其實這些情景傳達給我們的資訊是，這種商品非常好，有很多人想得到這種商品，而且他們也在與我們直接競爭這種商品。

從心理學的角度看，與人爭奪稀少資源的行為具有很強的刺激性。例如，原本對你冷漠的戀人會因為競爭對手的出現而變得熱情奔放，因此，戀愛中的男女常用的一個策略就是有意或無意地透露自己有了追求者。

很多推銷員也會使用這一心理戰術。例如，一個房屋仲介在把房子賣給一個態度不十分明確的顧客時，他會告訴這位顧客有很多人想要這幢房子，有的人已經看過房子或將要來看房子。這個策略通常會取得很好的效果，由於怕輸給競爭對手，這位顧客馬上變得積極起來。

第二，希望擁有被爭奪的事物的願望，幾乎是人的本能。

在大規模的停業拋售或大減價中去搶購的顧客，幾乎是不由自主地被捲了進去。他們被瘋狂的人群所感染，奮不顧身地擠入人群，加入搶奪的行列，甚至連平時不屑一顧的商品都被裝進了自己的購物袋中。

其實，從行為上看，這與荒野中動物胡亂搶食沒有太大的差別。捕魚人就善於利用這種心理。他們先將魚餌投入水中，引誘魚群一窩蜂地擁上來。待整個水域被張大嘴巴爭食的魚群覆蓋之後，他們將沒有放餌的魚鉤拋入水中，此時的魚群近乎瘋狂，生怕自己的食物被其他的魚吞掉，所以就連沒有魚餌的金屬魚鉤也會咬。就這樣，捕魚人輕鬆地釣到了大量的魚。

商家為引人上鉤而製造出瘋狂爭搶的手法，與捕魚人捕魚有異曲同工之妙。

大拍賣的商家也會大肆宣傳，聲稱自己是跳樓大拍賣、清倉大拍賣。不論是哪一種形式的「魚餌」，一旦起了作用，便會形成一個爭搶魚餌的人群。在你爭我奪的過程中，受現場氣氛的影響，顧客會變得心急如焚，完全失去自制力。他們會忘記自己到底需要什麼，只是盲目地爭奪任何被爭奪的東西。最後，那些大包小包回到家的顧客，都會在內心之中困惑：我這是怎麼了？

正是因為這種競爭意識的驅使，才引來了人們的爭奪。人性中的競爭意識很容易被激發，容不得別人比自己強，商家洞察人性的每一個細微弱點，正是利用這種心理激勵顧客爭相購買的。

假如沒有競爭，老虎也會失去霸氣

挪威人在飲食上有個習慣，喜歡吃活的沙丁魚，因此，市面上活沙丁魚的價格要比死沙丁魚高出幾倍。但由於沙丁魚是一種不宜活的魚類，儘管魚販想方設法地想讓沙丁魚活著，但大部分沙丁魚還是會在中途窒息死亡。

可是有一個船長找到了一個合適的方法，他在裝滿沙丁魚的魚槽裡，放進一條以沙丁魚為主要食物的鯰魚，沙丁魚見到鯰魚後十分緊張，在魚槽裡面不停地左右蹦跳，四處躲避，加速遊動，而這正是沙丁魚能夠存活的祕密。

針對上面的現象，心理學家對人進行了研究，發現當人們在受到外界的龐大壓力時，精神會處在高度緊張、亢奮的狀態中，這能夠激發內在的無限潛能，進而發出超乎尋常的能量。當外界的壓力或者對外界的欲望消失時，就會出現相反的情況，鬥志全無，就像動物園的老虎失去了霸氣。

很多人認為，人們在面臨至關重要的事情的時候，應該讓自己處在放鬆的心理狀態中。但放鬆狀態不等於毫不在意，放鬆過頭便會產生負面影響。也就是說，人們在重大事情前需要適度的緊張，這樣大腦能夠在緊張的情緒中，保持個體的生機與活力，才能更好地處理該事情。

張森最初只是一名普通的推銷員，剛做推銷行業時並沒有出色的成績，每個月的薪水還不夠自己的生活費。為了將自己的推銷業績做得更好，他每天虛心向那些出色的推銷員學習。

後來他總結出一套自己的推銷祕訣並連續三年拿到了推銷業績的第一名。以下是他推銷前、推銷中、推銷後的行為。

無論在向什麼樣的客戶推銷，推銷前他都會準備好推銷時可能用到的一切用具，並提前預測客戶可能提出的問題，然後將這些問題的答案一一列出，防患於未然。

見到客戶後，他在認真介紹自己的產品時，還會仔細且認真地傾聽客戶的問題、意見、觀點等，並時刻注意客戶言談舉止中的每一個細節。

推銷結束後，無論此次推銷是否成功，他都會總結推銷過程中的經驗和心得，然後把推銷過程中自己沒有解決的問題以及客戶拒絕自己的原因紛紛列出來，並一一尋找最佳答案，這樣在下次推銷的時候就會避免同樣的事情發生。張森在銷售領域的成功正源於這種時刻讓自己處在緊張中的努力。

醫學界研究認為，如果人們經常處在一個適度的忙碌、緊張狀態中，他會對外來各種資訊的刺激產生高度敏感性，腎上腺會因此分泌出大量的激素，使人產生前所未有的能量和生存力。

與此相反，當人們處在一個相對寬鬆、毫無競爭的環境中時，他在潛意識中會不斷地強化自己的惰性，在這種狀態下，出現貪圖享受的念頭也就不奇怪了，這種狀態也適用於動物群體中。

例如，在澳洲的牧場草原上，經常會出現野狼吞噬羔羊的情況，為此，牧民在政府和軍隊的多方幫助下將狼群斬盡殺絕，但狼雖然沒了，羊群的數量依然逐年下降，因為隨著狼的消失，羊群的緊迫感、危機感也消失了，牠們失去了激發內在繁殖、為生存而掙扎的動力。

現代社會競爭日益激烈，人的心理壓力也在不斷加大，易出現各種精神緊張狀況，過度的緊張肯定是有害無益，但在生活中保持適度的緊張狀態，不僅能夠增添生活的情趣，還能提高工作和學習效率，有利於身心健康和事業發展。

適當緊張是個人激發內在潛能的有效措施，但很多人往往不能夠正確把握緊張的「分寸」，不是放鬆過頭，便是緊張過度。其實我們在工作時要做到細心、精心，凡事多想一點，多做一點，感到累的時候，可以適當地放鬆自己，但放鬆的時間要有個規定。

很多立志成功的人會特意為自己找一個競爭對手，打破內心原本的安逸惰性，讓自己立刻投入到競爭的殘酷壓力中，這能夠將身體中的每一根神經快速調整到緊張的狀態中。

古人云：「生於憂患，死於安樂。」事實上，在現實生活中，每個人獲得成功的機率都是相等的，絕大部分人之所以碌碌無為，主要原因是周圍的環境給他太多的安逸，使其放鬆自己、滿足現狀；相反，那些有著傑出貢獻的人，他們每天、每時、每刻都會使自己處在一個適度的忙碌狀態中，忙碌中帶著固有的緊迫感、危機感，而正是這些特有的緊張、壓力，激發出內在的無限能量，助其獲得成功。

妒忌也可以為我所用

一提起妒忌，不論在東方還是西方文化中，都把它當做一種負面心理來討伐。很多心理學家也紛紛指明了妒忌可能帶來的消極影響，並設計了種種克服妒忌的有效方法。

但有趣的是，美國心理學家貝奇·克恩領導的一個研究小組對三百多名十五至六十八歲女性所做的一項有關妒忌的專題調查卻證實：「適度妒忌」利大於弊。

專家認為，肆意妒忌無疑害處多多，然而能對這種心態加以控制，「適度妒忌」實際上與「羨慕」一樣可能包含有龐大的熱能。這就是說，「恰到好處」的妒忌心在一定條件下可以「昇華」，甚至轉化為一種理想，由此產生很強的「助力」。

女記者皮爾茜在一家報社任職，最近她發現，以前成績遠不如自己的賴辛，最近連續推出了多部反響強烈的小說，妒忌之情油然而生。她自稱，正是在這種一陣又一陣「溫和妒忌心」的襲擊下，下定決心重整旗鼓，奮起直追。漸漸地，她的作品超越了自己在心裡「暗定」的競爭者，最終取得了極大成功。

妒忌不僅是奮發向上的助力，還可以幫助人們活躍情緒、克服自滿，激發人的潛在才能。這一點在下面的這個小例子中得到了全面的展現：

前幾年，高中生達利妮一直是學校運動會上無可爭議的百米賽跑冠軍，但她在去年的校運會上輸給了另一名女生而屈居亞軍。

一開始，強烈的妒火中燒使她腦海中一片混沌，因而難以制定出有效的對策。後來隨著心境的漸趨平靜，她有意讓妒火只是「淡淡」地燃燒，而這種「適度妒火」使她在不知不覺中完全擺脫了自滿。結果在最近的一次校運會上重新登上了冠軍寶座。

美國曾有專家做過調查，結果發現：高達九成的人承認自己曾有過妒忌心，並認定世上沒有一人一生中從未產生過妒忌之心；有高達七成的人贊成「妒忌可活躍情緒」之說，認為「適度妒忌」確實使得她們的情感生活變得「有起有伏」，甚至較為豐富多彩了。

由此我們看到，妒忌並沒有我們想像得那麼糟，如果我們善於利用，也可以創造出奇蹟。

第6章 心理暗示現象背後的祕密

什麼叫做心理暗示

英國作家索利恩所著的心理小說《新鮮空氣》中講述了這樣一個故事：

主角威爾遜喜歡新鮮空氣的程度，無人能及。一年冬天，他到芬蘭的一家高級旅館住宿。那年冬天特別冷，窗子都關得嚴嚴實實的，以防寒流襲擊。儘管房間裡舒服無比，但威爾遜一想到新鮮的空氣一絲都透不進來時，他非常苦惱，輾轉難眠。到了最後，他實在無法忍受，便撿起一隻皮鞋朝一塊玻璃樣的東西砸去，聽到玻璃碎裂的聲音後，他才安然進入夢鄉。然而第二天醒來，展現在他眼前的是完好如初的窗子和牆上破碎的鏡框。

可以看出，索利恩的這篇小說涉及了一個重要的心理學概念——心理暗示。

具體來說，心理暗示就是指人接受外界或他人的願望、觀念、情緒、判斷、態度影響的心理特點。心理學家巴夫洛夫認為：暗示是人類最簡單、最典型的條件反射。它是一種被主觀意願肯定的假設，不一定有根據，但由於主觀上已肯定了它的存在，心理上便竭力趨向於這項內容。

我們知道，任何事都是具有兩面性的，心理暗示也不例外。

消極的心理暗示則帶給人十分消極的影響。例如，當孩子參加大學考試時，父母總是叮嚀：「千萬不要緊張」；當孩子課業成績不好時，父母總斥責他：「笨得不行」，這些心理暗示都能助長孩子的某些不良的傾向。因為家長的重複暗示，很可能會引起孩子形成相應的心理定向，家長越是提醒孩子「不要緊張」，反而孩子就會更加緊張；家長越是批評孩子「笨得不行」，孩子就越是自暴自棄。

如此一來，消極的心理暗示只會產生與父母願望相反的效果。

然而積極的暗示則可以對人產生正向作用。例如，它可以發掘人的記憶潛力。有個小學曾經做過實驗，分別讓兩組學生朗讀同一首詩。第一組在朗讀前，評審告訴他們這是著名詩人的詩，這就是一種暗示。對第二組，評審不告訴他們這是誰寫的詩。朗讀後立即讓學生默寫。結果是第一組的記憶率為百分之五十六點六；第二組的記憶率為百分之三十點一。這說明積極的暗示對學生的記憶力有很大的影響。

然而，無論是消極的心理暗示，還是積極的心理暗示，都始終伴隨著人類發展的軌跡，成為我們不可或缺的一部分。

三國時期，曹操率領部隊去討伐張繡。時值七八月間，驕陽似火，萬里無雲，士兵口渴難忍，行軍速度明顯變慢，有幾個體弱的士兵因體力不支而暈倒在道旁。

曹操見狀，非常著急，心想如果再這樣下去，部隊根本不能如期到達目的地，戰鬥力也會大大削弱。於是他叫來一個兵，詢問附近可有水源？對方說最近的水源也在山谷的另一邊，還有不短的路程。

曹操沉思了一陣之後，一夾馬肚子，快速趕到隊伍前面，然後很高興地轉過馬頭對眾士兵說：「諸位將士，前邊有一大片梅林，那裡的梅子紅紅的，肯定很好吃。我們加快腳步，過了這個山丘就到梅林了！」士兵一聽，不禁口舌生津，精神大振，步伐加快了許多。

這就是三國中有名的望梅止渴的故事。故事中的曹操就是使用了心理暗示的方法來振奮士兵的精神。不止曹操，生活在社會中的每一個團隊、每一個人，為了達到自己的目的，都在進行著心理暗示。

一九四四年，德國建造了幾十艘潛艇，需要招收幾千名潛艇水手。原來以為當潛艇水手十分浪漫的許多德國青年都躍躍欲試，準備報名。

為了破壞德國海軍的徵募計畫，美國海軍心理戰部門精心設計了一張傳單，對德國青年進行心理暗示。在這張傳單上，潛艇被畫成「鋼鐵棺材」並配有文字說明：在潛艇工作是很危險的，由於長期與外界隔絕，暗無天日，人的壽命很短等等。

許多德國青年看到這張傳單後，受到傳單內容的暗示，從潛艇聯想到棺材，再從棺材聯想到死亡，於是紛紛放棄報名。一張施加心理暗示的傳單，就使美軍成功地拖延了德國海軍潛艇招募水手的計畫。

由此可見，心理暗示無論是對他人還是對我們自身，都會產生很大的影響。所以了解和學習心理暗示的理論與應用，可以使我們更好地認識心理暗示及其影響，避免陷入消極的心理暗示，並利用積極的心理暗示使我們達到事半功倍的效果。

心理暗示之謎

你是否有過這樣的經歷：

一道新菜上桌，剛開始沒有什麼特殊滋味，待主人細細介紹之後，似乎慢慢能體會到菜的新奇和特殊性了。

或者有一天同事突然說：「你怎麼這麼瘦弱，是不是病了？」這句不經意的話你最初還不太注意，但是，不知不覺地，你真的會覺得頭重腳輕，渾身隱隱作痛，似乎自己真的生病了。最後，竟然真的覺得支撐不住了，經過醫院的一番檢查，由權威的醫生向你宣布「沒病」之後，你會從病床上一躍而起，三步併作兩步地走出醫院，與先前的「準病人」判若兩人。

這些現象初看起來似乎很神奇，也有些令人不解，其實，這只是心理暗示在起作用。《心理學大詞典》上是這樣描述心理暗示的：「用含蓄、間接的方式影響別人的心理和行為，往往會使別人不自覺地按照一定的方式行動，或者不加批判地接受一定的意見或信念。」可見，心理暗示其實就是人的情感和觀念不同程度地受到別人下意識的影響。

在日常生活中，人既不可能時時刻刻反省自己，也不可能總把自己放在局外人的角度來審視自己。所以，我們便借助外界資訊來審視自己、觀察自己。在這個認識自我的過程中很容易受外界資訊的暗示，從而無法正確地認識自己。

有位心理學家替一群人做完「明尼蘇達」多項人格檢查表（一種人格調查方式）後，拿出兩份讓受試者判斷哪一份是自己的結果。事實上，一份是參加者自己的結果，另一份是多數人回答平均起來的結果，受試者竟然認為多數人回答的那份檢查表更加準確地表現出自己的人格特徵。

同樣地，著名雜技演員肖曼在評價自己的表演之所以受歡迎時，說「自己的節目中包含了每個人都喜歡的成分」，所以他使得每一個人都喜歡自己的節目。

心理學研究顯示，在外界的心理暗示下，每個人很容易相信一個籠統的、一般性的人格描述特別適合自己。即使這種描述十分空洞，他仍然認為反映了自己的人格面貌。曾經有心理學家用一段籠統的、幾乎適用於任何人的話讓大學生判斷是否適合自己，結果，絕大多數大學生認為這段話將自己刻劃得準確至極。我們現在來看一看那一段話：

你很需要別人喜歡並尊重你；

你有自我批判的傾向；

你有許多可以成為你優勢的能力沒有發揮出來，同時你也有一些缺點，不過你通常可以克服它們；

你與異性交往有些障礙，儘管外表上顯得很從容，其實內心焦急不安；

你有時懷疑自己所做的決定或所做的事是否正確；

你喜歡生活有變化，厭惡被人限制；

你以自己能獨立思考而自豪，別人的建議如果沒有充分的證據你不會接受；

你認為在別人面前過於坦率地表現自己是不明智的；

你有時外向、親切、好交際，而有時則內向、謹慎、沉默；

你的有些抱負往往很不現實。

你是否覺得這段話也像是在描述你的性格？這其實是一頂套在誰頭上都合適的帽子。其實在生活中，像這樣類似的心理暗示被廣泛地應用在算命過程中。

很多人請教過算命先生後，都認為算命先生說的「很準」。其實，那些求助算命的人本身就有易受暗示的特點。尤其當人的情緒處於低落、失意的時候，安全感也受到影響。我們這時請教算命先生，更容易受到他們的暗示。所以說，心理暗示不過是一種心理學技巧，稱不上神奇不神奇，更與迷信沒有一點關係。

前面說了這麼多，其實都是在講心理暗示為他人帶來的影響，那麼我們可不可以對自身使用心理暗示，以達到正向的影響呢？答案是肯定的。

例如，當遇到困難時，我們不妨多做自我鼓勵，多說「我可以的」、「比上次情況好多了」等正向的話，挑起內心深處的「潛意識」，增強自信心。

例如，在面對重大任務或困難時，你可以站在鏡子面前，看著自己的眼睛，說一些鼓勵自己的話，為自己加油打氣。還可以在困難中多去預想好的結果，就好比在長跑時，當體能消耗到達極限，思想上有鬆懈時，可以預想一下堅持到終點後親朋好友的鼓勵，進而鼓舞自己。

說到這裡，心理暗示迷霧已經被撥開，清晰地呈現在我們面前，以往那些神奇的經歷和未知的謎團不過是因為我們不了解心理暗示和它的作用罷了，而對於那些了解心理暗示，而且經常使用心理暗示正向作用的人來說，它只不過是一個能夠幫助自己走向成功的工具而已。

運用心靈的力量

大千世界，芸芸眾生，每個人都渴望成功，這種積極向上的願望是非常美好的，也是正常的心理要求。

然而在如今這個高速發展的時代，我們每天都過得十分忙碌，很少停下來思考。我們總是只顧著拚命地從外界索取，只顧著在別人的故事裡擦著自己的淚，但我們忽略了自己，忽略了自己的心靈，忽略了真正屬於自己的東西。要知道，只有打開心之門，陽光才能照進來。而要做一個快樂的自己，首先得認識你自己，做一個真實的自己。看清我們自己，看到心靈的力量，運用我們心靈的力量，開發我們的潛能。

正如蘇利文所說，如果你認為自己是出色的，那麼你就是出色的。你相信自己能飛得很高；你要相信自己能做得最好。在生活的戰場上，並不總是強壯或聰明的人取勝。但最終取勝的人，一定是那些認為自己能勝的人。

Larry Hillblom 是世界領先的快遞公司 DHL 的創始人之一。在他創業之初，Hillblom 發現了快遞業務的巨大商機。但是，大銀行和大運輸公司都不願將他們全球的快遞業務交給幾個沒有經驗的毛頭小子來做。但 Hillblom 沒有氣餒，他開始一步步創建 DHL 全球網路，直至在快遞業闖出名堂，獲得許多大客戶的認可。每當 Hillblom 回憶起他的奮鬥歷程時，他都會說：「我這樣做的唯一原因是，我相信我能做到。」

曾有一位名叫 Campbell 的美國女子創造了一個奇蹟——徒步穿越非洲，她不但穿越了森林和沙漠，也走過了四百英里的野地。她的壯舉令很多人感到吃驚。她的舉動受到了世界各地媒體的廣泛關注，當有人問她為什麼這樣做時，她回答說：「因為我說過我會。」當問她向誰說過這句話時，她的回答是「向自己說過可以做到。」

不只是這兩個人，許多成功人士在總結自己的人生歷程時都說到：成功並非高不可攀，除了需要勤奮努力、腳踏實地的精神，更重要的是克服心理障礙，不斷自我激勵。可見心靈力量也是成功不可缺少的一個要素。

愛迪生曾說過：「快樂人生有三大要素：必須有所作為，必須有所愛，還必須要有所期待。」無論是誰，只有從內心深處對某件事情充滿期望，才會更好地付諸行動。有夢才會有希望，才能夠獲得成功。

當我們遇到失敗時，我們可以用心靈的力量來激發自己，把每一次失敗都當做是最後一次。在遭遇失敗時，試著對自己說：「這是最糟糕的情況了，不會再有比這更倒楣的事情發生了。」這樣就會為自己帶來信心，增強心中的安全感。

切忌在心靈力量的運用強調負面的情緒。當遇到困難時，不要用失敗的教訓來提醒自己，而應該多用一些正向性的暗示來激發心靈的潛能。例如，新的工作方式始終不得要領，不應該說「我怎麼總學不會」，而應該說「多練幾次我就學會了」。試著將所有的否定句和疑問句都改成肯定句，這將在潛移默化中改變你對世界的看法，一點一滴地賦予你正向思考的習慣。不要急於替自己貼上失敗的「標籤」。嘗試和以前的自己相比較，多看看自己的進步。盲目與他人攀比只會挫傷自己的信心。

總結起來，心靈力量的運用主要包括以下幾個方面：

(1) 樹立遠景目標，但絕不空想；
(2) 把握好情緒，減少不良影響；
(3) 加強緊迫感，克服怯懦心理；
(4) 做好調整計畫，摒棄自卑心理；
(5) 直面困難，切莫陷入失意心理；
(6) 勇於競爭，防止嫉妒心理；
(7) 把小事做好，戒除厭倦心理；
(8) 不怕犯錯，走出閉鎖心理；
(9) 打破習慣，不要害怕拒絕。

人生是一段很長的旅行，而心靈在其中扮演的角色便是旅行過程中所要到達的目的地。在追逐理想的過程中，每個人都可能遇到不盡如人意的事情或難以實現的目標，只要你保持樂觀的心態，樹立自己的標竿，並時刻保持清醒的頭腦，知道自己想要什麼，心靈的潛能便會被激發，進而驅使你完成自己的理想。

暗示愈含蓄，效果愈好

卡內基曾說：「一切的成就，一切的財富，都始於一個意念。」我們還可以再說得全面一些：你習慣在心理上進行什麼樣的自我暗示，就是你貧與富、成與敗的根本原因。

不同的心理暗示必然會有不同的選擇與行為，而不同的選擇與行為必然會有不同的結果。以筆者多年的培訓和諮詢經歷來看，我認為在一些心理暗示和自我激勵中，應慎用命令方式去提出要求。若能用含蓄巧妙的方法去引導，就能獲得更好的效果。

心理學認為，人們都有一種傾向，即自覺或不自覺地維護「自主」的地位，不願意受到別人的干涉或控制。從這個觀點看，含蓄的暗示往往比直接勸說或指示、命令的作用更大。

例如，大多數父母都知道，簡單地吩咐孩子「快去睡覺！」、「閉上眼睛！」往往並不見效，有時反倒使孩子更加興奮。這時，你不妨在被窩裡講故事給孩子聽：「有一天，小鴨子要出去玩。媽媽對他說，別的小朋友都睡覺了。小鴨子不聽，走到河邊一看，魚都睡覺了。走到樹林一看，小狗都睡了。走到田野裡，小雞都睡覺了，睡覺了，睡覺了，他們都睡覺了，他們都把眼睛閉上了。小鴨子想，媽媽說得對，我也想睡覺了。於是，他……」

試想一下，如果孩子的母親同時再用一種單調而又疲倦的聲音，不斷地重複「睡覺了」、「闔眼了」，並且聲音逐漸減弱，同時閉上眼睛，並不住地打呵欠。

這種暗示作用很快就會收到效果——孩子乖乖地睡著了。可見含蓄的暗示有時確實比直接勸說或命令的作用大。

不僅如此，在日常生產中，巧妙地利用暗示甚至可以提高整個工廠的效率。

> 美國田納西州有一座工廠，許多工人都是從附近農村招募的。這些工人由於不習慣在工廠裡工作，總覺得工廠裡的空氣太少，因而顧慮重重，工作效率自然降低。後來廠方在窗戶上綁了一條條輕薄的絲巾，這些絲巾不斷飄動著，暗示著空氣正從窗戶裡湧進來。工人由此去除了「心病」，工作效率隨之提高。

由此可見，如果我們希望利用暗示的方法改變某一個人的看法和主張，那麼盡量選擇含蓄的表達方式，會更容易被對方接受，所受到的阻力也會更小，容易對對方產生影響。

騙術為什麼有人信

為什麼會有人相信騙術呢？要想回答這個問題，我們必須對一個人進行決策和判斷的心理過程有一個初步的了解。

其實，人的判斷和決策過程是在綜合了個人需求和環境限制之後所做出的。

這樣的決定和判斷，我們稱其為「主見」。一個「自我」比較發達、健康的人，通常就是我們所說的「有主見」、「有自我」的人。

但是人不是神，沒有萬能的自我，更沒有完美的自我，這樣一來，「自我」並非任何時候都是對的，也並不總是「有主見」的。

我們前面曾討論過，心理暗示發揮作用的前提是自我的不完善和缺陷，那麼，當一個人內心非常虛弱的時候，這個人的自我就很容易被別人的「暗示」占領。

不可否認，在一些人的內心中，本身就存在著嚴重的依賴傾向，甚至可以說，在這些人的潛意識中，就存在著接受暗示、控制、操縱的渴望和需求。例如，很多人會透過幻想製造出各種神話，幻想有法力無邊的神，可以接管他們、主宰他們的命運，並為他們帶來好運。這時很容易相信騙術，就不足為奇了。

所以那些依賴性較強的人、遭受病痛或者挫折打擊的人，往往容易成為騙術的受害者。對此，那些騙術大師經常會暗示受騙者的自卑心理——讓他們覺得暗示者擁有某種高超的能力，掌握著你所不能接觸的資訊，而自己應該接受他的判斷、必須接受暗示者的影響等。

當然，這樣的自卑、自貶以及對於暗示者的崇拜和能力的誇大，很少能被受暗示者意識到，這些心理過程通常都發生在潛意識。所以，暗示作用通常都發生在不知不覺中。

可以說，那些造神者或者製造各種迷信、傳奇的人，是深諳人性弱點的心理「高手」。造神者與需要「神」來接管和奴役的群體，是一對相互需要的心理互補的綜合體。兩種心理需求匯合到一處，就形成各種迷信現象滋生的土壤和環境。

此時，騙術就能大行其道了。

但是，容易接受騙術的人，從來就不是某種宗教的虔誠信仰者。因為他們自己沒有自己真正的主見，他們不是自己的主人。對他們來說，什麼神奇，什麼能滿足他們的依賴需求，什麼流行，他們就會信仰什麼。由此，我們也就不難理解，這麼多年來，沒有一種所謂的神奇功法能真正得以流傳，它們幾乎都是短命的。

所以說，騙術的本，就是利用人的自身弱點，加以心理暗示，以達到影響別人的目的，嚴重的可以使受害者不加分析和批判地接受別人的觀點，甚至異端邪說。

因此，人的依賴性越強，主見越少，就越容易受別人暗示的影響。從這個角度講，對於暗示過分敏感、願意輕信騙術，實際上是一種心理的弱點和缺陷，它意味著一個人人格的不成熟。如果不從根本上改變，很容易接連被騙術所欺瞞，為我們的生活和事業帶來不可預知的損害。

第7章 短缺效應
機會越少，價值越大

什麼叫做短缺效應

在日常生活中，當一樣東西非常稀少或開始變得稀少起來時，我們發現它會變得更有價值。即使是一件不完美的物品，當它變得極為稀少時，它就從一文不值的垃圾搖身變成千金難求的珍品。這一現象在文物收藏界出現得最頻繁。

這些現象反映的就是心理學中的一個重要原理——短缺效應。即機會越少，價值就越高，它能夠對人的行為造成的影響就越全面。

我們來看一下布萊恩·阿赫恩是如何利用短缺原理發展自己的工作的。

布萊恩·阿赫恩是應徵新保險代理人的負責人。在招納賢才時，他們通常會發放一些簡介，讓人們能進一步了解公司。但是，人們在看過資料後再聯繫布萊恩的卻不多。

布萊恩的公司不是在每個州都有業務，同時，公司每年只在業務開展區內應徵一定數量的人才。以前，布萊恩從未想過要在介紹資料裡提到這些。當他知道了短缺效應之後，布賴恩便把這些情況加入資料裡：

「我們公司只吸納為數不多的賢才。二〇〇六年，在二十八個地區，我們只計劃應徵四十二名代理，目前已招募到二十四名。希望在應徵結束前，剩下的空缺裡能有您的位置。」

布萊恩這樣做後，應徵效果果然好了很多，有不少人前來諮詢具體情況。

我們看到，這位公司老總沒有多花一分錢，也沒有舉辦什麼活動，也沒有改變應徵程序。唯一不同的就是多了幾句話就增強了應徵的效果。

很多事情在我們普通人眼中，機會越少，價值就越高。難以得到的東西通常都比容易得到的東西要好，也更能得到人們的珍惜。

存在於收藏界的「珍貴錯誤」現象最能說明稀少的重要性。如印刷模糊的郵票或者兩次衝壓的硬幣，這些有缺憾的物品的收藏價值反而更高。例如，美國有三隻眼睛的華盛頓郵票，雖然不符合人體結構，又不具任何美感，卻讓很多收藏家夢寐以求。

現在是一個資訊「氾濫」的時代，特別是在網路上，隨便打開一個網頁，「商品降價、售完為止、數量有限」的廣告語隨處可見。走進購物中心，對於自己中意的商品，你還在考慮是否購買，可是售貨員已經開始對你「疲勞轟炸」了：

「在臺灣，這種品牌的手機不超過一百支。賣完就沒有了。」

「整個大臺北地區就只剩下四支了，這是其中一支。再不買，就會被別人買走了。」

「你應該現在就考慮把它買下來，因為今天來買的人特別多，今天不買，也許明天就沒有貨了。」

事實上，這只是商家的一種促銷手段，因為數量有限的資訊可能是真的，也可能是假的。然而我們不得不承認，這一策略非常簡單奏效，商家讓顧客覺得這種商品非常稀有，錯過就再也不會有了。

從人的心理上看，當人們的自由選擇受到限制或者威脅時，維護這種自由的願望就會迫使我們馬上去擁有這種商品和服務，恢復心理的平衡和平和。因此，當面對短缺或者其他因素時，我們就會更努力地對這種潛在的風險做出反應，馬上得到它。這就是短缺效應所能達到的結果。

製造短缺的假象，可以在相當程度上影響對方的行為

我們在前面的短缺效應中提到過，當某種東西變得短缺時，人們就會有馬上得到它的願望；當意識到必須透過競爭才能得到它時，人們要得到它的願望就更強烈了。

在下面這則故事中，威爾遜正是抓住了人們的這一心理，從而獲得了鉅額的利潤。

一九四〇年代，一種新式影印機在美國全錄公司誕生了。公司的創始人威爾遜獲得生產該影印機的專利權。這種命名為「全錄九十一型」的第一批新式影印機出廠時，成本價僅為兩千四百美元（約新臺幣七萬一千元），誰知威爾遜竟將售價定為兩萬九千五百美元（約新臺幣八十八萬元），超出成本十倍以上。

公司裡知情的員工不禁倒吸一口氣，大家忍不住問威爾遜：「你是想當暴發戶嗎？」

「那當然！只要不是傻瓜，誰都想當暴發戶呀！」

「我看你是想牟利想瘋了。否則，請你想想，這麼高的價格賣得出去嗎？賣不出去的東西還有利潤可言嗎？」

「放心吧，我正常得很，我的腦袋比誰都清醒。」面對一連串的質問，威爾遜一概回以神祕的微笑。

「那……」

「聽我說，我不僅知道這麼高的價格可能會使影印機一台也賣不出去，而且我知道，這個定價已經超出了現行法律允許的範圍。等著瞧吧！我們的這項寶貝很可能被禁止出售。」

「那還得了！就算有跟你一樣的瘋子來買我們的寶貝，你又有什麼法寶可以獲得法律的許可呢？」

「什麼法寶也沒有。即使有，我也不用。我要的就是法律不允許出售，允許了也不賣。做到這兩點，鉅額的利潤就能穩穩到手了。」

「什麼！不准賣？而且賣不出去我們反倒能獲得鉅額利潤？」

「是的，我本來就不打算出售影印機的機體，而是賣影印機的服務！從服務中取得利潤。」威爾遜胸有成竹地說。

不出威爾遜所料，這種新型影印機果然因定價過高被禁止出售。但是由於在展覽期間已經向人們展示了它獨特的性能，這使得消費者莫不渴望能使用這種奇特的機器。再加上威爾遜早已獲得了生產專利權，「只此一家，別無分店」。所以當威爾遜把這種新型影印機以出租服務的形式重新推出時，顧客頓時蜂擁而至。

儘管租金不低，但受到目前過高售價的潛意識影響，顧客仍然認為值得。沒過多久，威爾遜就賺取了鉅額的利潤。

心理學研究發現，害怕失去某種東西的想法比希望得到它的想法，對人們的激勵作用更大。正所謂「物以稀為貴」，在人們的觀念中，難以得到的東西總是比容易得到的東西更好。人們總是覺得越稀少、越新奇的東西，也越有價值。

因此，在人們決策過程中，可能會失去某種東西的想法發揮著重要作用，這也是短缺原理能夠發揮作用的原因所在。商家常常打出「數量有限」和「截止時間」等的標語正是基於此。總而言之，人們對氾濫的東西會不自主地產生不過如此的心理，而越是短缺的東西，越是稀少的機會，人們就會趨之若鶩，哪怕他並不需要這個東西或機會。

所以，如果想要利用人們心理上的「短缺效應」，就要善於製造短缺的假象，影響他人的行為。例如，如果你是一家公司的人力資源主管，在應徵員工的時候，需要讓面試者知道你公司的機會可不常見，從而提高職位的吸引力；如果你是一位談判者，那麼在談判桌上你就需要讓對方知道，你手中的籌碼是多麼難得，只有你們公司能夠提供，從而提升自己在談判中的主動性。

限量購買的威力

一家百貨店的經理眼看將近月底，可銷售企劃還沒有完成，不由得心急如焚。

可是店裡實在沒有什麼商品是暢銷貨，怎麼辦呢？看著店裡那堆積如山的牙膏，經理愁苦不堪。忽然，他靈機一動，立即寫了一張廣告：「本店出售牙膏，每人限購一條！」寫好後，經理將廣告貼在店外最顯眼的地方，並一本正經地吩咐店員：「沒有我的同意，一個顧客只准買一條。」

不一會兒，廣告前就圍了一群人，人們議論紛紛：「怎麼只能買一條？」、「說不定要漲價！」

漸漸地，這家商店就熱鬧起來了。為了能多買一條牙膏，有的人甚至不惜排幾次隊。與此同時，還有一些人透過關係找上門來，預購一箱又一箱的牙膏。到傍晚時，所有牙膏全部銷售一空。

日常生活中，類似這位百貨店經理的聰明商家還很多。其實，聰明的商家個個都是利用人們心理中短缺效應的行家。為一些產品設計限量版與珍藏版，就是他們慣用的伎倆。他們會告訴顧客某種商品供應緊張、數量有限。又或者他們會採取限期優惠的策略，對某種優惠或商品加上時間上或價格上的限制，使得顧客不得不馬上做決定。

讓我們來看看下面這位商人的妙招。

有一個美國商人，他在紐約郊區開了一家服飾店，苦心經營了一段時間後，並沒有達到預期的目標。這位商人看到越積越多的商品，急得焦頭爛額。經過多日的思考，他終於想出了一個辦法。

這位商人在紐約市中心的繁華街區又開了一家商店，並在各大媒體做了廣告：

商品標價前十二天按全額出售，從第十三天到第十八天，降價百分之二十五；第十九天至二十四天，降價百分之五十；第二十五天至三十天，降價百分之七十五；第三十一天至三十六天，如果仍然沒人要，剩下的服裝就無償捐給慈善機構。

該商店的廣告一經發布，立即成了人們議論的話題。幾乎每個人都想到這家商店看一看，還有很多人預言：這個笨蛋將會傾家蕩產。因為，如果顧客等到商品價格降到最低時才買，商店豈不吃大虧？更糟糕的是，如果沒人買的話，商店就要將服裝無償捐給慈善機構，那損失豈不是更大？

然而出乎人們意料的是，這家商店的服裝十分暢銷，前後不到半個月便銷售一空。商家這種看似愚蠢的做法，從一開始就吸引了大批顧客的關注。顧客都生怕好東西被別人買走，於是爭相購買。那位被人認為將會傾家蕩產的商人反而坐收漁利。

此外，家長在節日裡擠破頭去搶購那存貨不多的商品，戀人在節日裡爭先恐後地購買限量銷售的節日禮物，這些都是聰明商家的傑作，就是限量購買的強大威力。

一般來說，人們對於越是得不到的東西，越是想得到，越不讓接觸的東西，越想接觸，越不讓知道的事情，越想知道。這種叛逆心理在消費上主要表現為越是不好買的商品，越能激起人們的好奇心和爭購欲望。這種心理現象應該引起我們的警惕，不要糊里糊塗地陷入所謂限量購買的「陷阱」。

「物以稀為貴」，越少越好

什麼是物以稀為貴？按照現代經濟學的理論，價格是商品和資源稀少性的信號。供不應求，則價格上升，供過於求，則價格下降，這就是大家所說的「物以稀為貴」。所謂「稀少」，就是人無我有，我有人無。物以稀為貴，東西越少越好賣，這是商品經濟中千年不變的真理。

例如，皇明太陽能集團的經營理念就是：

「市場、消費者缺什麼，我們就做什麼；堅持什麼就提供什麼。因為稀少就意味著機會，抓住稀少並滿足它，就等於抓住機會大發展，可以達成和消費者雙贏的局面。」

但是市場和消費者稀少在哪裡？怎樣才能滿足？

皇明的董事長放棄石油而選擇他所熱愛的太陽能行業，有人說他有策略眼光。用他的話說就是：「雖然我們最初是在做『物以稀為貴』，但也並不十分清楚；進入太陽能，皇明能跳出行業競爭，一步步走到今天，使我們明瞭『稀少』的真諦，現在皇明已經將『物以稀為貴』定為經營理念，寫入了企業文化手冊。」

皇明在企業經營五年之後，很多員工不了解企業的經營理念，可能是由於皇明在這個行業中最貴，幾乎貴了五成以上，員工不是很明白。

在一次皇明的內部會議上，董事長向他的員工問道：「當前產業中，什麼最稀少？」

有員工回答道：「能源。」

他說：「能源確實很稀少，那我們是不是該去做能源，做石油、做煤炭？不行，因為這都是國家資源，而且是不可再生資源。可再生資源稀少嗎？不稀少，例如太陽能。但太陽能作為商品恰恰是最稀少的，又是那麼豐富的資源，商品又最稀少，對商家而言是最好的選擇，那我們就做太陽能。」

皇明的董事長接著問：「太陽能作為商品來講，稀少什麼？」

這時下面的員工你一言我一語開始討論，好的產品、好的功能、好的材料、好的工藝、好的設備、好的管理、好的品質體系、好的服務網路等，幾乎是整個企業甚至一個產業鏈的東西。

然後他再問大家：「大家提到的一系列『好用』，這些都很容易做到嗎？我想不但不容易，簡直可望而不可及。好用是不容易達到的，所以『好用』成了稀少商品。那麼，把這些條目全部總結出來就用兩個字，是什麼？」

大家七嘴八舌，最後有一員工站起來說：「品牌。」

「沒錯，『好用』做久了就是品牌，目前世界太陽能最缺的就是品牌。」

他接著說：「我們的策略就是品牌，太陽能缺品牌，我們必定要做品牌，堅定不移地做下去！」

從此，皇明以品牌高價策略，成功打開了國際市場，在太陽能市場占據半壁江山。

可見，如果社會稀少，對商家而言就有了機會，相對於消費者需求而成了高價值，價格自然上漲。因為這種稀少是需要付出高代價的。對消費者實際來說是有利的：安全、可信，在售前、售中的時候，幫消費者做選擇是很重要的，包括品牌上的，例如，品牌傳播、價值提升等，還伴有一種身分感、自豪感、被承認感。

「物以稀為貴」使得消費者更加渴望得到，也刺激了需求。「稀少」能產生頭條新聞的效果，而「充足」往往是不被人們關注的。正是依靠品牌的「稀少」，成就了皇明的雙倍銷售額！稀少產品讓行銷者做到「奇貨可居」，形成了他人無可比擬的競爭優勢。

第8章 喜好原則
「士為知己者死」

什麼叫做喜好原則

日常生活中，我們都有過這種經驗：當很多陌生人出現在我們面前時，我們往往先對自己相似的人產生好感，這包括對方的穿著打扮、衣食住行、言談舉止、興趣愛好、思想觀念、生活方式等。這就是心理學中所講的喜好原則。

喜好原則旨在說明人們總是能夠接受自己喜歡或者與自己相似的人提出的要求或建議。後被人們總結為：人類的行動都來源於心裡的欲望，無論在購物中心、職場，還是在家庭、學校，甚至在政治的舞台上，想要受到他人的歡迎，就要投其所好。

也就是說如果想讓他人喜歡你，首先要知道對方的喜好，然後根據他的喜好，適當地包裝自己。

喜好原則在人際關係中有著較強的影響力，著名心理學家埃姆斯威勒等人曾做過如下實驗：

他們在一所大學裡向學生索要一塊錢打電話，當他們的穿衣風格和言談舉止與被徵求到的學生相似時，答應他們請求的人超過了三分之二，當他們的穿衣風格及言談舉止與被徵求到的學生不同時，只有不到五分之一的人給了他們這一塊錢。

上面的實驗告訴人們：愛屋及烏、投其所好是獲得他人喜歡、拉近彼此距離的不變法則。正如歐文梅所說：「一個能從別人的觀點出發、了解別人心靈活動的人，永遠不必為自己的前途擔心。」

人們總是自覺或者不自覺地利用了喜好原則，贏得了他人的好感和認同。並且人們也願意為他們喜歡的人做事。名言「士為知己者死」講述的就是這個道理。

吳起是戰國第一大將。有一次，他統率魏軍浩浩蕩蕩攻打中山國。行軍過程中，有個士兵身上長了很多毒瘡，輾轉呻吟，痛苦不堪。吳起愛兵如子，巡營時發現，毫不猶豫地俯下身子，將這位士兵毒瘡中的膿血一點一點地吸了出來，解除了他的痛苦。這件事最後傳到了士兵的母親那裡，她聽說後大哭起來。

有人問：「您兒子僅僅是個普通士兵，將軍卻為他吮血，這應該是一件非常光榮的事情啊！您為什麼還要哭呢？哭得這麼傷心。」士兵的母親說：「不是這樣子的呀！前幾年吳將軍為我兒的父親吮吸瘡口，結果他的父親寧肯戰死也絕不回頭。如今吳將軍又為我兒子吮血，真不知道我可憐的兒子要死在哪裡了？」

「士為知己者死」，指的就是每個人都願意為自己喜歡的人做事，而且往往會任勞任怨，不計得失。故事中的吳起對下屬一片真心，換來的是下屬的奮勇殺敵，視死如歸。

在職場中我們會發現，很多成功人士非常善於發現他人的優點，並給予合適的讚賞。可不要輕視這些平時的讚賞，因為在對方心中，看起來隨隨便便的一兩句話，可能就代表這位主管對自己的認可和欣賞。

韓國某大型公司的一個清潔工，他每天做著無足輕重的工作，是一個最容易被人忽視的角色，但就是這樣一個人，卻在一天晚上公司的保險箱被竊時，與小偷進行了一場殊死搏鬥，雖然小偷最後逃跑了，但把保險箱奪了回來。事後，有人為他請功並詢問他的動機時，答案出乎所有人意料。他這樣回答：「當公司的總經理從我身旁經過時，總時不時地讚美『你掃的地真乾淨』。」

你看，就是這麼一句簡簡單單的話，就使這個員工受到了感動，並在公司的財產遭受損害時勇敢地與竊賊殊死相搏。不為別的，只為主管誇獎過自己地掃得乾淨而已。

在日本醫學界有「拿破崙」之稱的著名專家德田虎雄曾說過：「人與人之間的關係是很微妙的，很難相處得好，但有時候只是小小的讚美和照顧，卻能讓對方心情舒暢，舒暢到辦事順暢。」由此可見，要想更好地影響對方，最好先成為對方喜歡的人。能夠真正掌握這一心理戰術的人，往往是獲得最多成功機遇的人，也是最得人心的人。

運用心理學的喜好原則，贏得對方的好感

心理學認為，情感引導行動。正面的情感，如愉悅、喜歡、興奮往往產生接納、理解、合作的行為效果；而負面的情感，如憎惡、討厭、氣憤等則帶來拒絕。

所以，如果你想要人們對你個人產生信賴，並按照你的意見行事，那就得先讓人們喜歡你。否則，你所有的努力都可能會失敗。

在職場中，每個人都希望得到上司的器重，但要贏得上司的關注和重視，一味地迎合或曲意奉承並不是最好的辦法，而投其所好，根據上司的個性和偏好「對症下藥」卻是屢試不爽的上策。

例如，有些上司性格豪爽堅強，喜歡做事雷厲風行的屬下，那麼你就不妨表現出自己堅決果斷的一面；如果上司喜歡和屬下探討問題，細緻入微，你則可以凡事多虛心請教。

但是在很多事情上，對方對你的態度往往是以排斥、拒絕、漠然處之開始的。例如，對於一家公司的人力資源主管來說，要求他去喜歡每個面試者是不可能的。很多應屆生進入面試房間後，面前坐著的就是一個冷若冰霜、不苟言笑、話語冷淡的面試官。

在這種情況面前，大家要善於利用心理學中的喜好原則，要學會投其所好，最大限度地引導、激發對方的正面情感。那麼，如何引導和激發呢？我們先來看下面這則有趣的故事：

一天，一位很有才華的日本議員去埃及拜見總統納賽爾。儘管彼此的興趣、經歷、脾氣等都有天壤之別。但日本議員為了處理好與埃及當局的關係，事先做了充分的準備工作，在談話中極力運用認同的技巧。

日本議員說：「尼羅河與納賽爾這名字，在日本是婦孺皆知，今天這次談話，我與其稱您為總統，不如稱您為上校吧（納賽爾以前是上校）！因為我也曾經做過上校，和您一樣，和英國人打仗過。英國人罵您是『尼羅河的希特勒』，他們也罵我是『馬來之虎』。我讀過閣下的《革命哲學》，我曾把它和希特勒的《我的奮鬥》相比較，我發現希特勒是實力至上的，而閣下則充滿幽默感。」

納賽爾聽了此番話語非常興奮，說：「我那本書，是革命之後三個月匆匆寫成的。您說得對，我除了實力之外，還注重人情。」

日本議員說：「對呀，我們軍人也需要人情。我在馬來西亞作戰時，一把短刀從不離身，目的不在殺人，而是為了保衛自己。阿拉伯人現在為獨立而戰，也正是為了防衛，正如我那時佩的短刀。」

納賽爾非常高興，說：「您說的太對了，我誠摯地歡迎您每年來一次埃及。」

話說到這裡，談判的氛圍真可謂祥和溫馨，很快轉入正題。涉及兩國的關係及貿易時，談判都進行得很順利，很快達成了一致的協定。

事實上，許多談話之所以陷入僵局，常常是基於談話雙方在立場、感情、原則上存在著一些分歧，而這些分歧透過談話者的努力，是能夠取得談話的成功的。排除這些障礙，具體來說有四大步驟：

(1) 細心洞察。首先要細心洞察對方的各種特徵。包括平日裡的習慣、喜好、性格、說話方式、對待別人的態度……分析他們的心理需求，正所謂知己知彼，百戰不殆。

(2) 貼心準備。如果對方需要的是一些物質上的東西，要盡可能地準備那些並不貴重但很貼心的東西。例如，遇到一個十分重視健康的合夥人，就可以幫他買一盆仙人掌，放在辦公桌上，告訴他這是防止電腦輻射的。

(3) 抓住時機，一擊即中。有些時候，投其所好地說一些話或者送一些小東西也要分清時機。如果當著他的面，猛誇他如何英明神武，甚至帶點誇張色彩，這就有點尷尬難堪了。最好借別人之口說對方的好話，讓你的讚美透過別人傳到他的耳朵裡，這樣效果最佳。

(4) 從小事做起。投其所好，並不需要做什麼驚天動地的大事，有時反而是一些小動作能加深他們對你的印象。所以在不喪失原則的情況下，可以盡可能地說好話、做好事。

在實際工作中要想達到求人辦事的目的，就要恰當地投其所好。對準所求之人心理的那個薄弱點，「恭」其所需！例如，如果碰巧所求之人的女兒在旁邊，你就一定要把他的女兒讚美成一朵花，即便她並不漂亮，你也要發現她是「可愛」的；如果所求之人是位老藝術家，清心寡欲，那你就要準備好和他談談詩詞、聊聊人生等。

總而言之，要使別人與我們在任何事情上合作，最重要的就是必須使他們自己主動和情願。而我們要達到這個目的，就要去迎合他的興趣，投其所好。

唯有這樣，我們才有打動對方的希望，使進行中的事情達到我們的期望值。

模仿對方的行為，贏得對方的好感

在眾多投其所好的策略中，有很多特別而又很有效的方法，模仿對方的行為就是其中一個。

大量的心理實驗顯示，人們傾向接受與自己相像的人的行為和因素，如具有相同價值觀、相同信念、相同年齡、相同習慣，甚至是相同行為的人。

讓我們來看一則有趣的故事：

> 一九九三年夏天，美國密西西比河發生水災，包括伊利諾州昆西市在內的中西部幾大城市受到洪水威脅。面對災難，昆西市數百名市民夜以繼日地鑄起沙袋牆，保護自己的家園。
>
> 儘管如此，形勢仍不容樂觀。食物供給越來越少，疲憊、悲觀的情緒在人群中彌漫，更糟的是，河水還在不斷上漲。
>
> 就在此時，昆西市的市民得到了一個振奮人心的好消息，麻薩諸塞州的一個小鎮為他們捐獻了大批的物資，並且已經在路上了。市民的鬥志馬上被鼓舞了起來。

無論在什麼國家，當一處受災時，其他地方慷慨解囊，傾力支援並不奇怪。在這裡我們最關注的是，與受災地相隔一千多英里、麻薩諸塞州的這個小鎮，為什麼會選擇昆西作為援助對象，而不是受災中的其他城市呢？

事後調查的結果更是出乎所有人的意料。上面兩個城鎮之間看似毫不相干，其實有著微妙的連結——相同的鎮名：一個是麻薩諸塞州的昆西鎮，一個是伊利諾州的昆西市。在得到伊利諾州受災的消息後，麻薩諸塞州的昆西鎮居民紛紛要求捐贈，在援助對象的選擇上，當他們看到一個與自己相同名字的地區後，麻薩諸塞州的昆西鎮居民果斷選擇了與自己同名的地點。

那麼，我們該如何解釋人們的這種行為？

從心理學的角度看，人們總是會積極地對待與自己有某種特殊連結的事物。例如，總是會對與自己名字相同的人、與自己生日相同的人抱持一種莫名其妙的好感。也就是說，在喜好原則的心理下，我們更容易去認同那些和我們具有相同點的人。

很多從事銷售工作的人可能會發現，如果銷售員與客戶有某些共同點，如名字、信仰、縣市或母校，那麼客戶就更容易接受這位銷售員的意見。

由此可見，無論是處理與客戶的關係，還是解決與同事之間的不良競爭，尋找你們的共同點，在交往中恰當地展示這些共同點，是迅速拉近關係，讓對方接受自己的捷徑之一。其中，模仿對方的行為是一個很有效的辦法。

一個保險業務員為了搞定一個很難對付的大客戶，拜訪前做了大量的準備。

這個保險員先是跟蹤那個客戶家的傭人，看她平時都買些什麼菜，推測客戶喜歡什麼風格的飲食。然後又跟蹤顧客，看他平時的工作、生活習慣，還有娛樂休閒習慣等。

就這樣一直了解了一個星期，這個推銷員胸有成竹。這一天，他穿了一套和那個顧客一樣的衣服，然後趕在客戶的時間前面去了客戶平時愛去的健身房。客戶一進門，推銷員便從健身器材上走下來，熱情地和客戶打招呼。客戶發現一個和他穿一模一樣的衣服、一起健身的人熱情地打招呼，便同樣熱情地回應。由於業務員事先調查過這個顧客平時愛聊什麼話題，所以他們聊得很開心。

最後他們有種相見恨晚的感覺，那個推銷員後來約這個顧客到他家吃飯，客戶發現桌上竟然擺滿了自己愛吃的菜，感到有些奇怪，但更多的是舒適和順暢。

此後的時間裡，這位推銷員經常「不經意」地出現在客戶經常去的咖啡廳、高爾夫球場、籃球場。倆人的關係漸漸地從偶遇的朋友，變成了長期聯絡的夥伴。

在一次吃飯的時候，客戶突然問到你是做什麼職業的，他說是做保險的。所以，最後可想而知，保單當然是拿到了。

如同上面的故事，例如，我們在和一個人談話時，有時並不曉得對方心裡在想什麼。可是能找到與對方的共同點，做著與對方類似的行為，在對方的直覺中，對你的敏感度就會迅速提升，你甚至會感受到對方現在在想什麼及他的情緒反應，當然前提是你要模仿得非常精準。

建議大家在模仿他人行為，贏得他人好感的時候，要注意以下幾點：

(1) 不能「同步」模仿；

(2) 模仿的頻率和次數不要太多；

(3) 速度不要太快；

(4) 不雅的動作不要模仿。

當然，筆者並不是要讓您為達目的故意模仿對方的行為。筆者是建議，如果您確實與他人有共同之處，有共同的行為習慣，盡可能展示出來，這會令您之後提出的要求更容易被他人接受。

關心對方最親近的人，更能贏得對方的好感

大家有沒有發現，我們身邊的每一個人都會關心自己最親近的人，當發現了別人也在默默關心著自己的親人時，都會產生一種無比親近的感覺，自己也願意多了解這個人了，如果有什麼需要幫忙的地方，也很樂意伸出援手。

心理學認為，在人際交往中，從關心對方最親近的人入手，最能贏得對方的好感。利用人們的這種心理，更容易拉近彼此的距離。

在人際交往中，很多熟悉心理學的人就是利用這種心理戰術，從關心對方最親近的人著

手，可贏得對方的好感，拉近彼此的距離。

如果有時候你有求於人，而他又總是拒你於千里之外。在這種情況下要打動對方的心，可能並不容易，你不妨試著去打動對方最關心的人的心。只要讓他的親人動了心，在一旁幫你說好話、吹枕邊風，這個掌握決定權的人受不了親人的軟硬兼施，也就不得不讓步了。

王剛是一家大型外貿公司的職員，工作三年有餘，雖沒有一官半職，但業績不錯，公司要重點培養。有一段時期，公司準備分配最後一批員工宿舍，王剛正打算結婚，於是，一知道消息便遞交申請。可是，負責後勤的工作人員告訴他，由於資歷尚淺，沒有希望分房。

王剛一聽，急了：「公司裡占著兩個套房的人比比皆是，為什麼偏偏不分給我？」想著自己連一間房也分不到，他越想越生氣，一怒之下，他撬開一棟宿舍的門，住了進去。公司主管得知此事，大為惱火，勒令王剛退房，在遭到堅決拒絕之後，公司對他的處罰也下來了：停發薪資、取消年終獎金、記過一次。

三個月後，王剛的生活陷入了困境。因為裝修房子、買傢俱幾乎花光了他所有的積蓄。

有老同事勸導王剛，叫他去找公司後勤主任認錯，至少先領到薪水再說。走投無路之下，王剛去見了後勤主任，但主任根本不理他。連續一週，他天天去，天天吃閉門羹。

王剛見主任的太太是個善良的人，便趁主任不在的時候，向她訴苦，博得了她的同情，又幫她做事，贏得了她的好感。透過聊天，王剛得知主任上國中的小女兒數學成績一直不太好，讓主任夫婦很擔心，便主動提出替孩子補習。

此後，王剛便趁主任不在家的時候替小女孩補數學，一週三次。也許是他的方法恰當，也許是他的鼓勵有效，不到一個月，小女孩的數學成績就有了很大的進步。兩人的關係也日漸融洽，最後竟像朋友一樣。當然，主任太太也從同情他到感激他，並喜歡上了他。

一個多月的時間裡，王剛再沒找過後勤主任，但背地裡卻堅持到主任家，替主任的孩子補習功課。終於有一天，公司通知王剛交一份檢討報告，以及一份困難補助證明，說是要給他幾千塊生活補助費，只要他交上檢討報告，公司就撤銷停發薪資的決定。

這消息一傳開，同事紛紛猜測，說後勤主任一定是看在他過去的業績上，才改變處分決定的。只有王剛自己清楚，是後勤主任的太太和孩子替自己說了好話。

也就是說，讓王剛從困境中爬出來的不是他過去的成績，而是他現在的感情投資，是他對人們心理的了解與利用。

我們都知道對關心自己的人心存感激，這是人之常情。就算對方是自己的敵人，只要他知道你正在或者曾經關心、幫助過他最親近的人，即便他不能把你當成朋友，對你的敵意也會減弱。

親人之間血肉相連，總是心連心的。只要你誠心誠意，關心到位，你要影響的人就不可能沒有感覺。例如，經常關心對方的親人，逢年過節送上精心挑選的禮物；為對方的親人發揮一己之長，在需要時幫助對方的親人，憑藉這種方式，相信你所希望打動的那個人很快就會有所反應。

第9章 承諾原則 要懂得得寸進尺

什麼叫做承諾原則

生活中，絕大多數的人都做過這樣的事——一旦給出了某種承諾，便會不自覺地說服自己，讓我們的想法和行為與我們已經做出的承諾保持一致。在很多情況下，人們並不一定要保持某種態度，而是因為在承諾下「不得不如此」或者「沒有其他辦法」。

一般人常會對此迷惑不解，但其卻反映了一個對我們生活有著廣泛影響的心理學原理——承諾原則。承諾原則就是一旦我們做出了某個決定，或者選擇某種立場，就會面對來自個人和外部的壓力，迫使我們的言行與它保持一致。

在這種壓力之下，我們往往礙於面子，或其他理由而相應改變自己以前的一些行為，以證明自己的決定和承諾是正確的。

賽馬，香港人稱之為跑馬，是最具有香港特色的一項市民娛樂活動。這種活動於一八四一年由英國人傳入。從十九世紀末人們開始賭馬，賭資僅限於一瓶香檳或一頓晚餐。一九五〇年代以後，賭馬才逐漸被大眾接受，逐漸成為大眾日常活動中不可缺少的一部分。這讓賭馬成為香港唯一合法的、規模最大的、影響最深遠、最大眾化的賭博，它已經成了香港市民生命中的一部分。

從最初的香檳酒逐漸升級，馬票從十元漲到幾百元甚至幾千港元。買中頭馬或者第二名都可以得到獎金。獎金額按投注總額而定，如果冷門馬奪冠，獎金額度就更高，甚至高到令人驚訝的程度。這是不言自明的事。曾經有一個人用十元馬票贏得近百萬元的記錄。如果以複式計彩的方法，連續買中頭馬，十元投注就很可能得到數萬元或數百萬元的鉅額獎金。

賭徒個個嗜賭如命，一旦他們對那匹馬下了賭注，他們就會對那匹馬獲勝的信心飛漲。其實，獲勝的機率一點都沒有改變，馬還是原來的馬，速度還是一樣的速度。但在賭馬者看來，下過賭注之後的馬，獲勝的希望神奇地增強了。

賭馬者在下注前的三十秒，還在猶豫不決，不知道是不是白投了，對所下注的馬能否獲勝還沒有任何把握。可是下注之後一剎那，他們馬上變得信心十足。其態度轉變非常快速，最後我們發現，轉變的關鍵因素是他們最後做出的決定——下注。

正如下了賭注的賭馬者一樣，當人們選擇了某種立場，保持一致的壓力就會迫使他們產生一種不可思議的想法，要與過去的所作所為保持一致才行。儘管他們內心鬱鬱不平，或者不相信自己能贏，他們也會想盡辦法說服自己，甚至用一些荒誕的理由強迫自己認為其選擇是正確的，而且是毫無問題的，並會感覺良好。

當然，這種原理不僅在賭馬時能展現出來，在其他場合也能發揮作用。例如，人們常常需要夥伴、鄰居或同事的幫助，但因為某種原因，他們或許並不喜歡你。所以你很難或者不願開口向這些人求助，害怕會進一步引起他們的厭惡。在這種情況下，人們常會猶豫再三，輾轉反側，最終耽誤了要緊的事。其實這樣的擔憂完全沒有必要。

向討厭自己的人或自己討厭的人求助是一件很困難的事，甚至需要一些勇氣。但只要想想，既然這個人對你沒有好感，那開口求助最壞的結果還是沒有好感。所以試著開口，你是不會有任何損失的。

在職場上，人們常有手頭拮据的時候，如果向同事借錢，他很痛快地借給了你，可是過後你卻忘了將錢還給同事。這種情況下會出現兩種結果，一是他不向你要，認為這樣也好，丟了錢，認清了你的為人。二是他開門見山地要你還錢，你則會很不好意思地馬上還給他，下一次，他再也不願借給你，他認為自己已經看透了你。可見，承諾原則會為人帶來一定的影響。

其實，無論是在生活中還是工作中，承諾原則時有發生。人們總會懷有一種與自己過去的所作所為保持一致的願望。一旦你做出了某個決定，不管這個決定是對是錯，或選擇某個立場，不管這個立場站在哪一邊，你都會面對一種來自個人和外部的壓力，迫使自己的言行與它保持一致。

做出承諾，就有言行一致的壓力

在日常生活中，一些購物中心為了促銷某種商品而採取種種心理戰術，商家透過掌握人性的弱點，牢牢把握住消費者的行為。例如，賣衣服的零售商、賣電器的零售商等，心理學中的承諾原則就是他們所用的手段之一。

我們來看看下面的故事中，玩具零售商是如何利用這一心理原則的：

毫無疑問，玩具生意最熱門的時候是在耶誕節，但在接下來的幾個月銷售量急轉直下，玩具的銷售金額往往會一落千丈。因為大人剛為孩子花掉了買玩具的全部預算，所以會無情地拒絕孩子再買玩具的要求。即使是那些剛過完耶誕節接著要過生日的孩子，其得到的玩具也是少得可憐。如何才能既保持銷售旺季的高銷售量，同時又在接下來的幾個月裡保持對玩具的正常需求呢？這件工作聽起來簡直是天方夜譚。

其實要說服小孩子不斷向大人要玩具並不難，不論在什麼時候，只要在動畫節目裡插播一些令人羨慕的玩具就迎刃而解了，因為孩子會纏住父母不放。所以問題不在於刺激孩子，讓他們在耶誕節後索要更多的玩具，而在於如何讓剛在節日裡花了很多錢的父母心甘情願地再為孩子買一件玩具。這聽起來是超出理性的範圍。

然而美國有許多零售商卻做到了。

他們的做法是，在耶誕節之前，在動畫節目中插播一系列某玩具的廣告。很多孩子看到後就會說，這就是他夢想中的聖誕禮物。大人通常會一口答應。為什麼不答應呢？反正耶誕節總是要買禮物給孩子的。

然後，大人去買這件玩具，卻發現很多商店都不可思議地同時斷了貨，他們說已經訂了貨，但是不知道貨什麼時候才能到。但是耶誕節已經到了，大人無可奈何，只好先為孩子買些別的玩具。

耶誕節過後，以前那件玩具的廣告又重新出現了。這時孩子開始吵鬧了：「那是我要的聖誕禮物！那是我要的聖誕禮物！你答應過的，你答應過的，你還沒有買給我。」於是，大人為了履行諾言，只好跑到玩具店裡去買了。誰都無法相信，這時每一個商店的貨源都十分充足。

這就是這些零售商的天才計畫。他們故意先播出廣告，等待家長的承諾，上鉤之後，卻不充分供應玩具，天真的家長只好先買其他玩具給同樣天真的孩子。

在耶誕節後廣告重新出現，孩子看到後就更想要了。為了不違背自己的諾言，家長只好再次掏出乾癟的腰包。

從上面的例子中，我們可以看出，聰明的零售商懂得利用承諾認同的心理學原理，來贏得消費者的認同和採購，從銷售的角度看，真是一種不戰而勝的好策略。

在我們的傳統文化中，我們認為始終如一是一種優秀的品性。每個人從小就被灌輸這樣的品格，長大後就遵從，並排斥破壞者。

從心理上看，保持一致是我們應對忙碌的現代生活的一條捷徑。我們一旦對某事做出決定，堅持這個決定就成了一件對我們非常有吸引力的事情，因為我們不需要再為這件事猶豫不決。我們只需要保持前後一致就夠了。而經常變動自己的決定無疑會為自己帶來更多的心理壓力，浪費更多的時間和精力。

承諾好，公開的承諾更好

在很多勵志類的圖書中，很多專家都強調了目標對一個人成功的重要性，並建議大家要學會樹立一個明確的目標，然後把目標告訴自己的朋友和同事，讓大家一起來提醒和激勵自己。

不錯，目標是成功的重要因素之一，沒有目標，成功就是一個虛無的概念。

但是大家有沒有想過，為什麼要樹立目標？公開目標會對自己的成功造成多大的推動作用呢？

從心理學上看，樹立目標就等於對自己做出一個承諾，公開目標是為了強化這個承諾。我們經常看到，有些企業讓員工把他們下一個月內要達成的目標用書面形式寫下來，然後張貼在房間最顯眼的位置。很多企業相信這樣可以不斷強化員工的上進心。

在這種明確的、公開的承諾面前，員工會覺得既然自己已經給出承諾，並且已經公開，那麼自己就必須做到才行，這就是人心理上承諾原則的生動表現。

可見，承諾好，公開性的承諾更好。

例如，一個人做出了承諾，而這個承諾是積極、公開的，是透過自身努力展現的，並且是他自由選擇的結果，那麼他將會有一種維持這個承諾或者立場的內在壓力。他不得不展開行動，他不得不兌現他的承諾，否則他將淪為一個失信的人。

眾所周知，美國每一屆總統大選都是劍拔弩張，大選期間的候選人個個處於極度壓力下，他們不僅要費盡唇舌說服選民支持自己，還要爭取讓每一位支持者投票給自己。在美國，每一位候選人都會透過電視、傳單和其他媒體來為自己大力宣傳，以取得選民的支持，不僅如此，到了最後關頭，候選人的團隊還會採取各種方法促使他們去投票，包括各種心理戰術。

例如，參選人團隊如果想讓支持自己的選民前去投票，一般都會打電話給這些選民，問他們：「是否會在下個選舉中去投票？」他們若說「是」，你就直接等著他們去現場投下那勝利的一票。當然，如果打電話的人再加一句「太好了」，我已經記下您的答案了，我會讓其他人知道的，那就百分之百能確保支持者會去投票。因為這句話已經包含了三個鞏固承諾的因素：

(1) 你的承諾出於自願；
(2) 承諾者出於一種社會責任；
(3) 你的承諾已經公開。

這種方法同樣也適用於工作中或其他地方。

例如，你想在公司裡舉辦一次郊遊活動，但不確定是否會有足夠的人參加。當你正在為這個問題猶豫，考慮到底要不要舉辦時，你可以先問問同事的參加意願。這不僅會讓你對活動的可行性心中有數，也能讓同意參加的人到時真的出現在活動中。

再如，你是位經理，對你來說，新專案的成功不僅要有隊員口頭的支持，還要有真正的行動。因此，你不可一味強調該專案能為自己帶來什麼樣的收益，試著問問隊員願不願意支持你的專案。如果他們的回答多半是同意的，接下來再問他們支持的最大的理由。如果你按照這個方法去做，一定會讓這個專案順利進行並獲得意想不到的收穫。

總之，不管你是經理、老師，還是在工作職位上默默付出的銷售員，我相信這個說服方法一定會為你贏得一張成功的門票。因為一旦你跟他們協商，獲得他們公開的支持承諾後，他們就會表現出你所希望的行為。為了言行一致，他們一定會去履行這個承諾。

寫在紙上的東西有神奇的力量

為什麼說寫在紙上的東西有神奇的力量？因為你一旦把期望寫在紙上，它就會促使人們更好地履行承諾、提升效率。心理學家認為，當你用手把一切列在清單上時，就會有一種神奇的力量促使人們這麼做。

關於這一點，傑出的效率專家 Charles Schwab——伯利恆鋼鐵公司的總裁最有心得。Charles Schwab 曾親身經歷過這樣一件事，讓我們來看看下面的內容：

一天，愛維專程拜訪了 Schwab，對他說：「如果你允許我和你的每一位部下待上一刻鐘，我就能提升你整個公司的效率和銷售額，我跟你打賭。」

Schwab 很自然地問：「我要付給你多少酬勞？」

「一分錢都不用，」愛維說，「除非的確有效，三個月以後，你看著辦吧！

你可以寄給我一張支票，給我你認為值得的錢數。怎麼樣，夠公平吧？」

Schwab 同意了，在這家為生產而不斷奮鬥的年輕鋼鐵公司裡，愛維每次用十五分鐘耐心地與各級管理人員交談，談完之後，讓他們完成一個簡單的小任務。這項小任務是，在以後的三個月裡，他們每個人每天晚上必須列出一份清單，寫出他第二天要做的六件最重要的事。然後，按照事情的重要程度排列所有的事情。

愛維告訴他們，每完成一件事情，就把它從清單上劃掉。他只需要按順序做完這六件事，一定要從最重要的開始。如果你實在無法完成，就把它寫在第二天的清單上。然後重新從最重要的事情做起，如此循環往復。

三個月試驗很快結束時，效率和銷售都變得驚人的高，這讓 Schwab 既吃驚又興奮。就這樣，他愉快地寄給了愛維一張三萬五千萬美元（約新臺幣一百零四萬元）的支票。

我們看到，只有列出清單，你才能決定哪件任務是最重要的。因為很多時候，特別在匆忙的工作中，人們的大腦是混亂的，而清單上面的目標簡明扼要，你毋須記下很多必須做的事。透過科學分析和論證，並經過時間的考驗，六是個很容易安排的量。當你能輕鬆地完成所有列出的事務時，你就可以著手處理一些更大的事情，或者說一些剩下的事情。

可見，寫在紙上的東西的確具有神奇的力量。把制定好的目標寫在紙上，不管是什麼目標，不管大小、多少，只要寫下了，就等於立下了一個明確的承諾，並可以透過清單時時提醒自己，這樣才會有努力的方向。

例如，年底公司通常會做新一年的企劃書，如果你將詳細的目標，包括具體的實施方法寫下來，而不是僅在腦海裡模擬一遍，那將對你很有幫助，特別是當你將企劃告訴朋友和家人的時候。

為了證實寫在紙上的承諾具有說服力，曾有位業內人士做過一個實驗。

這個實驗證明了上面的案例不是訛傳的。

在詢問大學生是否願意當志工，去為當地學校做愛滋病知識的普及工作時，實驗人員先告訴其中一組學生，如果他們願意，請填寫願意當志工的表格。相反地，實驗人員又告訴另一組學生，如果願意去，只需要口頭答應，不需要填寫什麼表格。

最後實驗結果發現，不管學生接受的是前一個意見徵詢方式，還是後一個，對其是否同意去當志工並沒有多大影響。但幾天後的知識普及活動中，出席率卻表現出明顯的差異。在第二種只是口頭答應，即以消極承諾表示願意當志工的學生中，只有百分之十七的人遵守了承諾。那些寫在紙上，承諾願意當志工的學生，則有百分之四十九的人遵守了承諾。整體來看，出席活動的人中有高達百分之七十五都是在紙上做出承諾的學生。

實驗說明，人們通常會根據自己的所作所為來評價自己。每個人都希望自己是信守承諾、言行如一的人。如果你把承諾寫下來，就表示你進行的是積極承諾，是被鞏固強化的承諾，這樣的行為也就促使人們更好地履行承諾。

例如，很多銀行在對客戶申請信用卡的情況分析後驚奇地發現，如果信用卡的申請表格是由顧客自己填寫的，而不是由營業員來填寫的，那客戶日後銷卡的機率幾乎等於零。這給了我們什麼樣的啟示呢？這種啟示就是，如果你想讓客戶、商業夥伴主動遵守承諾，那你最好讓他們自己填寫協議書。

可見，一旦有了目標，請寫下。達到目標後，再制定下一個目標，再寫下來。如此，你將會在成功的道路上飛黃騰達。

第10章 序位效應 第一印象至關重要

什麼叫做序位效應

心理學家對第一印象進行細緻的研究之後發現，與一個人初次會面，只需要四十五秒鐘，就能產生第一印象。心理學家把這種現象稱之為「序位效應」。

心理學研究顯示：外界資訊輸入大腦時的順序，在決定認知的過程中是不容忽視的。最先輸入的資訊作用最大，來得最為猛烈。最後輸入的資訊雖然也很重要，但不能同日而語。心理學家一致認為，大腦處理資訊的這種特點是形成序位效應的內在原因。

生活中流傳這樣一句話：新官上任三把火。這是新官想給自己管轄下的民眾一個「下馬威」，藉此機會樹立自己在群眾心目中的第一印象。其實，無論是誰，生活中的每個人都在努力讓別人留下一個良好的「第一印象」。

這種情況最常見的莫過於面試時。

一天上午，馬鳴趕到一家公司參加最後一輪應徵，主考官正是這家公司的謝總。

馬鳴進來時，考試時間快要結束了，馬鳴滿頭大汗，上氣不接下氣地趕到考場。

謝總瞟了一眼坐在自己面前的馬鳴，露出驚訝的神色。因為他面試了這麼多年，對面試這麼不重視的，還屬馬鳴。當時的馬鳴，大滴大滴的汗珠子從頭上冒出，滿臉通紅，上身一件紅格子襯衫，加上亂糟糟的頭髮，給人一種邋遢的感覺。

謝總仔細地打量了他一陣，對他的學歷感到非常懷疑，疑惑地問道：「你是碩士學歷嗎？」馬鳴毫不猶豫地點頭回答：「是的。」接著，心存疑慮的謝總又向他提出了幾個專業性極強的問題，在回答過程中，馬鳴漸漸恢復了神色，平靜了心態，對答如流。最終，謝總猶豫、苦惱、困惑，經過再三考慮，還是決定錄取這位人才。

第二天，當馬鳴來上班時，謝總把馬鳴叫到自己的辦公室，對他說：「你知道不知道？我第一眼看到你的時候，我就沒有打算錄取你，你知道為什麼嗎？」

馬鳴不知如何是好，搖搖頭。謝總接著說：「當時你的那副樣貌，實在讓人不敢恭維，滿頭冒汗，頭髮散亂，衣著不整，特別是你那件紅格子襯衫，像是剛從乞丐堆裡爬出來一樣。一點都不像個碩士畢業的，倒像個自由散漫的小混混。你是第一個嚇我一跳的人，要不是你後來在回答問題時很出色，你一定會被淘汰。」

馬鳴聽罷，這才紅著臉解釋：「昨天我來趕考的時候，在大街上看見有人遇上了車禍，非常痛苦。渾身是血，雙眼緊閉，頭髮上全是泥土，大腿不能動彈。我主動協助司機把傷患抬上了計程車，並且和另外一個路人把他送去醫院。從醫院裡出來，我發現自己的衣服也沾了血，於是，我趕緊跑回家去換衣服。很不巧我的衣服還沒乾，我就把弟弟的一件襯衫借來穿了。又因為耽誤了很多時間，下了車，我就拚命地跑，所以，等我趕到時，落得一副狼狽相……」

謝總點點頭說：「看得出來，你是一個助人為樂的好青年。我感到非常幸運。不過，以後與別的人第一次見面，千萬要注意自己的形象。讓別人留下好的第一印象啊！」

馬鳴的工作表現沒有讓任何人失望，不出半年，就被升為業務主管，深得謝總的器重。

這個簡單的求職小故事帶給我們的重大啟發是：「第一印象」非常重要。它的重要性在於，由於心理的序位效應的存在，在很多特殊的情況下，你給人的「第一印象」可以決定一個人的前程甚至命運。第一印象的作用是持續時間最長的，在人的大腦皮層留下不可磨滅的印記。所以，人在相比以後得到的任何資訊，對於事物整個印象產生的作用歷久彌新，它是個體在社會認知過程中，最先輸入給對方的，甚至與對方產生相互的影響，這就是好的第一印象產生的深刻影響。

與之相反，惡劣的第一印象會遭到像龐統一樣的下場，被掃地出門。

《三國演義》中鳳雛龐統當初準備效力東吳，於是去見孫權。

孫權見到龐統相貌奇陋，心中先有幾分不喜，又見他傲慢放肆，口出狂言，舉止詭異，更覺不快。最後，這位廣招人才的孫仲謀竟把與諸葛亮比肩齊名的奇才龐統驅逐了出去，儘管魯肅在一邊苦口婆心地勸告，也無濟於事。

眾所周知，禮節、相貌與才華絕無必然關聯，但是禮賢下士、廣納賢才的孫權尚未能避免這種偏見，可見第一印象的影響之大。

從心理分析的角度看，序位效應本質上是一種優先效應，人人傾向於重視前面的資訊。即使後面的資訊非常重要，也會認為後面的資訊是非本質的、偶然的或者是不確切的。並習慣於按照前面的資訊解釋後面的資訊，即使後面的資訊與前面的資訊不一致，也會屈從於前面的資訊，以形成整體一致的印象。

讓對方將不快改為好印象

日本前首相田中角榮是個精通心理學的政治家，他非常善於利用心理學的技巧來處理事務，這令對手感到十分佩服。對付當時日本民眾的各種請願團，他更是有一手。

他有一個習慣，如果接受了某團體的請願，便不會送客；如果不接受，就會客客氣氣地把客人送到大門口，而且還要一一握手道別。

田中角榮這樣做的目的是什麼呢？顯然，這是為了讓那些沒有達到目的的人不去埋怨他。結果如他所願，那些請願沒被批准的人，不但不埋怨，反而會因受到他的禮遇而滿懷感激地離去。

從心理學角度來講，田中角榮的做法非常有道理，使對方將不快改為好印象。他到底是怎麼做到的呢？

誰都知道，一件事情總是可以分為不同的階段。先是發生，其次是發展，再是結尾。一般而言，印象能夠在日後強烈留存的只有最初和最後。也就是說，人類記憶中，有所謂「序列位置效應」。因為這個效果，一連串的事件發生、發展、結束的不同階段，被接受的印象呈現出很大的差異，最初和最後的印象最深刻，中間則模糊不清。最初的印象我們稱之為「初始效應」。最後的印象就叫做「新近效應」。

例如，有很多畢業生在面試的過程中，剛開始可能因為緊張導致說話結結巴巴，甚至顛三倒四，本來已經掌握的知識根本無法展現出來。但是如果你可以在離開之前做一個良好的收尾，也許就可以改變對方對你原來的印象。儘管這無法改變先前的失誤。但只要你的表現得體，表現出誠意來，不管原先的表現如何糟糕，都可以獲得補救，甚至留下永生難忘的印象。

田中角榮所擅長的，便是這種高明的心理戰術。他送客，就是要讓客人忘掉原來的失望，轉而覺得榮幸。可見，運用心理學戰術是如此重要。

然而，在日常的生活中人們對此缺乏認識，或者不夠重視，不知如何運用，或是不夠熟練，因此常常導致做事情「虎頭蛇尾」、功虧一簣。

我們來看看下面這則故事中的主管是因為什麼而導致失敗的。

某個著名公司的年輕主管，負責某類產品的配件加工業務。

有一次，他代表公司前往某家大公司洽談一筆很大的外包業務。對公司來說，該業務很重要。對他本人來說，只許成功不許失敗，失敗就意味著丟飯碗。又因為大企業的外包業務量大且穩，如果能拿下這筆業務，公司就是歇十天半個月也無妨。

為此，這位主管投入了大量的時間與精力用於前期準備。

準備工作做得很周到、細緻，剛剛與對方接觸，對方就表示出了明顯的好感。有了好的開頭，洽談工作進展得非常順利，只剩最後一天了，只剩下一些細節問題需要進一步協商，一切就萬事大吉了。結果，僅用了半天時間，便協商好了。

這時，按規矩，對方要求給幾天時間，以向上級彙報，再做最後決定。這位主管滿口答應了。

意料之外的事情發生了，兩三天很快過去了，一週也過去了，對方還沒有動靜。

主管實在忍不住，打電話詢問對方的一名代表，代表告訴他，事情可能出現了變故。

他請求對方解釋一下原因，對方卻拒絕了。可他不甘心，當他第三次打電話過去，對方告訴他，問題出在最後那天他所穿的西裝上。這是什麼理由？

原來，那天他穿的西服的袖口，少了幾顆鈕釦。要知道，對方外包不是別的，是高級儀器的零配件。

最後一天洽談，他由於太興奮而忘記檢查自己的衣著；也許他認為大局已定，不可能發生意外，不需要再小心翼翼，結果反而出了差錯。

人們常說「好頭不如好尾」。心理學認為，在人與人的交往中，一定要讓對方將不快改為好印象。我們應時刻銘記在心，與人打交道，不僅要在開頭表現很好，最後階段也要表現好，離別時更要特別注意。如果留給對方的第一印象不佳，在跟對方的相處過程中遇到了不快，則更應該學會在最後時刻，巧妙地挽回局面，達成諒解，讓對方將不快改為好印象。

如何與對方一見如故

即將畢業，一名大四的學生去某所中學求職，剛報出自己的系所，人事主任就皺起了眉頭，告訴他沒什麼希望，他們學校不缺這門科目的老師。

這名意志力堅強的學生很不甘心，仍堅持要主任看一看自己的履歷。

主任拿過履歷，眼睛突然一亮，高興地問道：「你是〇〇人？」

畢業生很機靈，一聽機會來了，他馬上反應過來，這位主任與自己的家鄉可能有淵源，說不定來自同一個地方。因為在臺北市求職，而本身是臺南人，一般人根本不會特別留意後面的區域。

他很快追問道：「您去過那裡？還是您有親戚在那裡？」

「我外婆家就在〇〇。我五年前還去過。」

畢業生一聽，大喜，他想，太巧了，機會真的來了。

「您外婆家住哪？說不定離我家不遠呢？」

「OO 小學，你知道嗎？小學旁邊的住宅區。」

「知道，我們家就住在那所小學附近。小學和住宅區之間有一棵大樹，很大很大，要三個大人才能合抱。」

「對，對，我上次去是夏天，還在樹底下坐了好一陣子呢！」

就這樣，畢業生與這位人事主任聊了起來，聊臺南近年來的變化，聊春節家家戶戶放鞭炮的熱鬧，甚至聊到了臺南最有特色的小吃。

結果，畢業生參加了試講，並很快接到了錄取通知。後來，他才知道，自己應徵的科目的名額只有一個，他試講的分數位居第二，但最後學校錄取了他。

我們不禁要問，是誰幫了他？是幸運？還是那位主任？有一點確定無疑，是他自己。他敏銳地抓住了雙方的共同點，喚醒了對方心理上的「共同意識」。

這位人事主任突然遇到一個來自家鄉的人，因而非常親切，心理距離一下拉近了不少。

你可能有過這樣的經驗，新到一間公司，遇到一位同事，知道是校友，便覺得親近；新到一座城市，人生地不熟，遇到一位同鄉，便覺得很親切。

校友之所以讓你感到親近，是因為你們有彼此熟悉的老師或同學；同鄉之所以讓你感到親切，是因為你們有彼此熟悉的街道巷弄和當地的習俗文化。

其實，對於初次見面的人，我們通常會抱持警戒心，因為我們並不了解他，他來自哪裡，家庭狀況如何，有怎樣的教育背景。不過，一旦發現對方與自己有某些共同點，警戒心就很容易煙消雲散，信任感隨之增強。

那麼，怎樣才能跟初次見面的人一見如故呢？下面介紹四種方法，無論是在生活中還是職場上，如能活學活用，定能收到立竿見影的效果。

1、攀親認友

對於任何一個素不相識的人，只要事前認真做一番調查研究，找到一些他的親友，然後再聯想到一些自己的親友……如此，等到見面的時候再拉上這層關係，心理距離就會縮短，產生一種久違的親切感。

三國時期的魯肅就是一位攀親認友的高手，他跟諸葛亮第一次見面就說：「我是你哥哥諸葛瑾的好朋友。」只憑這一句話，就使交談雙方感到相見恨晚。

2、揚長避短

人人都有長處及短處。每個人都希望對方多談談他那可讚嘆的長處，少談令人尷尬的短處。這確是人之常情，跟初次見面的人，如果以直接或間接地讚揚他的長處作為開場白，就能令對方對你產生好感，感到高興，兩個人就很可能產生互動。這樣，交談的積極性也就得到了很大的激發。

被譽為「銷售權威」的霍依拉交際的不二法門是：跟人初次見面時一定要恭維對方，讚美他，發現他身上全部的優點，盡可能避免涉及一切的缺點。

有一次，為了替報社打廣告，他拜訪梅伊百貨公司的總經理。寒暄幾句之後，霍依拉突然問道：「總經理會開飛機，這可真厲害呀！在哪裡學的？」話音未落，總經理非常興奮，頓時滔滔不絕，廣告之事當然不在話下，霍依拉還順理成章地被總經理邀請去乘坐他的飛機。

3、表達友情

用三兩句話恰到好處的話表達你對對方的關心，肯定會取得很大的回報，讚揚他的光明磊落，對他的到來表示無限的歡迎。或者同情他不幸的遭遇，安慰他，他心裡會產生一見如故的感情。

4、添趣助興

爐火純青的交際藝術當屬用風趣活潑的三言兩語掃除跟初次見面者交談時的不快和防衛心理，以活躍的談話氣氛增添對方的興致。葉永烈想採訪陳伯達，但兩人不熟。葉永烈到他家時，話題忽然一轉說：「一九五八年，你到北京大學做學術報告，當時你帶來一個很不簡單的『翻譯』，把自己的閩南話譯成普通話。我這輩子還是頭一回遇到，自己人對自己人做報告，竟然要帶『翻譯』。」這是一件多麼有趣的往事，陳伯達一聽，頓時哈哈大笑起來，聲音很大，感到面前的這位不速之客好像跟他有某種親戚關係，氣氛頓時變得輕鬆起來。

由此可見，你如果想用三言兩語就贏得對方的喜愛，讓他有一見如故的感覺，除了高明的技巧外，關鍵是要在準備上下足工夫，這樣做的目的是，交談就能有的放矢，命中要害。如若不然，縱使你有三寸不爛之舌，也只是對「牛」彈琴罷了。

一展笑顏，就勝過萬語千言

美國心理學家安德森研究發現，真誠是一種十分重要的提高人際吸引力的品質。而微笑，就是展示我們真誠最好的方式。

曾有一家研究機構選擇了一些不同表情的臉孔圖片，包括微笑、皺眉、把臉轉到一邊以及直視觀察者。然後選擇英國的蘇格蘭斯特靈大學和亞伯丁大學中的四百六十名受試者看這些圖片，然後讓他們評等這些面孔的吸引力。結果顯示，直視觀察者，並且保持微笑的人最具有吸引力，尤其是這張臉屬於異性的時候，這種吸引力則更強。

在人與人的相處中，每個人都渴望看到笑臉。例如，到商店購物時，不希望售貨員面無表情；到新公司上班時，希望看到新同事和善的微笑；向上級彙報工作時，期待著主管滿意的微笑；回到家裡時，期望看到親人溫馨的笑容。

可見，微笑是世界上最美的語言。

特別是在第一次與他人交往時，如果能以一個燦爛的微笑出現在對方面前，一定能形成一個非常好的序位效應。

希爾頓飯店曾用「微笑服務」聞名於天下。希爾頓能夠在經濟危機中存活下來並最先進入嶄新的繁榮期，微笑服務功不可沒。希爾頓掛在嘴邊的話就是：「你對顧客微笑了嗎？」他要求每個員工無論何時，都要對顧客投以發自肺腑的微笑，即使在旅店業務受到經濟蕭條的嚴重破壞情況下，也堅持員工必須這麼做，他經常提醒員工：「萬萬不可把我們心裡的愁雲掛在臉上，不管我們的旅館遭到多麼重大的困難，你們的臉上始終要保持微笑，因為它們可能是顧客這一天所能看到的唯一的陽光。」

營業員面帶微笑，挽救了希爾頓。如果企業的領導者面帶微笑管理，又會帶來什麼樣的效果呢？

身為美國鋼鐵和國家蒸汽廠的子公司，RMI 公司生產的鈦產品一直無法達到合格要求，生產力低下，銷售不暢，利潤太少，公司瀕於破產邊緣。

在危難時刻，曾是前美國克里夫足球隊員的丹尼爾走馬上任。丹尼爾性格開朗愛笑，在球隊的時候，球迷和隊友就親昵地稱他「笑星老吉」。上任後，他把那種愛笑、以笑征服人的踢球風格運用到企業管理上。《華爾街日報》稱他這種管理風格是「道地的老式笑話」。

他強調人與人之間的溝通，要求大家都要保持微笑。他讓人在工廠裡四處張貼標語：「如你看到別人不笑，你對他笑。」、「笑使你堅信自己能夠成功。」、「熱愛工作才能成功」等，每張標語的署名都是「老吉」。

老吉還把公司的標誌改換成一張微笑的臉，甚至於信紙、文具、廠名標誌、工人頭盔、產品包裝都用笑臉作標記。笑臉的標誌應用如此之廣，產生的影響如此深刻，以至於RMI公司總部所在的城市的居民，一看到笑臉，馬上就聯想到RMI公司。

最後，人們乾脆把這座城市叫做微笑市了。

此外，丹尼爾把大部分時間花在了巡視廠房，跟工人打招呼、開玩笑上。他能隨口叫出兩千多名工人中隨便一個人的名字。他覺得這是和員工進行思想溝通，加強團隊凝聚力，喚起大家為工廠奮鬥的最簡單、最有效的辦法。

事實證明，他的想法是對的。三年間，在沒有任何投入的情況下，靠著這種「道地的笑容」的經營方式，丹尼爾激發了工人的工作熱情，使公司的利潤上升了兩倍多。這樣，公司不僅避免了破產的厄運，還重新樹立了良好的形象。

從上面的故事，可見管理並非嚴厲才會有效。相反，有時領導者面帶微笑，更容易拉近與員工之間的距離，產生一種很大的親和力，從而激起員工的工作熱忱，使企業獲得更大發展。

微笑以「無聲勝有聲」取得的進展令人稱奇。露出牙齒雖在動物世界是攻擊的顯著象徵，在人類社會卻恰恰相反。心理學認為，沒有一樣東西比溫馨的微笑更能快速化解他人的敵意、贏得他人的好感。

人們常說：伸手不打笑臉人。微笑可以緩和緊張的氣氛，消除他人的怒氣。例如，一個小女孩，家中經濟拮据，父親的脾氣很暴躁，經常打孩子。奇怪的是，在哥哥姐姐經常挨打的情況下，小女孩卻很少挨打。原因並不在於她是最小的，而是因為她喜歡微笑，每次父親舉起手來打她的時候，她總是微微地對父親一笑，就這一笑，父親便手軟了。

微笑是兩個人之間最短的距離。例如，在公共場合，遇到一位並不熟悉的人對你微微一笑，你一定會覺得與他親近許多。沒有一個人能抗拒微笑的魅力，許多推銷員之所以留下大名，正是憑藉自己發自內心的真誠微笑贏得了顧客的信任，許多企業的員工之所以能吸引並留住無數的顧客，也是憑藉微笑。

由此可見，微笑本身就是成功的祕訣。微笑是最好的介紹信。微笑是傳遞誠意最直接的方式。微笑是讓你讚美的分量驟增的簡易方法。微笑讓對方不忍心殘酷地拒絕你的請求；微笑可以幫助你插上騰飛的翅膀，把你帶到成功的面前。盡情地展示你的笑顏吧！

第11章 情緒效應
要做心情的主人

什麼叫做情緒效應

在人際交往中，特別是當我們第一次跟別人接觸時，我們的喜怒哀樂對於雙方關係的建立或是對於對方給予你的評價，會產生不可思議的影響。與此同時，交往雙方會產生一種「情緒傳染」的心理效應。也就是說，如果我們自身情緒不佳，極容易引起對方不良態度的反應，這都是心理學中情緒效應的一些簡單表現。

那麼何謂情緒效應呢？心理學認為，一個人的情緒狀態足以影響到對外界事物的判斷，人和事都是如此。也就是說，人們所做的任何判斷和選擇，都是某種情緒效應的結果。

可見，如果你是一個管理者，在與員工交流時，一定要時刻注意員工的情緒，使雙方在平等和睦的快樂氣氛中交談，這樣才能收到良好的效果。

接下來，我們先看一則非常有趣的故事：

有一位非常有智慧的、慈悲的人，看到死神不慌不忙地向一座城市走去，於是他快走幾步上前問道：「你要去那裡做什麼？」

死神回答說：「那座城市裡充滿了罪惡，我不得不帶走一百個人，以警示他們。」

那個慈悲的人說：「這太可怕了，你的心太黑了。」

死神說：「我沒別的選擇，我也是替別人賣命，這就是我的工作，我必須這麼做。」

這個無畏的人搶在他前面跑到那座城市裡，提醒所遇到的每一個人，在那座可憐的城市吶喊：「請大家小心啊，死神要來帶走一百個人。」

第二天早上，他在城外又遇到了猙獰的死神，帶著憤怒的口氣向他質問：「昨天你告訴我你要從這裡帶走一百個人，可是你撒謊，為什麼有一千個人死了？」

死神很無奈地回答說：「我也不願意超負荷工作啊！我正準備按昨天告訴你的那樣來做，只帶走一百個人。可是恐懼和焦慮忽然從天而降，於是帶走其他人的任務，就都落到我疲憊的肩上。」

這則故事雖然是虛構的，但我們還是可以看到，恐懼和焦慮會達到和死神一樣的作用，這就是時刻存在於人大腦裡的情緒效應。實際上，在我們的生活中，這樣的效應每天都在發生，只不過我們大都已經沒有感覺，或者習以為常。

如果你聽說過吸血蝙蝠殺死野馬的故事，你一定會對情緒效應有一個更加深刻的認知。

在非洲原始的大草原上，有一種很小的飛行動物叫做吸血蝙蝠，牠身體輕小，靠吸取動物的血液為生，特別喜歡吸野馬的鮮血。牠是野馬的最大天敵，蝙蝠攻擊野馬是有順序的：首先咬馬腿，用鋒利的牙齒敏捷且迅速地刺破野馬的大腿，然後用尖尖的嘴慢慢地吸血，牠吸得非常痛快。野馬是一種極其敏感又強健的動物，受到這種外來的挑釁，會迅速地做出甩尾、蹦跳、踢腿、狂奔等誇張的動作。

這時候，蝙蝠吸得更加猛烈，並且抓得更加厲害。蝙蝠這時會快速地從野馬的腿上飛到身上，再從身上飛到野馬的頭部，一陣抓撓，直到吸飽血後才會展翅飛走。

由於野馬經常生活在這種暴怒、狂奔和流血中，最後無可奈何地死去了。

最初人們普遍認為，野馬的死是由於身體中流失了太多的血液，可經過動物學家的研究分析證明，蝙蝠所吸的血是微不足道的，只是相當於從大海中舀走一瓢水而已，根本無法危及野馬的生命，造成野馬死亡的真正原因是牠自己的暴怒和馬不停蹄地狂奔。

野馬結局讓我們留下了深刻的印象：在生活中，每個人都會遇到不順心的事情，這個時候如果不能從容處之。肆意地衝動、暴躁、憤怒，不僅會使事情向著越來越壞的方向發展，甚至會有害於我們自身的健康。

情緒效應的存在就像身體中的一些病毒，雖然你不喜歡它，但它的存在卻是保護你自己免受傷害，它的存在是合理的。既然我們擺脫不了它，不妨就帶在身上，但要注意，無論如何都不應該長時間地沉浸在負面情緒當中。

回顧歷史，你會發現無論在何種領域做出傑出貢獻的人，面對失意和挫折，都擁有著寬容的胸襟、豁達的氣度，在不同方面表現著涵養和知性。

如果把眼光放到身邊的同事身上就會發現，那些性格偏激，為一點小事就大動干戈，摔東西、發脾氣、憤怒不止，在負面情緒中難以自拔的人，很難心氣平和地面對工作中的問題，更不用談成功了。而且這種無視情緒效應的處理方式，也為他們自己帶來了無窮的心理折磨。

因此，我們要有意識地掌握好自己的情緒，逐漸培養自己大度、豁達，坦然面對一切的良好心態。放鬆自我，以平常心面對成功與失敗。如果我們能適當地控制情緒效應的不利影響，培養出良好的心態，你將會發現，無論工作還是生活，都能為自己帶來樂趣。

負面情緒是健康的殺手

關於負面情緒，美國生理學家愛爾馬曾做過一個看似無聊的實驗：

他收集了不同的人在不同情況下的「氣水」，即把有悲痛、悔恨、高興、不高興、哭時、笑時、飢餓時、吃飽時的「氣水」做對比實驗。結果又一次證實，生氣對人體造成的危害非常大。

他把「心平氣和」時呼出的「氣水」放入有關化驗水中沉澱後，則清澈透明，令人賞心悅目。「痛苦」時呼出的「氣水」沉澱後呈一種蛋白色、紫色相間的顏色。把「痛苦水」注射在大白鼠身上，幾分鐘後，大白鼠就痛苦地死了。

由此，愛爾馬分析：人生氣（十分鐘）會耗費大量人體精力，可以說勞神費力，其程度不亞於參加一次馬拉松。生氣時的生理反應十分劇烈，其分泌物比任何情緒都更具毒性。

無論是從上面的實驗還是在生活中，我們都可以得出結論：像恐懼、焦慮、憂鬱、嫉妒、敵意、衝動等一系列負面情緒，是一種破壞性極強的情感，長期被這類問題困擾，就會導致疾病的發生。

後來，這位看似無聊的愛爾馬博士還用狗做嫉妒情緒實驗：

把一隻飢餓的狗關在一個牢固的鐵籠子裡，讓籠子外面另一隻狗當著牠的面吃肉骨頭。實驗的意義在這時呈現了出來，籠子外的狗非常高興，而籠內的狗在氣憤、嫉妒和急躁的負面情緒狀態下，產生了神經性的病態反應。

現實生活中，人們難免會遇到一些不順心的事，生氣，煩悶，暴躁，往往令人不自主地暴跳如雷，嚴重危害自身健康。無數的事實證明動輒生氣的人健康狀況不是很好。看看我們周圍，有多少人還在因一些芝麻小事而大吼大叫，為一些無關緊要的失誤在自責和憂鬱中無法自拔。

如果說恐懼、焦慮、憂鬱、嫉妒、敵意、衝動等是情緒「殺手」的話，那正向的情緒效應就是挽救人的天使。

我們來看看這樣一則故事：

有一對夫婦，被醫生告知雙方都得了癌症，兩個人的生命離死不遠了，最多只剩下半年的時間。幾番討論後，他們決定賣掉家產，跟親朋好友一一道別，開始遠走他鄉的旅行，打定主意死在路上。

半年後，當他們環遊世界回來，去同一家醫院進行檢查時，醫生意外地發現，這對夫婦體內的癌細胞一個也找不到了，後來醫院進行了仔細的研究，追蹤調查，發現是他們的正面情緒救了自己，當他們在旅途中時，身體中分泌出一種「內啡肽」，它會刺激體內生產更多的淋巴球，從而把癌細胞趕盡殺絕。

透過上面的真人真事，我們不難發現，一個樂觀開朗的人對生活充滿熱情，則會使自己加倍快樂。然而如何才能擁有一顆積極樂觀的心，在情緒出現危機時阻擋它的攻擊，有效地進行自我調節呢？我們不妨從以下幾點進行自我調適：

(1) 合理宣洩不良情緒。透過加強體育鍛鍊、參加各式各樣的冒險活動，如高空彈跳、雲霄飛車、撐竿跳高等等，也可嘗試寫作、聽音樂、跟著旅遊團出遊等來加以宣洩。

(2) 轉移注意力。這是一種人人都容易做到的活動，當遇到困難挫折時，透過轉移注意力的方法來斬斷不良情緒的蔓延，發揮自己的優勢和興趣愛好。

(3) 昇華。把不好的情緒昇華到現實的學習、工作、生活中去，提升自己的素養、覺悟，冷靜地對待每一件事情，重新認識、思考原因，下定決心創建新生活和工作。

(4) 提升幽默感。幽默是人生的救生圈。幽默可以解除心病，提高身體免疫力，控制不良情緒的發生，改變人一成不變的思維等。

由此可見，負面情緒是一個陰險的健康「殺手」，從心理學的角度看，如果學不會控制自己的情緒，任由負面情緒影響他人，不僅會影響自身的健康，還會影響與他人正常的人際交往。

不要因為外界因素影響情緒

生活中，人們在做一件事情前，如果過於在意事情的結果和周圍人的言論，尤其當這些資訊盡是負面資訊的時候，更會導致情緒的低落，就會忽視事情本身的重要性。

大家設想一下，如果我們每天都被各式各樣，有形或者無形的壓力和欲望壓得傷痕累累，別說正常工作了，恐怕身體也會變得每況愈下。

看看下面這個故事，希望你能從中受到啟發。

清早，唐偉剛要進入工作狀態，就聽見對面的同事陸強在抱怨遭受到的不公平對待。

陸強氣呼呼地說：「這日子怎麼過，才遲到兩分鐘就扣錢，還要不要我養活孩子了？這不是人過的日子吧？就給他扣！扣完拉倒，早就想跳槽了。」

陸強低沉的抱怨把唐偉從工作狀態中拉了出來，他抬頭看看錶，九點五分，看來陸強又遲到了。陸強是一個性格外向的人，喜歡表現自己，引起別人的注意，也特別喜愛把個人情緒當眾展示給不相干的人，他的抱怨通常在辦公室引起一片轟動。所以辦公室經常會聽到他的牢騷聲，言語裡總是充滿了挑剔。唐偉感到自己越來越被他的口水淹沒，受到許多不利的影響。

剛進公司的時候，唐偉雖然沒有胸懷大志，但是也並不想甘於人後。對於工作充滿著熱情，他渴望透過自己的努力得到上司的賞識和提拔。陸強是老員工了，已經在公司工作四年多了，唐偉遇到什麼不明白的問題，自己思索不出來時，就會虛心地向他請教，陸強總是慵懶地回答：「想那麼多幹嘛？老實跟你說吧！我來的時候和你一樣，結果呢？還不是一樣？我的今天就是你的明天，你等著瞧吧！」也許陸強的抱怨是毫無意義的，但是已經極具破壞性地削弱了唐偉的熱情。

有過那麼一段時間，唐偉與他爭辯說，只要努力，就會有機會。而陸強則會不屑一顧，說：「算了吧！你收起那點夢想吧！最好把它踩死。這個社會只有有關係的人才有未來。你看見我們公司的小趙了嗎？比我還晚來一年呢！人家現在已是高級部門經理了，他是老闆的遠房侄子。還有那個剛來半年就被升遷的小李，聽說是老闆朋友的兒子……」

聽了陸強一席話，唐偉開始嘀咕，自己和老闆的關係，八竿子打不著，無法套近乎，努力真的沒用嗎？有時候，剛剛說服自己要努力，一定要做出一番業績，讓所有人刮目相看，不要受別人情緒的影響，陸強這時又會悄悄地對他說：「我最近看好了一家公司，人家在市中心辦公，業績超好，聽說公司有一千多人，哪像我們這個破地方，辦公室不像辦公室的，上上下下加起來還不到一百人……」

唐偉的信念慢慢動搖，動搖，倒塌了，覺得現在的工作沒有前途，缺乏發展的空間，那些曾經為自己定的短期計畫、中遠期計畫，而今已束之高閣，發霉變餿了。

他想：「陸強的預言是千真萬確的，他的今天就是我的明天。我們的命運是一樣的。」

我們看到，唐偉的昂揚鬥志已經被陸強的負面情緒嚴重干擾，並破壞性地影響到自己的工作。唐偉如果不能及時改變觀念，他就會碌碌一生。

據一項權威調查顯示，那些工作有成就的人，那些優秀、有遠大抱負的人，並不全是才華橫溢或者擁有過人的智商，但絕大部分都是在情緒上具有穩定性格的人。這種穩定的性格不僅能控制自己的負面情緒，對別人的負面情緒極具有強有力的免疫力。

因此，我們要學會避免被外界的資訊所奴役，特別是不要讓那些惡劣的情緒找到你。這就需要你時刻保持一種淡然、平和的心態，做真實的自己，活出自己的特色，我們每個人都是獨一無二的。

有時，自我安慰是必要的

我們都知道「吃不到葡萄說葡萄酸」這個故事：

《伊索寓言》有一個故事，狐狸看到葡萄樹很高，但是踮起腳也無法摘到，就安慰自己說：「葡萄肯定還是酸的。」就這樣，聰明的狐狸用精神勝利法，為自己得不到葡萄找到了一種心理平衡。

與之對應，還有一種令人欣慰的心理，叫做「甜檸檬心理」。因為得到了檸檬，不管是甜的、苦的、酸的，先肯定它是甜的。這也為自己得到的東西不夠滿意尋找了一種心理平衡。

這兩種心理在心理學上都令人感到溫暖，都屬於充滿智慧的、合理化的自我安慰。這兩種心理都能達到調節自我心理的作用。

每個人的能力都是有限的，都有達不到的目標，沒有一個人可以在任何時候做成任何事情。

例如，即使是全世界最偉大的銷售員，也有無法打動客戶的時候，也有無法達成交易的時候。那麼，遇到這類情況時，他該如何解決，是否應該為此愁眉不展，而採取極端措施？我們知道，那是於事無補的，事情依然得不到解決方法。

而如果不解決它就會一直在那裡，像一條溝，使你無法跨過去。

在這種無奈的情況下，我們該如何對待呢？

心理學家認為，這種情況下是運用「酸葡萄心理」的最好時機。在這個時候，你可以分毫不差地把自己的心理調節到正常狀態。

實際上，對任何一個人來說，一定程度的「阿Q精神」是必不可少的，就像菜裡少不了鹽一樣。特別是對從事高壓工作的人來說，當遇到無法逾越的障礙，如無法達成的買賣，無法左右的客戶等，我們如果想保持積極樂觀的心情，就是在遇到挫折後，有意地利用「酸葡萄心理」迅速地調節自己，使心態恢復到最初的積極樂觀、充滿勇氣的狀態中去。

在人生中，每一個人都會面對無奈的失敗，從心理健康的角度看，每個人都需要「酸葡萄心理」等這種「合理化的自我安慰」來幫助自己走出困境。

例如，當買了某種商品後，突然發現用處不大，買回一件廢物，這時候通常不會責 自己是一個笨蛋，而會傾向於自我安慰，告訴自己，這東西其實對自己很有用。今天用不上，明天一定會用上。當然，可能它永遠用不上。

這就是人們心中的「甜檸檬心理」。

做銷售工作的人都知道，銷售的關鍵就是在當時能把東西賣出去。而在事後，客戶反悔的情況並不太多。因為他們往往會自己說服自己，買來的東西還不錯，今天用不上，明天就一定會用上——除非產品真有品質問題。

讓我們看看下面這個例子：

客戶：「我還是覺得不需要那麼早買，孩子還太小。」

銷售員：「凡事總是早做準備比較好呀！王女士，您難道忘了嗎？小寶寶剛出生時不是收到很多親友送的衣服嗎？」

客戶：「沒錯啊！」

銷售員：「其中不是有六個月、一歲或兩歲穿的衣服嗎？當初您是不是覺得不知道什麼時候才能穿上呢？可是一眨眼，小寶寶長大了，那些衣服不是都能穿了嗎？」

客戶：「是啊！時間過得真快。」

銷售員：「買保險沒有太早這一說，只怕您買的不夠。就像大人買衣服給小孩一樣，您閉上眼睛回想一下，小寶寶從能爬到站起來，跌跌撞撞地走出人生第一步，似乎才是昨天的事，您看他現在叫起爸爸媽媽來多討人喜歡，再過幾年他就要背書包上學了。不要說太早吧！趁現在保費便宜，先提前做好準備，儲存一筆教育基金，將來孩子長大懂事了，一定會感謝您為他想得這麼周到。」

王女士被打動了，購買了這份保險，在孩子漫漫的成長過程中，她一直認為買得很值得。

從王女士的身上我們看到，其實許多人身上都自動帶有自我安慰的心理機制，只要具備需要的契機，這種心理機制就會起作用。它的一般規則是，對得不到的東西認為是不好的，而對得到的東西認為是好的，從而獲得一種自我安慰的心理平衡。這就是「甜檸檬心理」的正向作用。

我們的人生就像在汪洋大海上的一次旅行，我們自身就像波濤中的小船，有風平浪靜的時候，也會有狂風暴雨的時候。每個人都會需要一些「酸葡萄」和「甜檸檬」，當遇到不盡如意的事，要把握好自己的心理，讓內心恢復到平靜的狀態。

不要讓憤怒毀了你

多年以前，美國一家石油公司的一名主管做出了一個錯誤的決策，這個決策使公司一下子損失了兩百多萬美元。當時這家公司的老闆正是以為人苛刻聞名全世界的洛克斐勒，噩耗傳出後，公司每一個主管避洛克斐勒不及，唯恐他將怒火噴到自己頭上。

一天，公司的合夥人愛德華·貝德福德走進洛克斐勒的辦公室，發現他正伏在桌子上，用鉛筆正在一張紙上默默寫著什麼。

「哦，是你，貝德福德先生。」洛克斐勒說：「你大概已經知道我們遭受的損失了，我考慮了很久。」洛克斐勒說：「但在叫那個人來討論這件不幸的事之前，我做了一些重要筆記。」他在那張紙的最上面寫著，對那名主管有利的因素。下面列了一長串這人的優點，包括一些容易忽視的優點，其中提到他曾三次幫助公司做出正確的決定。為公司贏得了無窮無盡的利潤，比這次的損失要多很多。

為此，貝德福德感嘆道：「我永遠也不會忘記洛克斐勒面對棘手問題時保持的冷靜態度。很多年過去了，每當我克制不住自己，想要發火時，我就想到了洛克斐勒，就強迫自己坐下來，拿出紙和筆，寫出那個人的優點。當我寫完時，我的氣也就消了，就能理智地全面看待問題了。後來這種做法成了我工作中的習慣，使我從中受益無窮。」

這個故事教給我們，遇事一定要先冷靜下來，重新思考，努力打開心結，從源頭減少憤怒的機會。因為憤怒是一種最無力也最具破壞性的情緒，它為人帶來的負面影響遠遠大於我們的想像。

我們可能會遇到很多使自己生氣的事，幾乎都跟侵犯了自己的尊嚴或切身利益有關，幾乎不能立刻冷靜下來，當你覺察到自己的情緒異常激動，即將爆發時，不妨及時轉移注意力，讓自己先放鬆下來，鼓勵自己克制衝動的負面情緒。

除此之外，讓我們看看還有什麼可以平息怒火的好方法。

有一種理論認為，把火氣發洩出來，將會讓我們感覺好受一些。但是心理學家卻認為，這是一種很糟糕的做法，而且行不通。於是，他們提出了一種名為「重新判斷」的方法，即自覺地從一種比較正向的角度去看待他人對你的「冒犯」。

比如說，遇到有人超車時，如果你能對自己說：「這個人大概有急事吧！要不為什麼一副不要命的模樣？」或者說：「也許是我的車開得太慢了。」這樣，你就不至於發火了。心理學家在經過調查研究後發現，「重新判斷」是一種極為有效的控制憤怒的好方法。

其次，空間距離的調整也稱得上一個好方法。當我們對一件事或一個人突然感到脾氣就要失去控制時，應該馬上離開，俗話說「眼不見心不煩」，說的就是這個道理。

例如，有一天，你到商店買東西，遇到售貨小姐愛理不理的，你就會莫名地憤怒起來。這時，你不妨扭頭出去，再選一家商店。

真正強大的心靈就是能夠保持沉默，而憤怒是一種弱點。所謂的大膽和勇敢，並不是動不動就發怒，而是堅忍和保持沉默。你不妨如此想像，自己在嘴上貼了一個「密封膠帶」，反覆告訴自己發怒的時候，千萬別立刻發洩，否則就會「傷」到自己。

在很多電視劇中，我們看到很多主角在克制憤怒的時候，會果斷地選擇坐下來，一句話也不說。其實這並不是主角沒有辦法只能坐下來，而是「坐下來」就是一個克制憤怒的良方。

實驗證明，一個人在情緒激動時，血液中甲腎上腺素的含量是平時的兩倍。

這種血液成分會加快血液循環，而當一個人全身站立，全方位地舒展他的軀體和四肢以後，他的血液循環就更加快速地流動。從而使憤怒時所需要的生理能量獲得充足地供應。而此時如果大家能果斷地坐下，血液循環和新陳代謝的頻率都會緩慢地降下來，憤怒的程度與幅度就會隨之而降。

可見，從心理上抑制憤怒的方法是很多的，為了不讓事態發展到更嚴重的地步，無論何時，我們都要學會控制住自己的情緒，以免造成無法挽回的局面。

把煩惱抛在腦後

實際生活中，我們經常會發現，當一些人受到批評或者遭遇不如意、不順心的事情後，會毫不猶豫地將心中的怒氣、委屈、怨恨發洩到他周圍的任何一個人身上。這種痛快的發洩方式，讓自己內心得到瞬間的安慰，與此同時，卻為他人帶來了不間斷的煩惱、痛苦，不僅讓他人感到不快，還會使自己成為人際關係中的孤獨者。

世界上的人不是孤立存在著的，而是相互影響著，即使是大海中的孤島，也與整片大陸連在一起。

例如，職場中要面對同事、主管；購物中心中要面對競爭對手、客戶；家庭中要面對妻子、兒女等，如果無緣無故地將自己的煩惱抛給他人，那麼接受你包袱的人，勢必會想辦法將其甩掉，而這樣一傳二、二傳三，這種處理方式汙染了整個團體，就像瘟疫一樣四處蔓延。

讓我們來看看世界汽車大王亨利·福特遇到這種情況時是怎樣處理的。

福特年輕時曾在一家汽車公司當修車工人，他每個月的薪水很少，還不夠每個月的生活費，每次他下班回來，經過一家高級餐廳的時候，都想進去嘗嘗這家餐廳的飯菜，卻一直沒有如願。

一次，發了薪水後，亨利·福特拿著整月的薪水來到這家餐廳，他決定什麼都不管，只要自己滿足這個願望便可。他在靠近窗戶的位置上坐下，並等候著餐廳服務員的招呼，可他在那個位置上足足坐了十幾分鐘，也沒有人過來招呼他，最後，一個服務員走到他的桌邊，不屑一顧地遞給他一張菜單。

亨利·福特翻到菜單的第一頁，服務員就冷言冷語地說：「你只適合看這頁的餐點，其他頁的價格你沒必要看了。」福特抬起頭望著服務員不屑的表情，感到非常氣憤，但又理智地控制了自己的情緒，他覺得，人家對你白眼很正常，自己本來就沒錢，最後，他只點了一個漢堡。

從那以後，亨利·福特對自己發誓：「我一定要努力，讓自己成為社會中的上流人物。」最終，他由一個不為人所知的、平凡的修車工人，成為了人盡皆知的汽車大王。

從上面的故事我們看到，換一個角度看待問題，會呈現出不同的結果。就如福特努力地克制住自己的憤怒，並將其化為自己力爭上游的動力。

我們經常見到這樣的事情，在甲看來是快樂的事情，乙卻認為是煩惱的。

所以當你對待事物抱以樂觀的、正面的態度時，你就是快樂的；當你對待事物持以悲觀的、負面的態度時，你就是煩惱的。

那麼，如何才能夠有效地控制自己的情緒，多一點快樂，少一點煩惱？

1、常「知足」

遇到不順的事情，多回想一下過去的美好回憶。例如，在食、衣、住、行方面，我們前後對比一下，與過去對比一下，與周圍那些更忙碌的人對比一下，你會發現的確較以前有了很大的進步。你知足了，煩惱自然就消失了。

2、多「嚮往」

一個快樂的人，相信現在的困難總是暫時的，他們嚮往未來的生活會更好。下雨了，他們相信雨過又會天晴；天黑了，他們期盼長夜之後就是黎明。

他們時刻沉浸在樂觀向上的情緒之中。而煩惱的人對現實心懷不滿，認為將來也好不到哪裡去，情緒低落，怎會沒有煩惱？

3、少「嫉妒」

嫉妒之心不可有，激勵之志不可無。嫉妒使人變得刻薄、心胸狹窄、行為自私。嫉妒見不得別人比自己好，它是一種品格不良的展現。而激勵則以目標為榜樣，積極主動地向榜樣學習，向目標邁進，爭取達成目標。激勵是一個人品格優良的展現，讓人不斷進取。

4、不「違心」

這裡說的「違心」，是指違背自己的意願說話和行事。心理學研究顯示，一個撒過謊的人心情是壓抑的、憂鬱的。因此，我們說話做事的時候都要做到誠實守信，一是一，二是二，不弄虛作假。

另外，我們要做自己喜歡的事，並把做事情與找快樂結合起來。例如，你在家無事可做，不妨將洗衣服、擦地板、擦玻璃等家務事當做鍛鍊身體；將做飯、炒菜、修剪花草樹木當做藝術創造來對待。這樣一來，在別人眼中煩惱的事，在你這裡卻成為一種快樂。

其實，無論是在生活中還是工作中，沒有誰能夠保證其一生會一帆風順，也沒有誰能保證自己永遠都會快樂，我們能做的只是調整自己的心情，當自己情緒的主人，不要讓心情來左右我們。只有把煩惱拋開，明天才會是豔陽天。

勝利一定屬於有信心的人

一九六五年夏天，有一位來自韓國的學生到劍橋大學，他學的專業是心理學。

每天在喝下午茶的時候，他一定會到學校附近的咖啡廳聽一些成功人士聊天。這些成功人士都是當時最有名的人，他們有些人獲得了諾貝爾獎，有些人是某一些領域的學術權威和一些創造了經濟神話的人，這些人的品格、特點讓他留下了深刻的印象，因為他們幽默風趣，談吐非凡，而且有一點令他非常驚訝，他們普遍把自己的成功看得非常自然和順理成章。在國內時，他被一些成功人士欺騙了，那些人的行徑是多麼無恥啊！在現在看來，那些人為了讓正在創業的人打退堂鼓，知難而退，無一例外地把自己的創業艱辛漫無邊際地誇大，他們在用自己可憐的挫折嚇唬那些還沒有取得成功的人。

由此感觸，他認為對那些韓國的成功人士的心態進行一番細緻的剖析、研究將是一個令他興奮的題目。在他快畢業的時候，他決定把〈成功並不像你想像的那麼難〉當做畢業論文，提交給現代經濟心理學的創始人威爾·布雷登教授，布雷登教授讀後，喜出望外連連稱讚他。他認為這是個新發現，這是又一個美洲大陸。

他認為，這種現象雖然在東方甚至在世界的各個角落都普遍存在，但此前還沒有一個人有膽量提出並加以研究。驚喜之餘，他寫了一封信給自己的劍橋同學，當時韓國的總統——朴正熙。他在信中說：「我不敢亂說，這部作品對你會不會有很大的幫助，但有一點我敢肯定，它會比你曾經頒布的任何一套政令都更能產生地震般的震動。」

果不其然，這本書促進了韓國的經濟起飛，這本書用它強有力的手腕托起了許多人；鼓舞很多人，因為他從一個新的角度告訴人們，成功與「頭懸梁，錐刺骨」沒有什麼必然的聯繫。只要你對某一事業感興趣，並相信一定會成功，且一直不停地堅持下去，有一天成功就會在路上等著你。因為上天賦予你的時間和智慧夠你用；足夠你圓滿做完任何一件你想完成的事情。後來，這位青年也獲得了不同凡響的成功，他就是未來韓國泛業汽車公司的總裁。

透過這段故事，我們看到人世中的許多事情，只要想做，只要自信能成功，只要腳踏實地，就一定能夠做到，該克服的困難，也都能克服，不能克服的困難，動動手也能移除。用不著什麼鋼鐵意志，也用不著什麼技巧、謀略。只要你對那件事有興趣，在挫折和苦難面前保持自信心，終究會發現，成功只是一件水到渠成的事。

這正應驗了美國人博恩·崔西曾說過的一句話：「在所有與精神生活相關的法則裡，最重要的可能是堅持自己的信念。相信有一天會成功。無論你相信什麼，只要你堅持自己的信念，它就會變為現實。不是說看見了才會相信，而是只有相信了，你才能看見。」

但在我們生活中，有很多人總會對自己進行最澈底的否定，「我根本無法完成」、「我不具備那能力」、「我還年輕」等。他們一口咬定，自己技不如人。他們還沒有意識到，這種想法本身會讓自己逐漸失去信心、甘於平庸，實際上，這比困難本身要危險一萬倍。

例如，一個剛畢業工作沒多久的土木工程師，公司主管分給他一項關於設計的重要任務，主要是負責資料的整理。他當即唯唯諾諾婉拒了領導的要求，其實他不知道自己完全具備資料整理的能力，只是覺得自己剛畢業沒多久，沒有信心。這讓主管感到非常失望，很長的時間裡，他沒有得到任何晉升，而那些比他晚到的人都已經做到部門經理，因為他自己把自己給否決了，這正是極度不相信自己的結果。

而一個堅信自己能夠成功的人，他的內心深處便會朝著該方向努力，並最終達成這個目標；如果你堅信自己是個幸福的人，那麼你隨時隨地都會發現生活的美無處不在，會自然發現生活中的好事總會和你相連，信念就具有這種能力。它不可戰勝，它能夠摧毀一切阻礙在人們面前的障礙，能夠跨過難以逾越的鴻溝，殺死野獸，擋住洪水，劈開大山。

美國著名哲學家羅爾斯說：「信心值多少錢？信心不值錢，它有時甚至是一種善意的欺騙，然而一旦你堅持下去，它便會迅速升值。」在這個世界中，自信給每個人的機會都是平等的，任何人都可以免費擁有它。自信是所有奇蹟的萌發點。

第12章 犯錯效應

露出瑕疵更能贏得好感

什麼叫做犯錯效應

生活中人們會發現這樣一種現象：如果一個精明人不經意犯點小錯，不僅是瑕不掩瑜，還會使人覺得他具有和別人一樣會犯錯的缺點，進而成為其優點，讓人更加喜愛他。心理學上把這種現象稱為犯錯效應，具體是指：才能平庸者固然不會受人傾慕，而全然無缺點的人，也未必討人喜歡，最討人喜歡的人是精明而帶有小缺點的人。

美國一位著名的心理學家曾做過這樣一個實驗，他曾經把四段情節非常類似的訪談錄影放給他準備要測試的對象。在第一段錄影裡，主持人訪談的是一位非常優秀的成功人士，他在自己所從事的領域裡取得了令人讚嘆的成績。在接受主持人採訪時，他的態度非常自然，談吐高雅，表現得很有自信，他的精彩表現不時贏得台下觀眾的陣陣掌聲。

第二段錄影中，接受主持人訪談的也是個非常優秀的成功人士，不過他在台上表現得有些緊張，在主持人向觀眾介紹他所取得的成就時，他表現得有些羞澀，竟把桌上的咖啡灑到了主持人的褲子上。

第三段錄影中，接受主持人訪談的是個很普通的人，他不像上面兩位成功人士那樣成就斐然，整個採訪過程中，他雖然不太緊張，但也沒有什麼吸引人的表現。

第四段錄影中，接受主持人訪談的也是個很普通的人，在採訪的過程中，他非常緊張，和第二位一樣，他也把身邊的咖啡杯弄倒了，灑到了主持人的衣服上。當教授向他的測試對象放完這四段錄影，叫他們從中選出一位他們最喜歡的，同時選出一位他們最不喜歡的。

想知道測試的結果嗎？這多少與人的想像有些出入。最不受受試者喜歡的是第四段錄影中的那位先生，幾乎每個人都選擇了他；可奇怪的是，測試者最喜歡的不是第一段錄影中的那一位；而是第二段錄影中打翻了咖啡杯的那位，有百分之九十五的測試者選擇了他。

由此，我們看出對那些取得過突出成就的人來說，一些微小的失誤如打翻咖啡杯這樣的細節，不僅不會影響人們對他的好感，反而，人們會覺得他們很真誠，值得信賴。

就好像許多明星在眾人面前表現得完美無缺，並成為了眾多粉絲的偶像。

然而，這種完美只是外在的表演，這樣就未必討人喜歡了。因為一般人與完美的人交往時，總難免感到惴惴不安，感到自己差他太遠。所以最討人喜歡的是那些精明而有小缺點的人。

例如，兒女眼中的父母，學生眼中的老師，員工眼中的老闆，老百姓眼中的官員等。這些貌似完美無缺的人在不經意中犯點小錯誤，反而會讓人覺得他和大家一樣都有缺點，就因為他顯露出平凡的一面，使周圍的人都感到了安全。

如果一位一直令人尊敬的企業領袖人物當眾犯了一點小錯誤，想想如果你是他公司的下屬，你會因為這個小失誤而對他的印象大打折扣，不像以前那樣尊敬他了嗎？相反，你可能會更加愛戴他。所以說，如果你是一個管理者，如果想讓員工更加崇拜你，不一定非得高高在上，事事謹慎，做個完美無缺的人，有時犯點無傷大雅的小錯誤，反而更可愛，會讓員工更加喜歡你，更加信任你。

也就是說，才疏學淺的人不會討人喜歡，而完美無缺的人也未必討人喜歡，只有那些精明而帶有小缺點的人，才是最受人喜愛的。可見，懂得犯錯效應的人更容易與人相處。

沒有人喜歡和一個完美的人打交道

身在職場，很多人總是強調自己的優勢，千方百計地顯示自己的高明，其實這容易引發對方的牴觸情緒。相反，如果你放低姿態，以一個平常人的身分出現在大家面前，往往卻能夠消除對方的戒備心，獲得對方的認同與支持。

下面我將藉由案例做進一步的說明。

劉麗是一家日資銀行客服部的職員，聰明、能幹、自信但有點心高氣傲。銀行裡等級森嚴，比她早來一年或兩年的同事似乎有著很強的優越感，總是在她面前頤指氣使。

劉麗在心裡暗暗下決心，決定以成績說話，她相信，只要自己把業績做好了，就會得到上司的賞識。

同辦公室還有一個楊雲，也是剛來不久，也許是大學剛畢業，不諳世事，總是有許多問題。其他人多是各忙各的，懶得過問，唯有劉麗，每次楊雲遇到難題，她總是毫不猶豫地伸出援手。以至於楊雲經常在辦公室發出這樣的感嘆：「劉姐，妳好厲害啊！」

因為勤奮，業績也不錯，還肯樂於助人，漸漸地，劉麗開始美名遠揚。半年後，幾乎整個銀行都知道客服部有個劉麗，雖然新來不久，做事卻非常能幹。接下來是每年十月例行的人事調動，劉麗信心十足，就等著上司親口告訴她被提拔的好消息了。

可最後的結果出人意料，楊雲榮升客戶主任助理，劉麗原地踏步。

劉麗又驚又氣，不斷自問：我到底哪裡做錯了呢？

一天，辦公室的一位同事主動約她喝咖啡，劉麗請她指出自己工作中的不足。

「妳太強了，所以大家都覺得妳不需要升遷。誰知道妳坐上去之後會怎樣呢？楊雲就不一樣啊！她可愛、柔弱，人人都願意幫她。還有啊！提拔楊雲這樣的人，至少不會妨礙自己的位置。」這位同事一語道破天機。

劉麗這才明白，自己太鋒芒畢露，反而害了自己。隨後，她開始有意識地改變自己。她首先改變了自己萬事不求人的做法，在工作中遇到困難，她會向同事請教。同時，她逐步改變自己獨來獨往的習慣，在工作之餘，有意識地與同事接觸，故意將自己的弱點、缺點以及不為人知的「另一個自己」故意暴露給對方。

沒過多久，劉麗的人際關係就有了很大的改善。此後，她更是謙虛謹慎，不再凡事逞強。

在第二年的綜合評定中，她的「員工互評」分數出奇地高。皇天不負苦心人，兩年後，劉麗很順利地被提拔為客戶主任。

從上面的例子中我們看到，一個並不完美的人才更有人緣。特別是在競爭氛圍濃厚的環境裡，適當地展露自己的缺點是一個頗為有效的人際交往法則。

一個不完美的人，不會讓人感覺受到威脅，讓人妒忌，相反，他會贏得更多的讚美、關愛與友誼。

對於職場人士來說，適當地在他人面前展露自己的缺點是有必要的，不要總是把自己的短處重重地掩蓋起來，只展示自己的強項。尤其是在上司面前，更應如此。因為上司通常都會「好為人師」，如果你比較弱，上司可能會當你是後輩，還有很多進步空間，便會教你、帶你；但當你的羽翼漸豐，鋒芒畢露，甚至時不時蓋過他的鋒芒時，恐怕上司的態度就會有所改變。

這也就是為什麼有的職場新人會發現，突然有一天，原本對自己呵護有加的上司突然對自己不冷不熱的，甚至處處為難自己。如果是這樣，那麼你就應該認真檢討自己。是說話不注意或者做事不小心犯了錯，還是自視甚高、鋒芒畢露，讓上司覺得受到威脅？

如果真是這樣，那麼你就應該重新審視一下自己的形象，放低姿態。所謂「大樹易折，弱草堅韌」。人心就是這樣，對比自己強的人，往往心生戒備甚至敵意。

沒有人會喜歡和一個完美的人打交道，因此，做一個「不完美的人」吧！這會使你更具有人格魅力，更能得到別人的喜歡。

要讓對方有種滿足感

很多年以前，美國人科恩去墨西哥旅遊。在炎熱的中午，他發現前方有個小販，身上套著一大疊披肩，他在高聲叫賣：「一千兩百披索一件，賤價處理了。」

科恩對披肩不感興趣。於是，從他身邊走過了。

「大減價，一千披索啦！」

見鬼！科恩轉身離去時，小販居然跟了上來。小販的聲音在他耳邊一遍又一遍地響起：「八百披索、八百披索了。」

為了擺脫討厭的小販，科恩開始大步向前跑，但是小販緊跟其後，而且要價已經下跌到六百披索了。當科恩穿過十字路口，慶幸自己甩掉小販的糾纏時，耳邊又聽到小販熟悉的叫賣聲：「先生，先生，四百披索，機會難得啊！」

這時又累又渴，渾身是汗的科恩對小販痛恨無比。於是咬牙切齒地說道：「告訴你，我一定不買你的披肩，你放棄吧！」

「好吧，你贏了。」氣喘吁吁的小販回答道：「兩百披索賣給你。」

「你說什麼？」科恩對小販的反應吃了一驚。

「就兩百披索。」小販重複道。

「好吧，讓我看看你的披肩。」科恩出人意料地對小販說。

既然不打算買披肩，為什麼還關心價格呢？科恩想自己那時一定是靈魂出竅了。但小販從一千兩百披索降到兩百披索。他實在想不出自己有什麼魅力，竟讓小販對他糾纏不休，這樣的大熱天還緊追不放，把價錢降了整整一千披索。

雖然渾身是汗，科恩還是將披肩披在身上，得意洋洋地走進旅館，興奮地朝太太喊道：「嘿，你看我買了什麼？」

得知事情的原委後，他的妻子輕蔑地說：「嘿，真有意思，我買了件和你相同的披肩，只要一百五十披索，就掛在櫃子裡。」

科恩頓時感到顏面掃地。

科恩原本並不打算買披肩，可是那個小販完美的銷售技巧使他的虛榮心得到了滿足。墨西哥的小販非常的聰明，他得到了自己想要的，同時也讓對方得到了滿足。

在很多談判過程中，對於談判者來說，合適的商品價格是一回事，談判過程也不能被忽略。很多談判高手在與對手談判的時候，不僅達到了自己的目標，保證了自己的利益，還讓對方覺得贏得了談判。有的時候，即使對方沒有贏，他還是會去祝賀他，讓其產生一種滿足感。

那麼，讓對方有一種滿足感真的這麼重要嗎？看看下面這則故事，相信你就會明白。

有一次，美國和墨西哥就天然氣問題進行談判。美國能源部長認為談判的問題無非就是價格高低，因此，他斷然拒絕了美國石油財團與墨西哥已簽訂的協定。他企圖以大國的強權鎮壓對方。沒想到墨西哥竟一怒之下將天然氣付之一炬。

墨西哥人在意天然氣的價格，更在意他們國家的尊嚴。他們在意自己在談判中的平等地位並且希望獲得對方的尊重，而美國能源部長的做法在他們看來是對他們的侮辱。因此，墨西哥政府用實際行動向美國證明：「國家的尊嚴高於一切。」

人的需求是多方面的，不論是商品、權利或是某項服務，都只能滿足我們的部分需求，不可能完全滿足我們的需求。所以，無論是在談判、表演，還是職場的交際中，我們都要學會多從心理學的角度考慮問題，考慮到對方的自尊心及心理需求的滿足。

下面這則故事恰好與上面的故事相對應，讓我們看一看，使對方有一種滿足感有怎樣的意義。

當英國陸軍和海軍穿越大西洋，從阿根廷手裡奪回福克蘭群島時，阿根廷海軍失去了大部分軍艦，英國軍隊大獲全勝，取得了決定性的勝利。

就在阿根廷軍隊投降的當天晚上，英國海軍司令設宴請阿根廷海軍司令共進晚餐。對此，許多人不理解，歷來「勝者王侯敗者寇」，失敗者還有面子來參加嗎？

但英軍司令不這樣想。他向對方舉起酒杯說：「你幹得很漂亮，我從來沒有遇過這麼強硬的對手。」

可見，讓對方感覺自己並沒有失敗，一則顯示了自己的胸懷和修養，二來也讓對方臉上有光。特別是在生意場上，對手即便這次沒有得到自己想要的，但因為你的友好和大度，也許下次還會考慮和你合作。

適當地示弱是件好事情

我曾有這樣一位女學生，在身邊的人眼中，她屬於標準的「白骨精」類型，精明、幹練，目前正在進修MBA，職涯發展得很好，在公司頗受上司的器重。

有段時間，她愛上了一個男孩，這個在眾人眼中處處優秀的女孩卻始終無法得到男孩的愛，她感到非常的痛苦，追問原因，男孩告訴她說：「妳太過堅強，我一直在尋找關心妳的理由，始終沒有找到，妳並不需要別人的關心，而身為男人，我是有保護弱小的天性的。」

並不是所有男人都像小說中的男主角一樣有強烈的征服欲望，喜歡征服一切。

其實，在我們的日常生活當中，適當地示弱不但是一種生存的技巧，也是一種坦誠的生活態度。

在這方面，英國前首相柴契爾夫人為我們樹立了榜樣。

柴契爾夫人參加完首相就職典禮後回家，「碰碰碰」地急促敲著大門，這驚動了正在廚房忙著為老婆擺慶功宴的柴契爾先生，「誰啊？」柴契爾先生隨口問了一句，「我是英國首相！」

剛剛榮登首相寶座的柴契爾夫人得意非凡地大聲回答。結果，屋裡半晌沒有一點聲音，也不見有人來開門——柴契爾夫人恍然大悟，她清了清嗓子，溫柔地重新說了句：「親愛的，開門呀！我是你太太。」這回，聲音不那麼高，顯得很親切，不一會兒，門打開了，她贏得了丈夫一個熱烈的擁抱和親吻。

透過這則故事我們可以看到：適當示弱會讓對方有種說不出來的成就感。而如果柴契爾夫人無論對誰都是那麼強勢，那麼無論對方是誰，都會感到壓力。

不要總認為在對方面前示弱就是丟臉，放棄了自己的尊嚴。適當地示弱，既表示了對對方的理解，又維護了自己的尊嚴，何樂而不為呢？而且示弱本身是個中性詞，沒有好壞之分。

但需要注意的是，合理的示弱才能為你帶來好的結果。反之，就是壞的。

適當示弱是一種真誠接納的態度。恰當地在別人面前表現你比較脆弱的一面是一種坦誠與接納的態度，會讓別人產生想接近的感覺，可以很快拉近心理的距離。

比如說，兩個人在婚姻中相處久了，常常會形成對立，為一件不足道的小事一爭高低，這時候一方壓倒另一方的做法是很不明智的，明智之舉則是需要另一半的忍讓示弱和理解。其實學會適當地示弱，是幸福快樂的良藥。示弱是與對方和諧相處的一個妙計，這叫以守為攻。

在公司，當你面對主管時更要學會示弱。主管也不是聖人，如果在壓力特別大的時候，難免情緒不佳，面對這種情況，身為下屬的你隨時有挨罵的可能。

一旦遇到這種情況，該如何解決呢？頂撞？那只會讓矛盾更加嚴重。其實，你只要主動學會示弱，適當地開個玩笑，緩解一下氣氛，或者臉皮稍微厚一點，別太把那幾句被冤枉的話放在心上，只當耳邊風，心情就會變得豁然開朗。

對待家人，更要學會示弱，如果面對家人仍然故作堅強，那就沒人了解你的痛苦，也沒人分擔你的惆悵，豈不是「四面受敵」，自討苦吃？

其實，無論是在生活還是工作中，適當地示弱都可被稱為智慧的表現。

適當地示弱可以幫助你更快贏得他人的信任與好感，使你的發展之路更平坦。

第13章 聚光燈效應
每個人都是以自我為中心

什麼叫做聚光燈效應

你有沒有過這種經歷？你曾經因為在某一次派對上把飲料灑了自己一身，或不小心潑到別人身上而懊惱很久？你是否曾在公共場合光滑的地板上不小心摔倒，然後在三秒鐘內迅速爬起，裝作什麼事情都沒發生？

如果回答都是「是」？那麼祝賀你，你也是聚光燈效應的一員了。

聚光燈效應是指人們高估周圍人對自己外表和行為關注度的一種表現。意味著人類往往會把自己當成一切的中心，並且直覺地高估別人對我們的注意程度。

心理學家季洛維奇對此做過一個有趣的實驗：

他讓康乃爾大學的學生穿上某名牌T恤，然後走進教室，這些穿名牌T恤的學生料定大多數人會注意他們穿在身上的T恤。但是，最後的結果卻讓他們感到失望，甚至出乎意料，因為只有百分之二十三的人注意到了這一點。這個實驗清楚地說明，我們總認為別人對我們格外關注，但實際情形卻並不是這樣。由此可見，我們對自我的感覺占據了內心世界的中心，我們通常會不自覺地放大別人對我們的關注程度，不但如此，我們還會自我放大，高估自己的重要性。

這是人類的普遍心理，也是心理學中所公認的一個事實——人人都以自我為中心。在日常生活中，我們也是這麼做的。例如，同學聚會時拿出團體合照，每個人都不由自主地在第一時間找出自己，而且每個人也都在照片中首先找到了自己。

又如，當我們跟朋友聊天的時候，會不自覺地把話題引到自己身上來，然後就滔滔不絕地講下去，以為別人會感興趣。再如，你和初次見面的人一起吃飯，不小心把酒杯打翻了，或者在夾菜的過程中意外地把該送到嘴裡的菜掉在褲子上。這時候，你是不是覺得非常尷尬？覺得對方在看你的笑話？

很多人都有這樣的感覺，即使有的人不那麼強烈，也會覺得不好意思，接下來你的一舉一動都格外小心。

心理學認為這是一種正常的表現。因為每個人都想讓初次見面的人留下好印象。

就像很多女孩子，每次出門前都要花好長的時間挑選衣服，她覺得自己一走在街上，大街上的人都會看她，所以必須多花些時間把自己打扮得漂漂亮亮的才行。

說實話，我們完全沒必要這麼勞神費力。我們並沒有如想像的那般受人關注。你夾菜時的失誤或許對方根本就沒有看到，就算看到了，他也會不假思索地忘掉。

總而言之，很多時候，首先是我們對自己過分關注，並由此聯想到別人也會如此關注。總覺得自己就是萬人矚目的中心，自己的一舉一動都受著監控。

這都是聚光燈效應在作怪。這是每個人都有過的經驗，這種心理狀態讓我們過分在意聚會或者工作集會時周圍的人對我們的關注程度。

當別人都不記得有過這麼回事時，你仍耿耿於懷。你把飲料弄灑或其他你經歷過的尷尬場景，就算有關注的人存在，也比你想像的人少。所以，不用那麼緊張。當然，我們仍盡力調整自己，做到最好，以從中獲得一種滿足感。

每個人都很自我

在現實生活中，很多推銷員一進門就對客戶說「我們的產品怎麼樣」、「我們的產品如何好」或「我們的產品有什麼神奇的功能」等。其實，客戶不一定真的喜歡聽推銷員絮絮叨叨地介紹他們的產品。

在這個世界上，每個人都很自我。在這種推銷中，不只是客戶，幾乎每一個人都不願意聽有關別人的事，更何況是別人的東西呢？因為客戶不願意浪費自己的時間。

但是，與之相反，關於自己的事，客戶反而更樂意多談談。

一個銷售能力很強的銷售員，一天走進了大客戶王總的辦公室。王總當時正投入地打電話，銷售員靜靜地坐了下來，觀察了一下客戶的辦公室。客戶的後面是一個書櫃，前面的桌子上擺著一張穿著博士服的照片，照片一側寫了四個大字「大展宏圖」，照片被裱了起來，看起來非常不錯。

客戶打完電話，銷售員不失時機地說：「王總，您是博士畢業啊？您讀哪所大學啊？您是博士，又掌管著這麼一家大公司，您真是了不起，國內像您這樣的董事長可不多啊！」客戶一聽，立刻哈哈大笑起來：「哪裡，哪裡，你過獎了，這是我以前在讀○○大學的時候……」客戶講起了自己的事。

客戶談了一會兒，就主動切入了正題，談起了產品，問起了產品的功能、作用，有哪些優點等問題。但是，當業務員說出價格時，客戶不再說話了。業務員很快反應過來，說：「王總，照片一側的『大展宏圖』四個字筆力雄健，是您寫的吧？真有氣勢，您對書法肯定也很有研究吧？這好像是柳體，對不對？」

客戶一聽，說道：「過獎了，你的眼力不錯，看來你也有些研究嘛……我以前……」

最後，銷售員成功地談成了這筆生意。

我們在看一張照片時，會非常快地留意自己在照片裡的形象，聊天也愛聊自己。我們跟客戶接觸也是一樣的，沒有誰願意聽一個不相干的人的情況。

所以，我們在與客戶第一次接觸的時候，談論的話題一定是有關客戶自己的。一進門就要觀察，例如客戶喜歡的書、擺放的飾品、客戶的衣服、房間的顏色、客戶的孩子、窗簾的顏色等。一開始不要看到什麼都要說一遍，這樣容易讓客戶覺得你這傢伙是密探，有企圖，讓客戶產生警戒的心理。其實你只要提一兩個就夠了，接下來的工作就是了解客戶的背景問題，但醜媳婦遲早要見公婆，遲早要談到產品的功能、優點，還有報價、合約等。

當談到自己產品的時候出現了僵局，再引導到客戶自己的身上，用這種策略再繼續下去。業務員如果留心，一句很簡單的話就拉近了和客戶的距離，產生信任感。在冷場的時候，業務員再靈機一動，利用心理學中的聚光燈效應，將關注點轉移到客戶身上。客戶也樂意談自己的事，試想，如果一開始業務員滔滔不絕地談自己的產品，會有什麼後果？恐怕早就被掃地出門了。

每個人都有自我中心的現象，不僅僅出現在銷售員和客戶之間，其實我們身邊的每個人都是如此。所以，我們要全面地理解這種現象，明白不論是學生還是白領，無論是上司還是同事，都渴望得到別人的關注。

善於傾聽是贏得好感的關鍵

在現在這個需要時時溝通的時代，傾聽的作用顯得越來越突出。接待員要想盡辦法弄清楚來訪者希望見誰，銷售員要充分了解客戶的心理需求，下屬要竭盡全力理解上司的真正意圖……這些都與傾聽有著千絲萬縷的連結。

傾聽，也成為職場人士不可或缺的素養之一。一項心理學調查發現，公司主管的平均時間分配是：百分之九的時間在「寫」，百分之十六的時間在「讀」，百分之三十的時間在「說」，百分之四十五的時間在「聽」。可見，在傾聽中達成溝通、管理是非常重要的。

一家大公司的總經理，任職初期，對該行業的獨特性了解得不多。當有下屬需要他的幫助時，他幾乎無法告訴他們什麼。但慶幸的是，這位總經理深諳傾聽的技巧，所以不論下屬問他什麼，他總是回答：「你認為你該怎麼做呢？」通常，這麼一問，下屬便會提出各種方法。在傾聽下屬說話的過程中，他了解到很多情況，這樣他就可以依據自己的經驗，幫助他們做出正確的選擇，最後下屬總是滿意地離去，心裡還對這位剛上任的老總讚嘆不已。

從交往上看，傾聽是一種禮貌，從心理學上看，傾聽更是一種尊重說話者的表現，也是對說話者的最好的恭維。在溝通中，如果能保持一個傾聽的姿態，會讓說話者的自我中心心理得到很好的滿足。

傾聽能讓你了解你的溝通對象想要什麼，什麼最能夠讓他們心裡感到滿足，什麼會傷害他們的面子或激怒他們。其實有的時候，即使你不能及時提供對方所需要的，只要你肯樂於傾聽，不傷害、不激怒他們，也能達成很好的溝通，並創造性地解決問題。

我們來看下面這個典型的例子，松下幸之助如何利用傾聽達到目的。

一九六五年，日本經濟低迷不振，市場環境很糟糕，松下電器的銷售行與代理店受到嚴重影響，幾乎全部陷入困境。松下幸之助為了改善情況，決定徹查整個銷售體制，但這一舉動遭到了銷售行與代理店人員的上下反對，而且反對的聲浪之大，有一發不可收拾之勢。

在這種情況下，松下幸之助召集了一千兩百家銷售行的負責人進行緊急會議。為了更好地傾聽反對者的聲音，更加有效地與他們溝通，在會議一開始，松下幸之助就說：「今天我們開這個會，我主要是想知道大家關於改革銷售體制的想法。我們現在面臨的情況大家有目共睹，請大家各抒己見吧！」說完，松下幸之助就先請那些持反對意見的負責人發表他們的意見。在他們發表意見時，他卻一言不發，只是坐在一旁聽著。等到所有的人發言結束，他才透露了新的銷售方式的推行目的及方法。令人驚訝的一幕出現了，那些銷售行的負責人沒有一個站出來反對他的這一改革，他們紛紛表示支援新方案，同意推行。

毋庸置疑，這次會議的成功更多地是傾聽的成功。透過「傾聽」，松下幸之助表達了他對反對者的尊重與理解，消除了他們的不滿，緩和了對立的情緒，同時贏得了他們的理解與支援。

英國管理學家威爾德說：「人際溝通始於聆聽，終於回答。」沒有積極的傾聽，就沒有有效的溝通。

戴爾・卡內基認為：在溝通的各項能力中，最重要的莫過於傾聽的能力。滔滔不絕的雄辯能力、察言觀色的洞察力以及擅長寫作的才能都比不上傾聽能力重要。俗話說得好：只有很好地傾聽別人的，才能更好地說出自己的。如果說溝通的藝術是聽與說的藝術，那首先應該是傾聽的藝術。成功人士大多善於傾聽他人，以此促進溝通、獲取資訊、吸收營養。

傾聽如此重要，我們在日常生活中卻沒有給予足夠的重視，我們總是一邊聽，一邊想著自己的事情。傾聽作為溝通技巧中最重要的因素，似乎又最容易被我們忽視。而且我們傾聽能力的低下程度，你如果留心觀察，會發現大大超出你的想像。

例如，在一次家庭聚會上，家庭主婦想看看到底多少人在用心地傾聽，在呈上蛋糕時，她對那些滔滔不絕的人群說：「親愛的客人，美味可口的蛋糕來了，我在裡面加了一點點砒霜，你們嘗嘗味道好不好。」居然沒有一個人對此有所反應，他們繼續滔滔不絕，議論不停，還一個勁兒地稱讚蛋糕好吃。

一般情況下，人們會把這類低下的傾聽能力，歸因於缺乏傾聽訓練。實際情況確實如此，在學校，我們學習讀、寫、說——卻從未學習過如何傾聽。

也沒有聽說哪一所學校開設「傾聽」這門課程。

總之，善於傾聽是人們建立和保持關係的一項最基本的溝通技巧。善於傾聽的人才是真正會交際的人，才是最容易贏得對方好感的人。善於傾聽的人，給人的印象是謙虛好學，是誠實可靠、專心穩重。善於傾聽的人，能夠給別人充分的時間來訴說自己，跟對方進行互動，他們性格溫和，多半不會急躁。他們懂得，只有認真聽，才有可能減少不成熟的評論，避免誤解。善於傾聽的人常常會有意想不到的收穫。

引導對方多說

某公司的總裁，當他試著鼓勵員工主動參與會議討論時，發現沒有多大效果。於是，他在員工會議上錄了音，會後，他仔仔細細地聽了一遍錄音檔，他驚訝地發現：問題就在自己身上。

例如，當提出一個問題進行討論時，自己首先就說：「你怎麼想的？我是這麼想的……」這樣就把討論集中到他自己的觀點上，繼續往下說了。錄音幫助他發現了矛盾所在，解決了問題。此後，他說得少了，員工自然說得多了，他獲得的資訊也就多了。公司的業績更好了。

聽別人說，引導別人多說，這才是有效的溝通之道。毫無疑問，他說得越多，你了解得就越多。

試想一下，你有沒有認真想過他們的觀點，考慮他們的點子？

你有沒有問過自己這個問題：與人交談時，別人說話的時間與你說話的時間各占多大比例？如果你仔細留意一下，你會驚訝地發現，自己談話所占用的時間遠遠超出自己的想像。就像那位老總，在重播他的錄音採訪時，驚訝地發現，在整個採訪過程中，他占用了大部分的時間來談他自己，他的理解，他的觀點，他的計畫等。

如果一個人常常談論自己，而不給別人表達的機會，可能會破壞自己的人際關係，這也是人際網路不夠寬的重要原因。特別在銷售服務行業，如果你說得太多，別人說話的時間太少，你就無法知道什麼東西對他而言是重要的，也就無法贏得他對你的好感，做成生意。只有自己少說、引導別人多說，才能激發別人與你互動的興趣，才能與之建立良好的關係。

那麼，如何引導別人多說呢？「設問」是一大祕訣。

設問，即是原本沒有疑問，你卻乘機自提問題，是一種明知故問的方式。設問用得好，能引起別人的注意，誘人深入思考，使談話的內容變得更加吸引人。

「設問」，一定要問那些讓對方感興趣的、引以為豪的事情。例如，他輝煌的業績、成功的經驗，他目前最關心的問題以及他最感興趣的問題等，這些問題足可以穩穩地抓住對方的注意力。由此可見，「設問」是了解對方心理的一大利器，也是接近那些難以接近的人的最好辦法。

美國聯邦自動販賣機製造公司的業務部要求每一個推銷員去開展業務時，都要帶上一塊長四英尺寬三英尺的厚紙板，紙上注明：「如果我告訴您如何讓這塊地方每年收入增加三百美元，您會感興趣的，對嗎？」當推銷員與顧客見面時，就立刻打開紙板，並鋪在櫃台或者某個合適的地方，引起顧客的注意，引導顧客去思考，從而自動轉入正題。利用這個方法，使得公司的市場越做越大。

同樣的道理，如果你在你的生活和工作中，需要與某個人建立一種可靠的關係，但這個人又很難相處，你就可以巧妙地設問，讓他們多多談論自己。因為，人們在談論自己的時候，總是高興的、投入的，只要他們高興了，事情就好辦了。

其實，巧妙地提問的作用不僅僅局限在獲取資訊上，它還能進一步推動談話的進展，促使相互關係的發展，產生一種信賴感。

比方說，與主管、同事保持友好的關係，提好問題就是一種簡便方法。當然，如果沒有深思熟慮、沒有提前設計好問題就匆忙去跟主管商談，是不會有什麼結果的。

如果準備不充分，沒有一個明確的目標，不切實際，通常會導致會談沒有成效，獲得不了有價值的資訊。膚淺或者糟糕的提問只會讓你得到無效的資訊，甚至別人的拒絕。

我們來看一看原一平是怎麼做的。

有一天，原一平去拜訪一位大型建築企業的董事長渡邊先生。可是這位渡邊並不搭理原一平，甚至有些討厭他，一見面就對他下了逐客令。原一平並沒有退縮，而是很溫和地問渡邊先生：「渡邊先生，我們的年齡差不多，但您為什麼能如此成功呢？還成為一家大型公司的董事長，您能告訴我有什麼祕訣嗎？」

原一平在提這個問題時，臉上表現出來的跟他心裡想的一樣，非常的誠懇，就是希望向渡邊先生學習其成功的經驗。看到原一平誠懇求知的神情，渡邊不好意思再回絕他。於是，他就請原一平坐在自己的對面，把自己的經歷從頭到尾向他講述。沒想到，這一聊就是三個小時，在這段時間裡，原一平始終在認真地聽著，並在適當時候提了一些問題，以示請教。

最後目的達成了，渡邊的建築公司裡所有員工的保險，都是在原一平那裡買的。

透過上面這則故事我們看到，巧妙地設問、讓對方多多談論自己，是有效交流的捷徑。總之，聽別人說，引導別人多說，這才是有效的溝通之道。俗話說得好，你說得越多，了解得就越少，而讓對方多說，你了解得也就越多。

第14章 自尊理論

每個人的自尊都值得尊重

什麼叫做自尊理論

什麼是自尊？是我們常說的面子嗎？

著名心理學家史坦利・庫柏史密斯在其《自尊的前提》一書中，曾對自尊下過一個經典的定義。他認為：所謂自尊，指的是個人對自己各方面的評價，以及通常所持有的一種對自己的看法。它表達的是一種認可和不認可自己的態度，表現了一個人在多大程度上相信自己是有能力的、有價值的、重要的和成功的。

簡言之，自尊是一個人對個人價值的主觀判斷，它表達的是一種個體對自己的態度。

俄國著名作家屠格涅夫認為：自尊自愛，作為一種力求完善的動力，是一切偉大事業的淵源。

在職場中，沒有人願意當眾被老闆罵，更沒有誰願意被同事公開惡搞，也沒有人願意成為辦公室八卦新聞的主角，因為所有這一切都會影響其在辦公室的聲譽和地位，這種事情發生後的直接結果就是「顏面盡失」。

很多人曾問過：自尊心真的這麼重要嗎？要回答這個問題，我們只需看一看什麼是自尊理論。

很多心理學家認為，缺少正向的自尊會阻礙我們的心理發展。實際上，正向的自尊對外界影響有著免疫的作用，具有抵抗、增強和再生的能力；當自尊弱的時候，我們面對生活挫折的恢復力會降低，容易在人生的困難面前崩潰。

由此看來，自尊心對每個人所起的作用也不盡相同，而健康的自我意識會使我們戰勝困難，強烈的自尊心可以讓一個人勇敢地迎接困難，在事業上取得成功。

華羅庚中學畢業後，因為家裡窮，交不起學費，只好退學。回到家鄉，他一面幫父親做事，一面繼續頑強地自學。可是不久，他身染傷寒，病得很重，差點喪命。

他在床上躺了近半年時間，病好後，留下了終身的殘缺——左腿的關節扭曲變形，他成了瘸子。

當時，他只有十九歲，在那痛苦、迷茫、絕望的日子裡，他忽然想起了雙腿殘疾，仍堅持著兵法的孫臏。他對自己說：「古人尚能身殘志不殘，我才十九歲，更沒理由自暴自棄，我有健全的大腦，我要用它代替不健全的雙腿！」青年華羅庚就是這樣頑強地與命運抗爭著。

白天，他拄著拐杖一跛一跛地，拖著病腿，忍著疼痛下地做事，晚上，在油燈下自學到深夜。一九三〇年，他的論文在《科學》雜誌上發表了，這篇論文驚動了當時數學界的權威——熊慶來教授。很快，華羅庚成了助理。在大學裡，華羅庚一邊工作，一邊旁聽數學課，他還用四年時間自學了英文、德文、法文，發表了十篇論文。當他二十五歲時，已是聞名世界的青年學者了。

我們在華羅庚的身上，看到了在困難和挫折面前，一種超乎常人的自尊和自信。不錯，在很多於困難中奮發向上的成功者身上，我們經常會發現一個共同點，就是在遇到困難和挫折時，能夠自強不息，首先想到的是「我能撐過去」。而懦弱的人在遇到困難和挫折時，首先想到的是「我不行了」，從而放棄了奮鬥。所以沒有自尊、自信的人，是不可能在事業上取得成功的。我們應該努力做一個有自尊心的人，自強不息，努力奮鬥。

自尊心不僅是一種內在的特質，自尊自愛，它還表現在對別人人格的尊重上。

有這樣一則有趣的故事：在紐約，某位成功的商人看到一個衣衫襤褸的鉛筆推銷員坐在路旁，顯得非常沮喪，他出於憐憫，塞給那人一塊錢，可是不一會兒，他又匆匆折回來，從賣筆人那裡取出幾支鉛筆，他很不好意思地解釋說自己忘記拿筆了，接著說：「你跟我一樣都是商人，你有東西要賣，我也是賣東西的」。

幾個月後，再次相遇時，那賣筆的推銷員已經成為推銷商了，他很感謝這位商人，說道：「你重新給了我自尊，你是我的恩人，是我的再生父母，你用真誠的話語告訴我，『我是個商人』。」

這個故事很感人，相信很多人的感受和我一樣，那位紐約商人實在是一個令人敬佩的人，不僅是因為他懂得尊重他人，尊重他人的人格，尊重他人的職業，更因為他採取了一種很好的方式喚醒和激起了對方的自尊。可見，尊重別人不僅可使自己的心靈受到震撼，更可使他人擁有一份自尊心。

鉛筆推銷員事業的成功，就是從商人簡短的幾句話開始的，但這不僅是生意上的成功，更重要的是，成功商人的鼓勵讓這位可憐的推銷員從深深的自卑中解脫出來，自信地踏上了嶄新的奮鬥之路。

這樣的事例不勝枚舉，英國著名女作家舒拉·布魯認為，她的成功就是得益於小時候作文教師對她的尊重。她曾回憶老師給她的鼓舞：「永遠不要後悔你所做過的任何事，它們全是經驗。就算讓你出糗過，那也是寶貴的經驗，你會因發生在你身上的每件事而更加富有。」

就是這樣一句富含自尊自重的話，改變了她的人生。

大家要知道，自尊心不是與生俱來的，它是後天培養出來的。要培養正確的自尊心，我們需要做到以下兩點：

(1) 尋找個人自尊的支點，即個人的長處；

(2) 要有正確的方向，即不光為了自己，還為了自己以外的任何人的利益、快樂和幸福。

要知道，在這個世界上沒有誰能夠做到完美無缺、一點錯誤都不犯。我們都在學習，我們都會犯錯，但我們都有自己的才能和天賦。我們要學會自我尊重，並學會尊重身邊的每個人，每個人都需要別人的尊重，沒有誰是一座孤立的小島。自尊能使我們更好地交流、合作並成功。有自尊的人更有可能獲得幸福。

不要讓對方覺得沒有面子

在我的諮詢經歷中，曾經和很多公司的年輕主管、許多年輕創業者（老闆）打過交道，確實有不少年輕人，做生意一旦有那麼一點成績，就沾沾自喜，覺得自己雖然不是天才，也是眾人之中的佼佼者。

他們一有機會就要表現自己，說個不停。在談論自己時往往把對手批駁得一文不值。有的人甚至不惜靠貶損他人來提升自己，一點「留面子給別人」的意識都沒有。結果別人的面子丟光了，決心非討回這口氣不可，甚至不惜和你拼個你死我活。其實，這種舉動無疑是在斷自己的後路，扯自己後腿。

身在職場，不論是交朋友、追隨上司還是管理下屬，都應該注意為對方留幾分面子。我們來看看英國前首相柴契爾夫人在這方面是怎麼做的吧！

史密斯這時強擠出一絲笑容，心裡別提有多麼驚慌失措。因為就在剛剛邁進門口的那一剎那，他萬分沮喪地發現，他把要採訪的題目給忘了。採訪大綱就裝在手提包裡，可是無論如何總不至於當著她老人家的面，照本宣科地唸吧！那樣顯得自己很不專業，多丟人啊！

此時，電視機上正在進行足球賽，一開場就非常激烈，但史密斯沒有絲毫興趣。

雖然他用盡各種辦法要自己冷靜下來，「短路」的大腦也在極力建立「連結」，搜尋著一切可能的資訊，可一切都是徒勞的，他什麼也沒有想起。該怎麼辦呢？史密斯不禁懊惱起來。

「年輕人，來，我剛煮了點咖啡，過來嘗一嘗吧！雖然年紀大了，有點笨手笨腳，不過，我手藝還是很棒的呢！」柴契爾夫人邊說，邊起身去端咖啡。史密斯一看機會來了，趕忙翻開手提包……

一會兒工夫，柴契爾夫人端著滾燙的咖啡走了進來：「我們現在可以進行訪談了嗎？」史密斯接過熱咖啡，鄭重地點點頭。

採訪非常地順利。史密斯心裡格外地歡喜，簡直有點不可思議。

臨走的時候，柴契爾夫人擁抱了史密斯，並拍了拍他的肩膀，「年輕人，我既不喜歡看球賽，也不喜歡煮咖啡；如果以後有機會見面，可不許再出難題給我了啊！」

「鐵娘子」笑容可掬。史密斯這才醒悟過來：原來她老人家早已看出自己的窘迫，但同時，她又給了自己充分的機會以避免陷入尷尬。多麼溫和而富有同理心的老人啊！

在日常生活中，在無意的過失面前，不戳穿，不傷害，為對方留足面子。學會給予他人自尊，或滿足對方那一點點的虛榮心，是成功交際的訣竅之一。你每駁一次面子，就有可能增加一個敵人；毫不誇張地說，你每給別人一次面子，就等於增加一個朋友，多一條成功的路。無論身處什麼環境，有誰不喜歡能為自己爭光的人和事呢？

《三國志》中記載：魯肅取得赤壁之戰凱旋，孫權非常高興，召集群臣，為魯肅舉行了一場盛大的歡迎儀式，孫權還親自下馬迎接魯肅的歸來。

孫權問魯肅：「我這樣恭敬地對待你，你應該覺得很有面子吧？你臉上應該發光了吧？」魯肅說：「我希望主公不久就能統一天下，然後再拜我當更大的官，到那時，我的臉上發出的光會更加燦爛呢！」

孫權聽後撫掌大笑。

因為孫權給足了魯肅面子，魯肅有情有義，知恩圖報，回贈孫權一個君臨天下的大面子，孫權覺得非常開心。

在日常生活中，當下屬有了成績時，上司不要太吝惜自己的讚美，上司給下屬面子，讚美下屬的成績是對下屬最好的鼓勵，由此能使下屬更加賣力地工作。令人遺憾的是，不是每個上司都如此「慷慨大方」，有些上司對下屬的成績視而不見，有些把下屬取得的成績當做理所應當的事，有些竟然還會擔心下屬把自己的風頭給搶走……久而久之，下屬也就失去了工作的熱情。

高明的上司不僅捨得，而且也樂意給下屬面子，不僅注意維護下屬的自尊，對給出實質成績的下屬，也習慣當眾表揚，給予物質上的獎勵或榮譽獎勵等。這樣的做法其實是一舉兩得，因為在表揚優秀下屬的同時，也是對其他下屬的一種鼓勵。

另外，如果要否定下屬的決定，領導也應該盡量顧全下屬的面子，不要不分地點、場合地對下屬發脾氣。這樣既會嚴重傷害下屬的自尊心，也對自己的威信產生非常不利的影響。

如果發生了分歧，身為上司，可以採取單獨面談的方式，這樣不但能收到意想不到的效果，還可以讓下屬避開大眾的壓力，免遭其他職員的懷疑和非議。

上司這樣費心地為下屬留面子，換句話說，給他台階下。這就更有利於下屬的認真反省，使他體面地收回先前的立場，並信服你說的話，堅定地服從你的領導，對你感激涕零。

懂得適可而止的道理

做任何事情，都要把握一個「分寸」，超越了事物原有的「分寸」，儘管起初是一件好事，最終也會變壞。

這個道理雖然簡單，但在人們生活和工作當中，不能做到適可而止的人很多。例如，有的人暴飲暴食，有的人過度進補、過度打扮；有的人為了討好別人而過度地裝腔作勢；有的人則過於浮誇地奉承主管，同時，又過於苛刻地對待同事和身邊的朋友。

筆者認為，待人處事要懂得適可而止，即使得理也要饒人。

如果在生意場上，即使你完全有理由、有把握置對方於死地，使對手沒有任何還手的機會，你也盡量不要把事情做絕了，你應該盡可能地維繫住你們的最佳關係，因為你可能還會有需要對方的時候。

有一段時間，一代名商胡雪巖與龐二合夥做絲業收購，兩人齊心協力逼壓西方人，抬高中國人絲價。為了這件事，胡雪巖費了大量心血。誰知到了臨近交貨時又出了一個亂子，那就是他的對手朱福年暗地搗鬼。

身為龐二商店經理的朱福年，是個野心勃勃之人，一心想借龐二的實力，在上海絲場上做江浙絲幫的首腦人物，因而對胡雪巖表面上「看東家的面子」不能不敷衍，暗地裡卻處心積慮，想打倒胡雪巖。但是，他深知胡雪巖不是好惹的，不敢明目張膽地跟胡雪巖作對，一切都在暗中進行。可最終還是被胡雪巖發覺了。

按照一般人的做法，無非是將龐二請出來，幾個人合夥演一齣戲，慢慢揭穿朱福年的把戲，那朱福年就完蛋了。做得狠一點的話，讓他在整個上海灘再也找不到安身的地方。但是在對待朱福年這樣一個吃裡扒外的人時，胡雪巖還是提醒自己得饒人處且饒人，適可而止；因此，他把這件事處理得極為漂亮。

朱福年做事很不厚道，他不僅在胡雪巖與龐二合作的事情上萬般阻撓，造謠生事，還拿了東家的銀子「做小貨」（私下販賣），他的東家龐二對這種事十分痛心疾首。依龐二的想法，他是一定要清查到底，狠狠地整治朱福年一番，然後一腳踢出門外。但胡雪巖不這樣做，他認為光是這樣整治，並不算好辦法，必須讓他心服口服，並且還要維繫住這段關係，讓他能繼續死心塌地為自己出力才行。

他的做法是：先透過各式各樣的關係，摸清朱福年開過的戶頭，查出他將絲行的資金劃撥「做小貨」的底細，然後到絲行看帳，在帳目上查找朱福年的漏洞。然而他也只是點到為止，不點破朱福年「做小貨」的真相，也不再深究，讓朱福年感到自己似乎已經被逮到了尾巴，但又不明實情。同時，他還給出時間，讓朱福年清查帳目，改過自新，等於有意放他一條生路。最後，他則明確告訴朱福年，只要努力，他仍然會得到重用。

這一下，朱福年有點糊塗了，自己的毛病只有自己知道，胡雪巖何以瞭若指掌？莫非他在自己這裡埋伏了眼線？照此看來，此人莫測高深，真的要步步小心才是。他的疑懼流露在臉上，胡雪巖索性打開天窗說亮話，一席很有深度的話：

「福年兄，你與人相交的日子還淺，恐怕你還不知道我的為人，我的宗旨一向是有飯大家吃，不但吃得飽，還要吃得好。所以，我絕不肯輕易敲碎人家的飯碗，不過做生意跟打仗一樣，總要齊心協力，人人都肯拚命才會成功。過去的都不用說了，以後看你自己，你只要肯盡心盡力，不管心血花在明處還是暗處，說句負責任的話，我都看在眼裡，絕不會抹殺你的功勞，在你們二少爺面前幫你說話。或者，如果你看得起我，將來有一天願意跟我打天下，只要你們二少爺肯放你，我的大門隨時恭候。」

經過之前的幾幕，再加上這席話，朱福年激動不已：「胡先生，您話都說到這份上，我朱某人再不肯盡心竭力，就連豬狗都不如了。」顯然，他對胡雪巖是畢恭畢敬、服服貼貼的了。而胡雪巖要的就是這個結果。

我們從胡雪巖的身上看到一種品質，成功的生意人總是告誡自己，為人不可太絕，適可而止，這樣才可以為自己贏得最佳的人緣，創造出最好的生意環境。得饒人處且饒人，這是每一個生意人都應該明白的道理。

試想一下，假如胡雪巖像其他人那樣，把朱福年往死裡打的話，那就是憑空為自己的事業增加一道障礙。也許舊的問題還沒解決，新的問題就又來了。

這又何苦呢？給人方便，自己方便。

總之，無論是職場打拚還是創業經商，只要是想成就一番大事業的人，就應該擁有寬容大度的胸懷，凡事做到適可而止。多一個朋友，就多一條路；相反，如果你以眼還眼、以牙還牙，缺少寬容之心，那麼在你通向成功的道路上，也就增加了一堵厚厚的高牆。

給別人一個台階下

在職場上和日常的社會交際中，每個人不妨學一點給人台階下的技巧，以便你能適時地為陷入窘境的對方提供一個台階，避免對方丟臉。這樣做的好處就是你能獲得對方發自內心的好感，並樹立起良好的職場和社交形象。

為什麼說在職場和社交場合要特別顧及對方的面子，注意給對方一個台階下呢？

因為在這種場合下，每個人都試圖把自己最好的一面展現給眾人，他們都格外注意自身形象的塑造，從心理上分析，會比平時表現出更為強烈的自尊心和虛榮心。設想一下，你如果在這種情況下使他下不了台，就會引起比平時更為強烈的叛逆心理，他甚至會怨恨你一輩子。與之相反，如果你為他提供了「台階」，維護了他的自尊心，相應地，他也會對你產生比平時更強烈的好感。這樣，對於你們日後的交流，也會產生深遠的影響。所以我們不能不給予足夠的重視。

為避免自己一個不小心，使對方陷入尷尬的境地，我們在職場和社交活動中應注意掌握以下幾個原則。

1、勿當眾揭穿對方的錯處或隱私

心理學研究顯示，沒有誰願意把自己的缺點或隱私暴露在大眾面前。一旦被曝光，就會感到難堪。因此，在職場和社交場合，如非特殊需要，一般應盡量避免觸及，以免使對方當眾出糗。必要時「點到為止」就夠了。

例如，在一家高級餐廳，一位外賓吃完茶點後，順手把精美的筷子「插入」自己的口袋中。這時候服務員小姐不動聲色地迎上去，雙手舉著一個裝有筷子的匣子說：「我發現先生用餐時，對敝店筷子愛不釋手。非常感謝您對這種工藝品的賞識。為表達謝意，經主管批准，由我代表敝店，將這雙圖案最為精美且經過嚴格消毒處理的筷子推薦給您。您看，按照敝店的優惠價格記在您的帳上，您看行嗎？外賓一聽，立刻就明白了，表達謝意之後，說自己多喝了幾杯，有點醉了，才誤將筷子放到口袋，他藉此「台階」說：「既然這種不消毒的不好用，我就『以舊換新』吧！呵呵呵……」說著便取出來放回桌上，接過服務員小姐遞給他的匣子，不失風度向櫃台走去。

2、勿故意渲染和張揚對方的失誤

在職場和社交中，誰都可能犯點小失誤，例如念錯字，講了外行話，記錯名字等等。當我們發現對方犯了這些小錯誤時，如若無傷大雅，就不必張揚。如果弄得盡人皆知，以為「這回可抓住對方笑柄啦！」就拚命取笑，使對方難堪，損害他在職場和社交中的形象，容易使別人對你敬而遠之，產生戒心。

3、勿使對方輸得太慘

在職場和社交中，常會有一些帶有比賽性、競爭性的藝文活動，例如棋類活動、乒乓球賽、羽毛球賽等。儘管只是娛樂，但每個人都希望成為勝利者。有經驗的人，在獲勝的情況下，往往不會讓對方輸得太慘。會有意讓對方贏一兩局，這樣做的好處是，既不會妨礙自己獲勝，又不會使對方丟盡面子，以此來交流感情，增進友誼，滿足對方心理上的需求。

總之，給別人一個台階下，最能顯示出一個人具備良好的修養和品格。給別人一個台階下，往往會贏得對方真誠的友誼和信賴。給別人一個台階下，往往是自己成功的開始。

第15章 作主原則

每個人都希望掌握一切

什麼叫做作主原則

在生活中，你有沒有發現，不管是選擇買新車或買新房，甚至是論及婚嫁等每一個與自己相關的事，幾乎每個人都喜歡由自己作主。

每個人都喜歡自我思考，心理學家經過研究發現，當個人作主的權利增加時，可以真正有效地增強其健康和幸福的感覺，而剝奪了控制權和選擇權，無異於剝奪了人的健康和幸福。

例如，很多國家規定，囚犯對環境擁有一定控制權——可以移動椅子，控制電視，並且開關電燈，經過驗證，發現這種增加囚犯自主權的策略可以減少許多故意破壞的行為。在生活中，如果你的家人可以自己選擇早餐吃什麼、什麼時候去看電影、晚睡還是早起，家庭的氛圍會變得融洽和寬鬆。在工作中，在確定好工作目標之後，如果能在工作方式和節奏上讓員工有一定的自主權，員工便會顯得更加自信和從容。

很多人認為，某些人的作主意識特別強是因為內心控制欲太強，自信過度地膨脹。其實不然，心理學家發現，強烈的作主意識和控制欲，是一個人內心深處自卑和安全感缺失的一種表現。強烈的作主意識根源於人們心中的「習得性無助」。

這個著名的心理學名詞來自美國心理學家塞利格的一個實驗：

塞利格在一九六七年研究動物時發現，他起初把狗關在籠子裡，只要蜂鳴器一響，就對狗施加難以忍受的電擊。狗關在籠子裡無法逃脫電擊，於是在籠子裡狂奔，屎滾尿流，驚恐哀叫。多次實驗後，蜂鳴器一響，狗就趴在地上，驚恐哀叫，卻不再狂奔。

後來實驗者在給予電擊前，把籠門打開，此時狗不但不逃，而是不等電擊出現，就倒地呻吟和顫抖。牠本來可以主動逃避，卻絕望地等待痛苦的來臨，這就是習得性無助。

需要注意的是，這種「習得性無助」心理和作主原則，如同一對孿生兄弟般存在於人類身上。

「習得性無助」反映了人們在困境中和失敗下對機會的漠視。通常經歷「習得性無助」之後，人在情感、認知和行為上會表現出消極的特殊心理狀態。面對難題和機會，經常產生自我無能的心理，最終導致他們走向失敗。在工作中，對重點工作或者難關總是有意無意地迴避和拖延，或只完成不費力氣的任務，一旦受挫，便顯得特別沮喪和無助，並表現得暴躁易怒。

例如，在電話銷售行業，有很多業務員打電話總是被拒絕，拒絕多了，一看到電話就怕。後來，有些業務人員開始抱怨：「哎呀，我再也不要當電話業務了，讓我去做行政櫃台吧！」這就是「習得性無助」的表現。

對於這種心理狀態，我們要有意識地加強其作主意識的培養。正如前文所講，當一個人的作主意識和經歷增加時，會為人的心理帶來一種控制的滿足感和安全感，有利於增強其自信和面對困難的勇氣。

讓對方覺得是自己在作主

「作主」的欲望人人都有，因為人人都有自尊心，都渴望掌控一切並得到別人的認可與尊重。在這個時候，人們並不是要真的決定什麼，他們只是想透過「作主」來緩和和抑制內心的不安和恐懼，並滿足自己的自尊心。

比如說兩個要邁入婚姻殿堂的青年男女，在決定買婚床這件事情上，為了買哪種款式的床而產生了分歧，兩張床的價格、色調都差不多。如果兩個人各執己見，肯定會傷了彼此和氣。這時，女方可以表示讓男方來決定，以滿足大丈夫的虛榮心。而男方看到女方如此體貼，很可能就會順著她的意思買了。

其實「作主」只是一種形式，自尊心能否得到滿足才是關鍵。所以很多熟悉心理學的人在做決策的時候，都會讓對方覺得是自己在作主，只要對方的自尊得到了滿足，最後到底是採取誰的建議就沒有那麼重要了。

下面是一個生活場景的對話，我們從中可以看到聰明的妻子在希望得到某樣東西時，是如何讓丈夫為自己做決定，同時又不讓他掃興的。

一對年輕夫婦，買了新房，生活很拮据。因此，每次購買大件傢俱或電器，他們都得事先計劃、安排。

年底了，盼著年終獎金，妻子想要買電腦，因為她的工作離不開電腦，而家裡的電腦太舊，總是當機，很影響工作效率。

丈夫想買套沙發，因為他是個球賽迷，不論是大型的足球賽還是籃球賽，他從不錯過。他希望能舒舒服服地躺在沙發上看比賽。

妻子知道丈夫心中的渴望。她也知道，如果自己提出用年終獎金買電腦，丈夫也不會反對。不過，她清楚他會很遺憾，畢竟他已經盼沙發盼了很久。

有一天，丈夫領了年終獎金，高高興興地回了家。

「老婆，發年終獎金了，妳想要什麼，我買給妳。」

「我好像不需要什麼。你想買什麼就買吧！」

「買套沙發，怎麼樣？」

「可以啊！這樣你就不用挺著腰看球賽了，那樣太累。」

「還想買什麼？」

「要是錢還有剩，可以考慮買部電腦。現在的太舊，老是當機。」

「錢，可能不夠，」丈夫歪著脖子想了想，「要不，先買電腦吧！」

「那沙發呢？」

「算了，我忍忍就過去了。先買電腦，沙發等有錢了再說。」

結果，丈夫高高興興地替妻子買了她早已相中的一款電腦。

看到這，你有何感想？這是個聰明的妻子，不是嗎？表面上放棄決定權，實際上掌握了決定權。

從表面上來看，作主的是丈夫，他先主張買沙發，妻子沒有反對。隨後妻子提出，如果條件允許再買台電腦，表示決定權還在丈夫那。最後，丈夫決定買電腦，妻子也沒有反對。

似乎一直都是丈夫在作主，但實際上，丈夫最終的安排是以妻子的意願為轉移的。

妻子的聰明之處就在於她了解丈夫「喜歡作主」的心理，並且懂得如何迎合這種心理。其實，這也是為什麼我們常能看到一個被尊重的人，即使有反對意見也很少有人提出異議。

林肯有一次發表過這樣的言論：「當一個人心中充滿怨恨時，你不可能說服他依照你的想法行事，那些喜歡罵人的父親、愛挑剔的老闆、喋喋不休的妻子……都該了解這個道理。你不能強迫別人同意你的意見，卻可以用引導的方式溫和而友善地使他屈服。」

事實確實是這樣，以一種表面上服從對方、讓對方作主的方式，既省心又省力。對那些所扮演角色處於相對劣勢的一方來說，尤其應該如此。

例如，家中的一貫妥協者、父母眼中還未長大的成年人、公司經理的副手、團隊的得力幹將。你的位置顯示了決定權通常不掌握在自己手中。而要做決定的那個人卻又非常希望得到你的認可與尊重。

對方被你捧得高高的，自尊心得到了滿足，他自認為決定權全掌握在自己的手中，自然忽略了誰是真正的主導者。結果，你以表面上的讓步換取了實質上的進步，很輕鬆地達到了目的。

做決定的話，要對方說出來

對於自我作主，心理學研究還發現，由於人在作主時容易受到外界的影響，所做的決定會有一定的傾向性，並會出現錯誤。對有些人來說，正面選擇也會帶給他一種來自內心深處的恐懼。

比如說，我們往往認為自己做決定最開心，但有時候，不論結果如何，決定的過程總會讓人感到某種壓力。在這種情況下，心理學家建議我們適時地放棄作主權，並順勢把作主權讓給別人。

著名心理學家麥克利蘭說得好：「我們往往執著於取捨，認為有選擇就可以帶來快樂，其實並不全然如此。」

心理學家曾做過一系列實驗，探索這個觀點。

在一項測驗中，受試者必須在幾個對象中做取捨，然後報告對選擇結果的滿意程度，以及做決定時的感受。比起只能做單項選擇的人，這些受試者的滿意程度反而較低，原因在於有些人對自己的信心不夠，就算最後選得不錯，還是不滿意。

之所以會出現這種結果，是因為他們想到自己可能沒選到最好的，覺得有一種壓力。例如，很多人認為這種選擇最好讓政府或相關專家去做，自己落得一身輕鬆。可見，很多人即使失去了這方面的選擇權，仍可能覺得很開心。

其實，在很多時候，遇到什麼事要做決定時，你完全沒有必要為掌握不了決定權而黯然神傷，我們可以利用對方喜歡作主的心理習慣，提出意見，然後請對方做最後裁斷。

在選擇的過程中，你可以控制所有的選項，但一定要注意的是：做決定的話語，一定要讓對方說出來。

例如，在辦公室內，你可以溫和地提醒主管或任何一個做決定的人：「我認為這件事若能……的話，想必更好，不過，還是由您來決定好了。」

在購物中心中，有經驗的導購都知道，顧客剛剛走進店裡，對於陌生的環境和導購都缺乏安全感，此時，若想要快速地消除顧客心理上的抗拒和戒備，讓客戶作主就是一個很好的方式。

導購員經常會說：「買不買沒有關係，請隨意選購，有喜歡的再叫我。」然後禮貌地與顧客保持一定的距離，讓顧客自己隨便挑選。若顧客主動詢問，則上前為其作詳細介紹。

在成交的關鍵時刻，經驗豐富的導購員一般都是把商品的優點介紹完便停住了，他的目的很明顯，就是把決定權交給顧客，如果要做決定，就請自己說出來。

在生活中，免不了會被朋友或同事拉去聽他訴說自己的委屈和苦悶。如果對方在某些事情上想聽聽你的意見，請注意不要一開始就替對方做決定，最好把你的看法和建議講出來，然後告訴他：「這是我的看法，你覺得呢？」把決定權交還給他。

無論是在工作中還是在生活中，善於讓別人做決定，能較好滿足對方的自我作主心理，是一種處世的智慧。對方會在不自覺間體會到你的善解人意和聰明，並以更好的行動來回應。

第16章 期望效應

每個人都希望自己的夢想實現

什麼叫做期望效應

心理學認為，要想使一個人發展更好，就應該對他傳遞正面的期望。期望對於人有很大的影響，正面的期望促使人們向好的方向發展。這就是所謂的心理期望效應。

在職場中，如果你是一位主管，你期望下屬擁有某方面的品行或才能，而下屬偏偏沒有，你大可不必洩氣，不妨選擇一個公開的場合，當著眾人的面大聲地表示，你希望他擁有那種品行與才能。

如果你希望對方有創意，不妨說：「我知道你很聰明、有創意，這個文案就靠你了。」

如果你希望對方能更快地勝任領導工作，不妨說：「你天生具有領導才能，我相信在你的帶領下，你的小組能成為一流的團隊。」

你大可替他們戴一頂高帽子，給他們一個好名聲，讓他們朝著你所期望的方向努力。

一旦他們透過努力取得了成績，你更要大力地表揚他們，告訴他們：

「我沒看走眼，你的創意為人帶來驚喜。」

「現在我可以放心了，你的領導能力並不比你的研發能力差。」

心理學中的期望效應在生活中的應用非常廣泛、靈活。人們通常這樣形象地描述期望效應：「說你行，你就行；說你不行，你就不行。」

期望效應源自美國著名的心理學家羅森塔爾博士在加州一所學校做過的一個實驗：

新學期開始的第一天，他和雅各布森教授來到一所學校，他們讓校長將三位老師請到辦公室，他非常溫和嚴肅地告知他們，經過嚴格挑選，追蹤調查，他們三位是本校最優秀的老師。但是要求像平常一樣地教學生。一年之後，出人意外的是，這三個班的學生成績是整個學區中最優秀的，其平均分比其他班高出兩三倍。這時校長才告知大家，這三個班的學生並不是刻意挑選的，就連那三位老師也是隨意挑選的。

事後不久，羅森塔爾博士又去了另一所學校，又做了另一個實驗：這次的受試者是小學一至六年級學生。羅森塔爾對這些學生進行了一次名為預測未來發展的智力測驗，然後隨機抽取了兩成的學生，他鄭重告訴大家，這些學生有很大的學習潛力，應該好好培養，將來必成大器。一年後，再次對全體學生進行與上次相同的測驗，結果發現被抽出的那一部分學生的學業成績有了非常明顯的提升。他們不但在學習成績和智力表現上均有明顯進步，而且在興趣、品行、師生關係等方面也都有了很大的變化。

以上就是著名的羅森塔爾效應實驗，又叫期望效應。在實驗中，老師和學生受到了實驗者的暗示，老師對自己和學生都抱有強烈的期望，而且透過態度、表情、行為和語言傳遞給學生，使之受到鼓舞；增加了他們的自信心，最終將期望變為現實。

由於期望效應的存在以及產生的正面影響，在處理人際關係中我們也經常運用它，以達到我們期望的目的。「期望對方做什麼，就讚揚他什麼」對管理者來說是可以這樣運用的。但如果盲目地用空話鼓勵、褒獎下屬，則不會有多大的效果。總是給下屬「很好」、「棒」、「不錯」等空泛的鼓勵，下屬根本不會有多少好感。

如果要想收到預期的效果，我們就應該掌握下面的一些基本原則。

第一，期望要合情合理。

合情合理就是要符合個人的需求，符合時代的潮流，對社會和個人的發展具有正向的作用。

第二，期望要具有可行性。

可行性是指符合行為主體的主客觀條件，即具有實現的可能性。

第三，期望要具有挑戰性。

期望應該超出於原有的水準，並透過努力才能達到，這樣的期望才有吸引力，才有激勵性。可望而不可即的或隨手可得的期望都是不可取的。

第四，期望要內隱。

期望不應當是口頭上的說教，而應當是滿懷期望，含而不露地潛入對方的心靈。大吼大叫只會激起他人的叛逆心理。

第五，期望要持久。

對期望要懷有一顆正向的心，應該有決心和耐心，即使一時看不出明顯的效果，也不灰心喪氣。成功是一個過程，在活動中做出成績需要時間，任何急躁情緒都將適得其反。

第六，不要把期望變成負擔。

不能操之過急，俗話說心急吃不了熱豆腐，要一步一步來，不要產生一種過度的心理壓力。

在生活中，當你想讓周圍的人向著你所設想的方向發展時，就要用行動寄予他們明確的期望，並掌握一些基本的方法。在期望效應的影響下，對方便會很容易地產生相應於這種期望的行為。因為人的情感和觀念會不同程度地受到他人潛意識作用的影響，然後再向著你為其設計的方向成功發展。

每個人都有自己的理想

每一個成功者的內心都有一個理想在不斷支撐著他前進，直至成功。

美國最具影響力的哲學家梭羅說：「如果一個人充滿自信地朝著夢想的方向前進，以破釜沉舟的勇氣爭取他夢想的生活，成功就會在他意想不到的時候突然降臨。」他的觀點在下面這個感人的故事中得到了很好的證明。

阿濟·泰勒·摩爾頓的母親是個聾啞人，這使摩爾頓不知道自己的父親是誰，更不知道父親是否還活著。他從小和母親相依為命，生活過得窘迫困苦，等他長大一些的時候，找到了第一份工作，就是在棉花田裡鋤地。他每天早出晚歸，在棉花田裡不停地忙碌，儘管如此，他從不自暴自棄，因為在他的內心深處一直有一個強烈的想法，他要改變生活現狀，讓母親過上好日子，為此，他拚命地工作，努力地掙錢，正是這種腳踏實地的心態，使他登上了美國財政部部長的寶座。

當上美國財政部部長後，有一次，他到南卡羅萊納州的一個學院演講，他語重心長地告訴學生：「一個人能否獲得成功，並不取決於運氣好壞、環境的好壞，更不取決於生下來的狀況是貧窮還是富有。因為，情況不如意，我們可以想辦法改變，在改變環境的同時，你只需明確地告訴自己：我希望情況變成什麼樣子！勾勒一幅藍圖，然後不斷地以此作為意念，全身心地投入其中，鍥而不捨地朝理想的目標前進，終有一天能實現。」

阿濟·泰勒·摩爾頓正是這樣堅定地，一步一個腳印走向成功的。

在很多大學畢業生中流傳著這麼一句話：畢業之後五年拉開距離。為什麼在我們的生活中，人與人之間原本只有微小的差別，後來卻越變越大？

在相當程度上，這種情況的問題就在於開始時是否有一個明確的、實際的、持久的目標，內心深處是否充滿獲得成功的內在驅動力。

世上的一切財富、成功，都萌於一個人的意念。正如詹姆斯·艾倫所說：「夢想這種動機是現實的籽苗，最偉大的成就、目標的堅定是所有努力的根源，無論是在物質世界還是精神世界裡。」

我們若想在某個領域獲得成功，首先一定要樹立一個願意為之奮鬥不止的理想。不管這個理想是大還是小。這樣在你通往理想的道路上時，就有一個指引，並不斷地約束自己，超越自己，進而實現理想。

被公認為美國成功學的奠基人奧里森·馬登博士說：「承載你達到目標的力量，就在於你自身——存在於你的精力、你的勇氣、你的堅毅、你的決心、你的人格和你的創造力之中，這種力量在於你自身而非在於他人，這種力量是從你的理想中源源不斷地湧出的。」

理想對於個人而言非常重要，但同時，在實現理想的路上，我們又不可避免地遇到各式各樣的障礙和困難。我們不能退縮，必須勇敢地正視所遇到的挫折和失敗。在工作或者做事情的時候，我們要有不達目的絕不甘休的堅韌意志。

此外，還要不斷地要求自己，提升自己的能力，裝備自己，不斷學習，要分層次地逐步完善。

但是在現實中，雖然很多人的生活總會指向一定的目標，總是力圖在某些方面取得成就，但真正能夠在這種動機的驅使下不停奮鬥的人卻不多，這也就是為什麼成功者總是寥寥無幾的原因。

理想是成功的目標，也是奮鬥的動力。等你達到目標的時候，你也會因為在這個過程中不斷地努力而學會更多東西。

能幫的時候一定幫

現代社會人際交往中，無論是私人之間的交往，還是業務往來，如果我們抱著互利互惠的觀念，在別人需要幫忙的時候盡可能地幫一把的話，對雙方來說都有好處。因為你為別人提供幫助，得到的是對方的感謝和認可，總有一天會回報你善意的付出。

讓我們來看一個互相扶持並一起走向成功的例子：

蜜雪兒是一位青年演員，她剛剛出道不久，在電視上還沒有什麼名氣。她外貌清麗，演技不錯，很有天賦，剛開始扮演小配角，現在已成為比較重要的角色演員了。從職業上看，她需要有人為她包裝，進行有力的宣傳以擴大名氣。

因此，就目前情況來說，她迫切需要一間公關公司替她打廣告，在各種報刊雜誌上刊登她的照片，撰寫一些有關她的高超演技、日常生活等方面的文章，以樹立良好形象，增加知名度。不過，要建立這樣的公司，蜜雪兒拿不出那麼多錢來。偶然的一次機會，她遇上了露西。

露西已經在紐約一家很大的公關公司工作許多年了，她不僅熟知業務，而且也有較好的人際關係。幾個月前，她辭去工作，開辦了一家公關公司，並希望盡快打入有利可圖的公共娛樂領域。可是到目前為止，那些比較出名的演員、歌手、夜總會的表演者都不願跟她合作，認為跟她合作會讓身價下跌，她的公司主要靠一些小買賣和零售商店艱難地維持著。

當他們見面後，沒聊多久，心裡產生一種非要幫助對方的衝動，於是他們聯手做了起來。蜜雪兒成了露西的代理人，露西則為蜜雪兒提供經費。他們的合作很愉快，蜜雪兒漂亮，在當紅的電視劇中出演一個重要角色，露西便透過關係讓一些較有影響力的報紙和雜誌把目光牢牢地放在蜜雪兒身上。

這樣一來，如露西所期望的，自己也出名了，並很快為其他一些很有名望的人提供社交娛樂服務，他們付給她的報酬，讓她不敢想像。而蜜雪兒，現在不必為自己的廣告宣傳花大筆的錢，又因為自己在表演事業中的努力受到了觀眾的一致好評，她終於紅了。

透過露西和蜜雪兒的相互合作，我們可以看到：在蜜雪兒需要露西資助時，她獲得了為自己做宣傳的資本；而露西為了在她的業務中吸引名人，需要蜜雪兒當自己的代理人。他們在對方需要幫助的時候幫助了對方，同時也滿足了自己的需求。這就是互助得到的正向結果。

我們常聽別人說做人要相信自己，那麼這是不是就意味著應該用懷疑的眼光去看別人呢？其實這樣解釋並不正確，而是應該相信「助人亦助己」的公理，去相信你能相信的對象，這叫做借人之力成就自己。

看一看那些獲得成功的人吧！他們都曾受到一個心愛之人或朋友的幫助。

美國著名的作家霍桑如果沒有一個自信十足的妻子蘇菲亞的鼓勵和支援，我們也無從在文學史上找到他的大名。當他傷心地回家告訴她，他在海關的工作丟了，他是一個失敗者時，她卻很高興很溫柔地說：「現在，你可以寫你的書了，這不是你一直盼望的事嗎？」

「不錯，」霍桑說：「可是我如果寫作的話，怎麼養家糊口呢？」

她打開抽屜，拿出一堆錢來。

「錢從哪裡來的？」他驚訝地叫道。

「我知道你有才能，」她回答道，「有一天你會寫出一本有名的書來。所以我每週都從生活費中省下一筆錢，我仔細算了一下，這些錢足夠我們用一年的。」

由於蘇菲亞的鼓勵和支持，美國文學史上最著名的小說之一——《紅字》誕生了，無怪乎，霍桑後來說：「人與人之間的互助是絕對重要的，這可以關係到一個人是凡人，還是巨人。」

由此，我們看到，在一個人需要幫助的時候，幫助其成功，也是讓自己朝成功邁進的方式，而每個人都有能力幫助別人。

在人際關係中，當你對某人寄予某種希望，並主動幫助他。對方就會向著你所設想的方向發展，就像汽車和汽油一樣，汽車能夠跑起來，依靠的正是汽油給予引擎的衝力作用，當油箱中的汽油用完了，汽車便會立刻失去動力，但如果汽車中的油箱時刻注滿了汽油，那麼引擎便會一直運轉，汽車也會一直前進。這裡的汽油就是你寄予的希望和給予的幫助。

總之，幫助別人不僅利人，同時也能夠提升本身生命的價值。不論對方是否接受你的幫助，或是否感激。所以，在別人需要幫助時，請伸出你的援助之手吧！

不要打擊別人的積極性

一位老演員要參加一場重要的演出，在排練中老演員的一位較年輕的徒弟向他敬愛的師傅指出他的鞋帶掉了。老演員用感謝的眼神看著徒弟說：「謝謝你的提醒，你有很強的觀察力啊！要繼續培養啊！」然後不慌不忙地蹲下身子把鞋帶繫上了。

但是，等徒弟一走開，這位令人尊敬的老演員又把鞋帶解開了，旁邊的人看在眼裡，很好奇地問他為什麼這樣做？老演員回答道：「我年輕的徒弟能發現我的鞋帶鬆了，證明他的觀察力很好，我要肯定他這一點，保護他這種優點，為什麼我又鬆開鞋帶呢？因為我扮演的是一位走了一整天路的學者，我其實在用鬆了的鞋帶這樣一種狀態來表示他的勞累。」

旁邊的人又接著問，為什麼不告訴徒弟真相呢？老演員說：「我以後還有很多的機會去向他傳授這些瑣碎的知識，但現在我要做的是保護他的積極性。」

在職場工作的過程中，我們的遭遇常常沒有上面的徒弟那樣幸運。主管經常交付一些任務給我們，但交任務的同時又常感到不放心，於是千叮嚀萬囑咐，你要這樣做或那樣做，不要這樣做那樣做，總擔心下屬不按自己的要求做或做得不夠好。有些主管甚至會把要做的細節通通寫出來，讓下屬照著做。

這樣做固然能夠在一定程度上保證準確性，但同時也扼殺了下屬獨立思考的空間。特別是當下屬提出一些疑問時，主管又總是找這樣或那樣的藉口來解釋自己的做法。結果下屬不僅失去了自己的判斷力，就連積極性也受到了嚴重的打擊，再也不願意提出問題了，因為提了也白提，還很可能招來一身罵。

當然，如果由主管自己來做他交代的這項任務，肯定不會出現什麼問題，但他不是下屬，如此，下屬既不能發揮自己的創造力，又受限於主管的指令，最後的結果還是不近人意，這是可想而知的。

心理學關於職場這方面有一種觀點是「如果你想成功，首先要讓你的下屬成功。」因為每個人都是獨立的個體，下屬也要有一個成長的過程。

主管是從下屬做起的，都有過下屬的成長歷程，在被提拔為主管之前，他首先應該是一名成功的員工。

下面這則故事在怎樣保護下屬的積極性、培養成功的下屬方面給了我們一些啟示。

有一天，高層委派張強負責周圍環境的安全標示工作，他招來幾個下屬，讓他們自己判斷哪裡該貼標示，哪裡可以不貼。一小時過去後，工作基本已經完成得差不多了，他注意到下屬把一些看起來沒有必要的地方也標起來了，但看到他們正忙著不亦樂乎，他沒有直接指出來。

下班後，他把下屬叫來辦公室，跟他們談了自己的看法，覺得貼得太多了。下屬驚訝地問：「怎麼當時不講出來？」他說，如果當時就講出來，可能會影響他們的判斷力，他們可能會不知所措，不知道該怎麼貼才好，他還說當時旁邊還有其他人，這樣也不太合適。他希望下屬能有自己的想法，而不是完全在他的思維方式下工作。

我們看到張強最後把缺點指了出來，非但沒有打擊到下屬的積極性，還鼓舞了他們。他這樣做的目的是希望下屬日後能改進工作，知道自己還有不足的地方，這樣就會留下更加深刻的印象。

與上面的故事相反，主管若對下屬不放心，不注重培養下屬，認為無人能替代自己的位置，結果往往會使自己陷入困境。

有一個公司開了家分廠，有一位廠裡的主管覺得現在的分廠離自己的家近，就想申請人事調動，一開始高層也都同意了，但就在要調動的時候，高層猶豫了，問他：「如果你走了，該找誰頂替你現在的職務呢？」他本人也找不出一個合適的下屬來，認為沒有一個夠格的。結果他還是留在了原工廠。

如果我們努力培養下屬，不僅對公司有好處，對自己也有益處。說到培養下屬，絕不是把你的理念全部灌輸給他，而是要引導他獨立思考，努力發掘他的閃光點，保護他的工作積極性。工作應該跟個人的性格結合，同時不要期待別人能完全接受你的理念，如果你強迫下屬全盤接受你的理念，那麼也就意味著下屬將喪失他自己的思考性，在重任到來之時就會有所疑惑，我到底行不行？我對自己沒有把握。

給下屬一個肯定的態度，哪怕眼神，不要打擊他們的積極性，他們就會感到動力十足。下屬如果成功了，也必將直接推動你的成功，這其實是一個雙贏的結果。

第17章 行動理論

行動可以扭轉態度

什麼叫做行動理論

眾所周知，人都有欲望，他們會不斷地思考在特定的環境下如何滿足這種欲望。在經過選擇後，再做出行動以達到理想的效果。

很多人認為，人們一般是先有某種觀點，然後才會根據這種觀點採取相應的行為的。對此，很多心理學家認為這種觀點並不是完全正確的，在很多事情上，並不是思想——行為這麼簡單，甚至有可能是完全相反。

心理學中的「行動理論」認為：態度會影響行為，但行為在某些時候會決定態度。

在日常的生活中，有關行動理論的事例每天都會上演：

例如，一個望子成龍的母親，買了一個漂亮的書架給孩子，於是孩子每次去書店都會買幾本書，後來，孩子不僅愛買書、看書，還愛上了寫作，長大後成了一名作家。

一對正在鬧矛盾的夫妻，買了新居，買了許多新家具，扔掉了許多舊東西，住進新房，兩人都認為應該以一種新面貌重新開始生活，於是，夫妻倆和好如初。

再如，一家工廠，因為工廠環境太差，設備太老舊，工人總是消極怠工。有一天，工廠購入了最先進的生產線，為了配上這條生產線，工廠加大了亮度，隨之，工人的態度發生了變化，生產效率也因此得到了很大的提升。

諸如此類的現象，美國哈佛大學經濟學家茱麗葉·施羅爾稱之為「行動理論」，就是說，人們在擁有了一件新的物品後，會不斷地配置與其相適應的物品以達到心理平衡。

因此，改變自己的切入點之一就是立刻去行動，一丁點的行為都會引發整個人生態度、性格和習慣的大扭轉。就像下面這則有趣的故事講得那樣。

十八世紀法國有一個哲學家，名叫德尼·狄德羅。一天，朋友送來一件非常漂亮的睡袍，這件睡袍，做工考究、材質精良、圖案高雅。可他覺得穿上華貴的睡袍，家具的顏色變得很難看，地毯的針腳也粗得嚇人。為了與睡袍互相搭配，狄德羅把舊的東西先後更新了一遍，於是，原先擁擠凌亂的書房也跟上了睡袍的水準。

美國著名心理學家詹姆斯針對此種理論說道：「因為我們哭泣，所以才憂鬱；因為動手打架，所以生氣；因為發抖，所以害怕——而並不是憂鬱了才哭，生氣了才打架，害怕了才發抖。」

這個觀點告訴我們，行為與身體的變化可以改變我們的態度。此後有心理學家用實驗證明了這種觀點。

美國心理學家艾克曼的實驗證明，如果一個人總是想像自己已經進入某種情境、感受某種情緒，那麼這種情緒很快就會真的到來。一個故意假裝憤怒的受試者，由於「角色」的影響，他的脈搏會加快，體溫會上升。這應驗了行動理論的正確性。

心理學家還發現，人在很多時候是先有某種行動，並保持很長時間養成自然而然的習慣後，便開始真正改變態度，而不是與之相反的先有態度，再有行動。

例如，在汽車逐漸成為美國人主要交通工具的時候，政府力勸人們使用汽車安全帶，但幾乎沒有幾個人願意照辦，後來制定了法律，不繫安全帶視為違法，並讓交警加大了監察力度，人們雖然發發牢騷，但還是繫上了安全帶。過了一段時間，交警不再監察，人們反而覺得這項規章制度很好，能確實保證人們的生命安全。

又如，日常生活中，當我們去商店閒逛時，終端導購送給我們一包免費的沐浴乳試用包，當我們試用之後覺得它不錯，於是開始認真地看它的廣告，下次去購物中心的時候購買了這個牌子的沐浴乳。這就是為什麼我們在做促銷活動時，傾向於採取直接對消費者行為產生衝擊的行銷企劃，堅信消費者對產品或服務會形成他們想要的態度。

與上述兩種正確的做法相反，管理者在企業管理中經常犯的一個錯誤是認為，「態度決定行為」。特別是在企業流程和人力資源管理方面，這樣的認識誤區特別多。例如，在新品上市的時候，總是內部動員，希望銷售部門能夠理解新品成功上市對公司的重大意義。再如，對於一些能力較強但態度一般的員工，總是強調首先要他們轉變對工作的態度，再對他們的績效做出考核。

根據行動理論的觀點來看，這種做法顯然對企業和員工來說都是不正確的。

正確的做法是：新品上市就直接制定出清晰而簡明可執行的上市方案給銷售部門，要求銷售部門直接按指引忠實地執行；對能力較強、態度一般的員工，毋須強調工作態度的重要，而是直接量化工作並做出績效考核。透過一段時間的行為規範，態度必然會隨之改變。

在這裡，我們可以看到，透過一個具體的行動，長期堅持行為（無論是自願還是被迫的）下來，逐漸產生興趣和欲望，是態度轉變的最重要的因素。

所以說想要養成某種良好的習慣，那就去付諸行動，想不養成某種習慣，就避而遠之；想要改變一個習慣，那就做點別的事情來取代它。

行動起來，一切都會轉好

郭台銘是臺灣第一大民營製造企業鴻海集團的執行長。他做黑白電視機配件起家，後涉足製造業、IT 產業配件等，短短五年內征戰各大洲。被美國《商業週刊》評為「亞洲之星」中的最佳創業家。他之所以能成功，是靠著他堅定的信仰，他沒有別的信仰，他的信仰就是行動。

郭台銘說：「我們如果有一個非常可愛的團隊，大家遇到困難時有決心，不怕困難，一直試驗。你只要給我們機會，我們一次不行，就兩次；兩次不行，就三次，最後一定要比對手的便宜或者品質更佳、服務更好。」

他要求企業的領導者必須以身作則。任務過程一出問題，主管優先到工作現場處理。郭台銘沒有固定的辦公桌，哪個單位需要督導，他就搬到那裡去。公司成立之初，他們就齊心合力將很難攻克的衝壓技術提升至國際水準。行動必須要從管理者做起、從自己做起。上面怎樣做，底下就跟著怎麼做。郭台銘認為，管理沒有什麼訣竅，主管帶頭做，底下就會照著做，就是如此。

我們看到，行動是獲得成功最完美的途徑。

行動要有共同的目標，共同的責任，共同的價值觀，共同的精神。行動的另外一種涵義是：努力找出結果與預期不符的地方，一旦找出來就不斷地予以改進。

在美國，很多企業領導者都堅信這樣一句話：「一個人無論何時何地都不可能透過思考而養成一種新的實踐習慣，而只能透過行動來學會一種新的思考方式。」

各行各業中的成功人士都一無例外地具備一個共同的優點——言出即行。

實踐證明這種能力在相當程度上會取代智力、才能和社交能力，在相當程度上決定著你是成功還是失敗。

行動是一種習慣。一個希望自己成功的人就應該努力培養出立即行動的習慣。

下面是筆者總結出來的幾條行之有效的方法：

(1) 不要等到條件都具備了才開始行動。如果你想等條件都具備了才開始行動，那可能永遠都開始不了。因為總會有一些不具備的因素。開始行動的最佳時間就是現在。

(2) 做一個行動派，你要不斷地實踐，而不要只是空想。你想開始實踐嗎？你有沒有好的創意？今天就行動起來吧！一個沒被付諸行動的想法在大腦裡停留得越久，就會變得越弱。幾天後，其細節就會隨之變得模糊起來。幾星期後，你就會把它全忘了。在你成為一個行動派的同時，在你行動的過程中產生更多新的好想法。

(3) 記住，想法本身不能帶來成功，想法雖然很重要，但只有在被執行後才有價值。一個被付諸行動的普通想法，要比一打被你放著「改天再說」或「等待好時機」的好想法來得更有價值。如果你有一個好想法，就為它做點什麼吧！如果沒有行動，那麼這個想法永遠不會被實現。

(4) 用行動來克服恐懼、擔心。你有沒有過這樣的經歷，覺得演講最困難的部分是等待自己演講的那段時間。即使是專業的演講者和演員，也曾有表演前焦慮擔心的經歷。但是一旦開始，恐懼也就消失了。行動是治療恐懼的最好方法。一旦行動起來，你就會建立起自信，事情也會變得簡單。

(5) 發動你的創造力馬達。人們對創造性工作最大的誤解之一，就是認為只有靈感來了才能工作。如果你想等著被靈感喚醒，那麼你幾乎做不了什麼。與其等待，不如直接發動你的創造力馬達。如果你想寫點東西，那就坐下來寫。落筆，開始動腦筋，透過移動雙手來刺激思緒，激發靈感。

(6) 先顧眼前。要集中精力把目前的事情做完。不要煩惱上星期理應做什麼，也不要煩惱明天要發生什麼。你可以把握的時間只有現在。思慮過多，將導致你一事無成。

(7) 立即談正事（立即切入正題）。人們在開會前一般都會做些社交活動或聊聊天。在真正開始工作前一般也會檢查郵件等。它們肯定會花掉你一些時間。但一旦開始談正事，就要切入正題，有效率、有創造性地進行。

總之，就像軟銀集團創辦人孫正義所說的：「三流的點子加上一流的執行力，永遠比一流的點子加上三流的執行力更好。」只要自己的方向是正確的，現在就行動起來吧！一切都會轉好！

將執行貫徹到底

小劉和小王同時參加一場面試，同被一家公司錄取。

兩個半月後，小劉提前轉正並被提拔成了部門經理，而小王依舊在實習。小王很不服氣，於是找到了公司老闆：「我和小劉在同一天同一時刻進入公司，為什麼他可以當部門經理，而我仍然在實習！」老闆沒有直接回答，而是讓小王把小劉叫來，安排了同一個任務給二人：「公司今天要聚餐，你們倆去員工餐廳看一下還需要採購什麼東西？」

倆人去了餐廳，回來之後對老闆說：「其他的菜都齊了，就差馬鈴薯。」

「那麼，小劉你去東門市場，小王你去南門市場，你們倆分別去辦這件事吧！」於是二人分頭行動。

小王接到任務後馬不停蹄地趕到了南門市場，轉了一圈之後回來對老闆說：

「老闆，南門市場有很多賣馬鈴薯的攤販呢！」

「一斤多少錢啊？」

「哎呀，我忘了問！」於是他三步併作兩步返回南門市場。

半個小時後，又回來了：「老闆，馬鈴薯一斤二十元！」

「那麼那個市場裡共有多少馬鈴薯？」

「哎呀，我忘了數！」

於是又飛奔回去。一刻鐘後，又回來了，對老闆說：「老闆，那裡的馬鈴薯可以裝整整兩車呢！」

「那我們餐廳總共需要多少啊？」

「哎呀，我忘了問！」

正準備再次出發的時候，小劉悠哉悠哉地回來了：「老闆，我剛才去了東門市場調查。出發之前，我先去餐廳問了下廚師，他跟我說今天晚上大概需要四十公斤馬鈴薯來做菜；東門市場共有四家賣馬鈴薯的，都是一斤二十五元，我挑了一家賣得最好的，跟他說我要四十公斤，他最後願意以一斤二十元的價錢出售；我剛才已經把馬鈴薯送到餐廳，現在應該準備下鍋了！」說著，他掏出一疊收據，「這是買馬鈴薯的收據，請您看看。」

透過上面的故事我們看到，執行能力的強弱因人而異，同樣一件事情不同的人去做，往往會產生不同的結果。將執行貫徹到底是一種把想法變成行動，把行動變成結果，從而保質保量完成任務的能力。

當然，執行不意味著盲目地執行，像小王那樣是做不好工作的。不管是誰在執行，都應該明確問題所在，在關鍵點上下工夫，有程序、有步驟地執行，多問一問為什麼。像豐田公司生產副總裁大野耐一所做的那樣。

大野耐一舉例說明了問五次（或更多次）「為什麼」是如何幫助他繞開所有的解釋，去尋找最重要的問題根源的。

假定一台機器停止運轉。

①「為什麼機器停止運轉了？」「因為它超負荷運轉，保險絲燒斷了。」

②「為什麼會出現超負荷現象？」「是因為軸承的潤滑油不足了。」

③「為什麼軸承的潤滑油會不足？」「因為潤滑油油泵無法充分泵油。」

④「為什麼油泵不能充分泵油？」「因為油泵的曲軸壞了，它運行時嘎嘎作響。」

⑤「為什麼油泵的曲軸會壞？」「因為沒有替它裝過濾網保護，金屬碎片漏進去了。」

在這一連串問題中，任何一個問題沒有很好地回答都意味著沒有找到問題的根源。追根究柢的目的就是要追出問題的本質，最根本性地解決一個問題，而不是手忙腳亂地去製造更多的問題。要執行就要做到一步到位。

與此同時，要執行得出色、有效率，你還必須掌握以下幾個關鍵點：

1、溝通

溝通是前提。這裡的意思是說，必須有一個具體的目標，這個目標應該是可以衡量的，可以達到的。你要有好的理解力，明白主管交給你的這個任務或目標。你才會有好的執行力。良好的溝通是成功的一半。

2、協調

協調是手段。你要懂得如何協調內部資源。好的執行往往需要一個公司或團隊投入七成的資源；那些執行效率低的公司資源投入甚至不到三成。

中間的四成就是差距。比方說，一塊石頭在平地上只是一個無生命物，而從懸崖上掉下時，可以爆發強大的能力。

3、回饋

回饋是保障。執行得是好還是壞要經過回饋來獲知，透過市場被動回饋或者主動調查研究來達成。而回饋得來的資訊可以用具體而細緻的資料來展示，以做到趨利避害。

4、責任

責任是關鍵。企業的策略目標最後應該透過績效來展現。而不只是從單純的道德上來約束。並且從客觀上形成一種透明的獎懲制度，這樣才不會使執行徒勞無功。

5、決心

決心是基石。狐疑猶豫，終必有悔，顧小忘大，後必有害！必須做到專注。成功就像一扇門，如果已經找到策略，那麼現在要做的就是把這把鑰匙插入鎖孔，以正確的方向旋轉把門打開。

總之，目標的達成，離不開執行人員的有效執行。因此，我們有義務提升自己的執行力，同時也是在提升自己的核心競爭力。當然，提升個人執行力並不是一朝一夕之功，但是，只要你能做到以上要求，用心去做，就一定會成功！

拒絕拖延，才能贏得成功

日常生活中常有這樣一種心態，今天該做的事拖到明天也無妨，現在該打的電話等到一兩個小時後再打，這個月該完成的報表拖到下一個月，這個季度該達到的進度要等到下一個季度等。如果帶著這樣的念頭工作，只會讓工作壓力越來越大，並且帶來壓迫感。這樣不僅於事無補，反而白白浪費了大量寶貴時間，離成功越來越遠。

這種事在李建身上展現得非常充分。

李建是一個辦事拖拖拉拉的員工。在工作中他常常會累積一大堆來信。如果第一封信中牽涉到一個棘手的問題，他就把它擱置一旁，找一封容易答覆的信去處理，結果，沒過多久，他就累積了許多沒有答覆的信。但是他覺得自己沒有能力改變這種習慣。

對此，時間管理專家說：「不要以為拖拖拉拉的習慣無傷大雅，它是個能使你的抱負落空、破壞你的幸福，甚至奪去你生命的惡棍。」

這位專家對他說：「李先生，你不該認為這種拖延習慣是你固有的個性，你也許以為它是一種不可改變的毛病，實際上並不是這樣。這是一種壞習慣，正如其他大大小小的習慣一樣，它也同樣可以被克服。所以，你不應該逃避那些棘手的信件，應當集中精力，花些時間首先處理它們。你因此而得到的鼓舞將會使剩餘的任務迎刃而解。」

從事任何職業的人都可能染上拖延的毛病。在各種壓力下，很多學生總是在開學前幾天趕自己的寒暑假作業；考前時間已經不多的時候才去臨時抱佛腳，趕緊死記硬背。很多自由職業者越來越感覺到自律的重要性，與公司上班不一樣，在沒有人監督的情況下，他們很容易將事情耽擱到最後一刻。

在競爭日益加劇的公司裡，拖延的惡習使有些人不但不願意跟上步調，反而減緩了自己的腳步。在家裡，拖延的事情更是屢見不鮮。打掃、更換家用電器、洗衣服等，誰沒有被家裡那些拖著沒做的家事弄得不勝其煩呢？

拖延的人常以「有空再說、明天做、容我再想想」等為藉口，這其實是一種很壞的工作習慣。

拖延是成功的最大敵人。例如，一個企業家可能因為拖延，無法及時做出關鍵性的決策而慘遭失敗；一個學生可能因為拖延，沒有及時掌握應有的知識而失去上大學的機會。拖延到頭來只會導致問題越積越多，越難解決。

拖延的危害這麼多，有哪些有效的對策可以克服它呢？

(1) 把大目標分解成小目標。不少人之所以拖延，是因為面臨的工作任務太繁重、太困難、太棘手等，對目標的達成缺乏信心或感到無從下手。這些就成了拖延的藉口。其實這時，你完全可以把比較複雜的任務，逐步分解成幾個具體的方面，然後一個一個地解決它們，這就是我們常說的剝洋蔥法。

(2) 明確完成目標任務的時間期限。有些人做工作沒有一個明確的時間觀念，做到哪算哪，其結果總是把一個簡單的事情一拖再拖，結果嚴重影響了自己的進度。這種情況下，我們不妨採用「裸奔法」，你主動為自己施加壓力，對同事或家人宣布自己的目標和完成期限，並做出鄭重的承諾，讓身邊的人監督自己按時完成。

(3) 諸如「再等一會兒」、「明天開始做」、「今天不太舒服」這樣的語言或心理，實質上是一種藉口，這是弱者的表現，當這種念頭產生的時候，要馬上把它們從大腦中消除。

(4) 根治拖延的最佳辦法就是——現在行動！例如，如果你因為害怕某位客人或主管而猶豫不決，最好的辦法就是現在就去敲門或打電話給他。

很多成功的機會猶如曇花一現，往往稍縱即逝。如果當下不善加利用，好好抓住，錯過之後再後悔也沒用了。今天你把事情推到明天，明天你就把事情推到後天，要知道許多機遇就是在一再的拖延中失去了。我們必須記住，今天要完成的事，今天就努力完成。

第18章 情感帳戶
每個人都有一本存摺

什麼叫做情感帳戶

著名成功心理學家，美國人史蒂芬．柯維（Stephen Richards Covey）博士認為：每個人心裡都有一本存摺，儲蓄可以增進人際關係的「情感」。儲蓄得越多，你的財富就越富足。

例如，當你在別人的情感帳戶上不斷存款時，別人對你的信任就會越來越高。

在這個情感帳戶中，我們存進去的是真誠、禮貌、愛和誠信。從心理學上看，擁有這樣一個情感帳戶可以使他人在與你相處和交往時多一分「安全感」。

要知道，人與人之間如果沒有互信互助，就沒有互惠互利。沒有一定的情感基礎，是不可能對彼此產生信任。所以，我們在平時與人交往中，一定要重視情感投資，不斷增加情感的充實，就是累積信任度，保持和加強與朋友、同事、主管、客戶等對象之間親密互惠的關係。

人是有情感的動物。你在別人的情感帳戶上儲蓄，在平時的交往中帶著情感，就會贏得對方的認可和信任。那麼當你遇到一些困難或難題，需要人幫助的時候，就可以很順利地得到這種信任換來的鼎力相助。

日本暢銷書《我是最會賺錢的人》的作者，日本麥當勞社長藤田田曾將他的所有投資分類，研究其報酬率，發現情感投資在所有投資中花費最少，但報酬率卻是最高的。

這位日本麥當勞最高管理者非常善於情感投資。

例如，他每年支付鉅資給醫院，作為保留病床的基金。公司的員工或家屬一旦出現生病或者意外，便可立刻住院接受治療。即使在星期天突發重病，也能馬上送到指定的醫院，根本不用擔心醫生和病床的事情，也消除了轉院等事件對治療的影響。

曾經有人問藤田田，如果他的員工幾年不生病，那這筆錢豈不是白花了？

藤田田的回答是，只要能讓員工安心工作，對麥當勞來說就不吃虧。

藤田田還有一項大膽的創舉，就是把員工的生日定為個人的休息日。讓每位員工在自己生日當天有機會和朋友、家人一同慶祝。於是，對日本麥當勞的員工來說，生日是自己的休息日。在生日當天，該名員工可以和朋友、家人盡情歡度美好的一天，第二天又精力充沛地投入工作當中。

對此，藤田田認為：為員工多花錢進行情感投資非常值得。花費不多，但可以換來員工較高的積極性。員工在這種狀態下所產生的龐大創造力，是任何一項投資都無法比擬的。

從心理學的角度看，我們人人都有被尊重、被關懷的心理需求，情感投資正是一種透過滿足別人人性的需要的投資方式，迎合人內心的期盼，因而也就是一種最有效的投資方式。

你是否有過這種經驗，大學畢業後很難與原來的「死黨」見面，隨著時間的流逝，朋友之間的聯繫漸漸少了，只和一些知己保持著網路、電話的聯繫。

但突然有機會能相聚，仍可立刻重拾往日友誼，毫無生疏之感。從情感的角度看，就是因為過去彼此情感帳戶累積的感情仍在。

在職場中，很多有經驗的老員工在跳槽後，總會和原來公司的主管保持一定聯繫，每到節日都會發個簡訊、打個電話問候一下，隨便找個彼此關心的話題聊上兩句。其實這是一種很聰明的情感投資，不時地在對方的情感帳戶上儲存情感。因為，說不定某天你又被原來公司以更高的薪水聘回去了。

由此可見，情感帳戶是一筆無形的資產，其份量毫不亞於有形資產，它樹立人的信譽、形象，增進人彼此的關係，並在相當程度上讓周圍彌漫一股溫馨的人情味。

對此，史蒂芬·柯維曾建議，在情感帳戶裡可存入以下六種主要存款：

一是了解別人。

認識別人是一切感情的基礎。人如其面，各有所好。同一種行為，施行於某甲身上或許能增進感情，換了某乙，效果便可能完全相反。因此唯有了解並真心接納對方的好惡，才可增進彼此的關係。

二是注意細節。

一些看似無關緊要的地方，如疏忽禮貌、不經意的失言等，其實最能消耗感情帳戶的存款。在人際關係中，最重要的正是這些小事。

三是信守承諾。

守信是一大筆收入，背信則是龐大支出，代價往往超出其他過失。一次嚴重的失信會使人信譽掃地，再難建立起良好的人際關係。

四是闡明期望。

幾乎所有人際關係的問題，都源於彼此對角色與目標的認識不清，甚至互相衝突所致。所以，不論在辦公室交代工作，還是在家中分配子女家務，都是愈明確愈好，以免產生誤會、失望與猜忌。

五是誠懇正直。

誠懇正直可贏得信任，是一項重要存款。反之，已有的建樹也會因為行為不檢而被抹殺。一個人儘管善解人意，不忽視細節，守信，又不負期望，可是行為不誠懇就足以使感情帳戶出現赤字。

六是勇於道歉。

向感情銀行提款時，應勇於道歉。發自內心的歉意足以化敵為友。

大家還應該注意的是，感情帳戶的增加是一個循序漸進的過程，我們要從身邊小事做起，一點一滴做起。向來開朗的同事近幾天突然變得心煩氣躁，不妨下班後問候一下。古人云「積土成山」、「積水成淵」，說的就是這個道理。

沒有客人來訪的人，不會出人頭地

我們常常會見到這樣的現象：每到節假日，有些人的家裡總是有客人來訪，而有些人卻是除非有相當重要的事，總是門可羅雀。不用說，前者肯定是交友廣闊、關係豐富，而後者即便不是人緣不佳，也一定是關係網路有限。

曾有人這樣說過，沒有客人來訪的人不會出人頭地，在我看來這句話是很有道理的。我們都知道，家是招待親朋好友的最佳場所，所以說家庭是一個人結交關係網路的一張王牌，不會利用這張王牌的人，他的關係網路絡必定不會很好，事業成功的機率也就一般了。

現代人都是白天為了工作奔波，要拜訪朋友只能利用晚上，而且還要在不打擾對方的原則之下。於是，週末假日、逢年過節就是朋友互相往來拜訪的最佳時機。如果連這些日子都沒有客人來訪，那這個人可真的要檢查一下自己的人際關係了。

事實上，真正的朋友相交，無論是生活上的交往還是工作上的交流，到了某種程度，一定會想了解對方的家庭生活與家人。因為如果雙方只是在正式場合見面、交往，總是一副嚴肅而正式的臉孔，那是不符合人類本性的，只有在私生活中，個人才會表現出自己真實的性格。

也就是說，人與人之間的交往能夠進展到私下接觸，才能算是深交。例如，你在與對方彼此產生親近感之後，或多或少都會有進一步拜訪對方家庭的想法。反過來說，如果你能把握機會，適時地邀請對方前來拜訪，一定會把你們的關係推向更深一層。

所以，在與人交往時，要善於利用家庭來結交關係。對某些人，你必須誠心歡迎對方來家裡坐坐。尤其是那些對你今後事業有所幫助的人，你不僅要誠心歡迎，更要主動邀請對方到你家裡。不要認為客人會打擾你的私生活，要知道，你是在為自己的事業累積關係。尤其是那些對自己重要的關係，那就是自己的福神。聰明的人，豈有不把自己的福神迎入家中的道理？

如果你已經成功將對方邀請到你的家中，那麼恭喜你，你已經接近成功了，接下來需要做的，便是如何讓對方留下一個美好的回憶。

不要以為受到邀請的人就會感到輕鬆，要知道，到別人家拜訪也是一件很繁瑣的事，該帶什麼禮物、該準備哪些東西，這些都很麻煩。因此要想在家裡聚集起朋友，不只是主人，家裡的每一個人都應該盡力去吸引對方。你應該讓他們感覺到輕鬆、愉快、溫馨，使他們喜歡到你家裡拜訪。

不過，有些人會覺得有客人來訪是一件很麻煩的事，甚至可以說很討厭有客人來訪。這種人的眼光是比較短視的，如果你家人有這種思想，請你一定要說服對方。請客人來家裡是為了和他建立關係，如果家裡有人不歡迎外人，那反而會造成相反的作用。所以你應該讓你的家人配合你的身分與作風，如果過於顧忌另一半和家人的情緒反應，不敢邀請朋友，那你只能一輩子安於現狀。

其實，早就有很多人把這種家庭聚會當作自己發展關係、拓展生意的一條重要門路了，尤其是很多銷售員，更是擅長此道，利用這種家庭聚會來發展新關係、聯絡老客戶，而且效果出奇地好。往往是家庭聚會還沒有結束，公司的產品已經賣出去很多了，所以很多公司都把家庭聚會作為業務員推銷的起點。

由此可以看出，家庭是提升交際技巧的一張王牌，這種純樸的交往方式與其他逢場作戲式的交往方式比較起來，更有利於建立私人交情，也就更有利於為雙方的關係和生意奠定穩固的基礎。所以，我們要學會在恰當的時間，主動邀請對方到你家裡，加強彼此的情感連結，藉此贏得人生的成功！

經常組織和參與一些聚餐、舞會等活動

在我多年的培訓生涯中，曾經有個學生，是一個汽車經銷商，他不僅銷售汽車，也經營汽車配件。多年來他養成了很好的習慣，每一位從他這裡購買過汽車的人，他都會想辦法與對方保持聯絡，將他們吸引為自己俱樂部的會員，當然，他也提供了更好的售後服務。這些顧客對此也十分滿意。

除此之外，這位學員每個月還要舉辦一些活動，如聚餐、舞會等。他不僅邀請一些老客戶，還邀請很多潛在的客戶。這些客戶也是為了認識更多的朋友，也就很樂意參加。

在聚會期間，這位經銷商還特意將老客戶和潛在客戶安排在一起舉杯暢談，當然談得最多的話題就是這位經銷商以及他所銷售的汽車。如此一來，潛在客戶從老客戶那裡聽到的都是對經銷商有利的口碑，而他們聽到的老客戶使用汽車的感受也都是真實的感受，這對他們具有相當大的說服力和吸引力。

因此，每當活動結束後，又會有一部分新客戶加入俱樂部。當然，那些潛在客戶大多成了經銷商的新客戶，有不少還成了他的終身客戶。

此後這些精心的安排為這個經銷商帶來了很多生意，如今他的銷售成績斐然，代理銷售的汽車逐漸擴大到 NISSAN、TOYOTA、克萊斯勒等眾多知名品牌，手下員工也增加到一百六十幾人。

當我得知這位學生的成功經驗後，經常作為案例用在以後的培訓課上，講給其他學員聽。乍看起來，這位經銷商的俱樂部、活動等似乎和銷售汽車沒有太大的關係，結交朋友、擴大交際圈才是其中的主旋律。不錯，這正是舉辦這些活動和聚會的竅門所在：先發展關係，後促成生意。

這種經驗，你不僅可以在和客戶、朋友經營關係時使用，如果你是一位領導者，在和你的下屬、員工發展關係時，也同樣可以為你帶來很多益處。

可以想像，大多數員工都喜歡在快樂的環境裡工作，在那裡他們能享受到工作和同事間的樂趣。如果你能經常舉辦這種娛樂活動，並能使員工從這些活動中得到樂趣，那麼你將會使他們喜歡上自己的工作和工作場所，同時也喜歡上你。毫無疑問，這會極大地鼓勵員工完成你交給他們的工作。

傑克·威爾許（Jack Welch）在談到領導力時，說到了領導者應該會做的八件事，其中一件就是「懂得歡慶」。他在《獲勝》裡說道：「無論人們有多少藉口，其實工作中的歡慶永遠都不嫌多——任何地方皆如此。」

最近幾年，在替一些企業的領導者做培訓的時候，我總會問那些經理，在過去的一年裡，他們的團隊是否為自己所取得的業績舉辦過或大或小的慶祝活動。我不是指那些大家都討厭的、非常拘謹的全公司大會，它把整個團隊拉到當地的一家飯店，讓大家強顏歡笑。

我要說的慶祝活動是很隨意的，例如，完成一個項目後，請團隊的成員去遊樂場，每個人發兩張明星演唱會的票，如果團隊中七年級和八年級生居多，就每個人發一款最新型的任天堂等。

聚會和歡慶等活動能讓人們有勝利者的感覺，並且營造出一種認同感、充滿積極活動的氛圍。設想一支球隊贏得了職業大賽的冠軍，卻沒有香檳酒來慶祝，那會是什麼樣子？你可絕對不能夠那樣！

可以說，各種形式的活動和聚會都可以為你營造出一種群體氛圍，產生一種凝聚力，因此利用這種方式來擴大個人影響、累積人際關係、發展生意合作，也是一種十分有效的方式。因為這些活動和聚會的氛圍輕鬆愉快，你完全可以借助這種氛圍來讓更多的人了解你，進而了解你的工作。你既可以利用這些來擴大自己的個人影響，又可以獲得更多的機遇。

透過與別人交換人脈資源來拓展關係網路

前面提到很多人際關係對成功的重要性，但大家是否想過這樣的問題——自己的關係網路到底有多大？

其實，在這個問題上，沒有人可以限制你，只有你自己才可以決定。它可以無限大，也可以無限小，就看你自己努力的程度了。一位人際關係專家曾說過：如果你願意，你的關係網路甚至可以是這個星球上的總人口。

讓我們來看一個利用關係網路拓展自己業務的典型例子。

有一位保險業務員，做了幾個月的保險了，可是一張單子都沒有做成。後來好不容易做成了一張單子，客戶是一家大公司的總裁，所以業務員決定利用這個總裁的關係來拓展自己的生意。

他一連幾天都來到客戶的辦公室，客戶每次問他是不是還有什麼事的時候，他都說沒什麼事，只是自己應該為他提供服務，看看有什麼事是自己能夠幫忙的。客戶說自己沒事，然後業務員就坐在旁邊，說有事你可以叫我。一連幾天都是如此，這位客戶有點疑惑，問他：「你難道就沒有別的事要做嗎？」此時這位保險業務員無奈地說：「王總，我確實沒有什麼事做，您是我現在唯一的客戶。我要是能服務到位，才有資格拜託您多介紹幾位像您這樣的客戶啊！」

於是，這位總裁介紹了十幾個客戶給他。就是靠這種方法，業務員巧妙地把客戶的關係變成了自己的關係，還不到一年，他在公司的業績已經遙遙領先了。

當然，這個社會講究的是等價交換，從人際交往的角度看，如此一味地索取並不可取，最好的辦法是能夠相互交換，即你把你的給我，我把我的給你，兩個人相互交換人脈關係。

培根有一個關於交換蘋果和交流思想的著名比喻，他說，倘若你有一個蘋果，我有一個蘋果，如果彼此交換一個蘋果，那麼，兩人還是各有一個蘋果；但是，倘若你有一種思想，我有一種思想，而彼此交流這些思想，那麼，我們就各有兩種思想。

同樣，你有一個非常好的關係網路，他有一個非常好的關係網路，如果你們相互交換一下，那麼，你會有兩個關係網路，他也會有兩個關係網路。所以，拓展關係網路的最好辦法就是與別人交換資源。

下面就是一個透過交換資源獲得成功的故事：

> 有這樣一對夫妻，丈夫是汽車推銷員，妻子是保險業務員。
>
> 有一次，丈夫向一位名人成功推銷了一輛汽車。一個禮拜後，這位名人突然接到一通陌生來電：「○先生您好，我是○○的妻子，感謝您一個禮拜前向○○買了一輛汽車，我今天打電話是想通知您，請您明天抽空開車回車行檢查。」
>
> 這位妻子知道，大凡名人都很忙，一般不會隨便接受別人的邀請。所以，她只能藉著這位名人回車行的機會請他吃飯。
>
> 第二天，這位名人如約而至，並在這位女士的熱情引導下檢查了車況。此時，這位妻子對他說：「○先生，為感謝您的支持，現在已經到了午餐時間，我想請您一起坐一坐，我們可以順便聊一聊如何更好地維護您的愛車。您看如何？」

這位名人盛情難卻，接受了邀請。

席間，這位妻子說：「像您這麼成功的人士，一定會非常注意生活的品質，一定需要一份完善的保障計畫。您幫助了我丈夫，您一定也會幫助我的，我這裡有一份保險企劃，請您過目一下。」

面對對方的盛情，名人實難拒絕，不得不接過保單。

幾天後，這位妻子不斷地打電話和親自拜訪，終於簽下了一張保單。同樣，丈夫也以同樣的方式向妻子的保險客戶推銷汽車。

可以看出，人脈關係的拓展就是這麼簡單，當兩個人交換一塊錢時，每個人都只有一塊錢；但當兩個人交換關係網路時，他們就可以各自擁有更加豐富、更加完善的關係網路。事實上，任何人的關係網路都不僅包括自己的，還包括自己所有的親戚、朋友、客戶、生意夥伴所接觸的對象。如果你能把這些也利用上，那你的關係網路就可以迅速拓展開來，生意也會蒸蒸日上，成功如約而至。

用心記住他人的名字

卡內基曾經說過：「一個人的姓名是他自己最熟悉、最甜美、最妙不可言的聲音，在交際中最明顯、最簡單、最重要、最能得到好感的方法，就是記住人家的名字。」

每個人在社交中都非常渴望受到他人的尊重，被別人記住自己的名字，換位思考一下，別人也未嘗不是如此。想像一下，在一個偶然的場合，突然遇到了幾年前的老闆，而這位老闆當面喊出了你的名字，並熱情詢問你離開公司的發展，你是不是會產生一種被重視的感覺？

不僅如此，在社交中記住他人的名字很重要。在我們日常的交往中，如果能記住對方的名字，而且很輕易就叫出來，在心理上等於給予別人一個巧妙而有效的讚美。若是忘記人家的名字，或寫錯了，你就會處於一種非常尷尬的境地，恐怕要再花心思去建立彼此的好感了。

鋼鐵大王安德魯．卡內基就是一個非常善於利用人們對自己姓名重視的心理來與人相處的企業家。

卡內基孩提時代在蘇格蘭的時候，有一次抓到一隻兔子，那是一隻母兔。他很快發現了一整窩的小兔子，但沒有東西餵牠們。他於是想了一個很巧妙的辦法。他對附近的孩子說，如果他們找到足夠的苜蓿和蒲公英，餵飽那些兔子，他就以他們的名字來替那些兔子命名。

這個方法太靈驗了，許多孩子爭著去為他尋找兔糧。卡內基一直忘不了這件事。

好多年之後，他在商業界利用同樣的方法，賺了好多好多的錢。例如，他希望把鋼鐵軌道賣給賓州鐵路公司，而艾格·湯姆森正擔任該公司的董事長。因此，卡內基在匹茲堡建立了一座龐大的鋼鐵工廠，取名為「艾格湯姆森鋼鐵工廠」。

當卡內基和喬治·普爾門為臥鋪車生意而互相競爭的時候，這位鋼鐵大王又想起了那個兔子的經驗。

當時卡內基控制的中央交通公司，正在跟普爾門所控制的那家公司爭奪聯合太平洋鐵路公司的生意，你爭我奪，大殺其價，以致毫無利潤可言。卡內基和普爾門都到紐約去見聯合太平洋的董事會。有一天晚上，在聖尼可拉斯飯店碰頭了，卡內基說：「晚安，普爾門先生，我們爭得你死我活豈不是在出自己的洋相嗎？如果合作，你看怎麼樣？」

「此話怎講？」普爾門想知道。

於是卡內基把他心中的話說出來，把他們兩家公司合併起來而不互相競爭的好處說得天花亂墜。普爾門注意地傾聽著，但是他並沒有完全接受。

最後他問，「這個新公司要叫什麼呢？」

卡內基立即說：「普爾門皇宮臥車公司，當然。」

普爾門的目光一亮。

「到我的房間來，」他說，「我們來討論一番。」這次的討論改寫了一頁工業史。

安德魯·卡內基這種記住以及重視朋友和商業人士名字的方式，是他領導才能的祕密之一。他以能夠叫出自己許多員工的名字為傲，而他很得意地說，當他親任主管的時候，他的鋼鐵廠未曾發生過罷工事件。

然而在現實中，多數人不記得別人的名字，只因為不肯花必要的時間和精力去專心地把別人的名字耕植在他們的心中。

現代社會人們交際頻繁，我們周圍經常會碰到這樣的事：兩個人見面，其中一個人認識另一個人，而對方卻早已忘記他姓什麼名什麼。發生這樣的情況，不禮貌倒還是小事，若是趕上重要場合，因小失大也不是不可能。

有些人天生記憶力好，看書、閱人均過目不忘，有些人記憶力差一些，但若把這當做不禮貌甚至因小失大的理由，也未免有些牽強，對某些職業來說，記住別人的名字更是工作上的必備能力。

可能會有人認為這是小題大做，但大家要注意到，現代社會中人們心理上被重視、被承認的心態越來越強。使對方有被尊重的感覺，同時使自己贏得對方的好感，你所做的只不過是記住一個名字，天底下好像沒有比這更便宜的事了。

如果你細心觀察，你會發現幾乎所有政治家都知道：你能記住選民的名字，就意味著你能成為國務活動家，忘記選民的名字，這就意味著你將成為被遺忘的人。無論是企業家還是活動家，都必須有記住別人名字的能力。

正如卡內基所強調的，一個人的名字對他自己來說，是所有詞彙中最好的。為了取得社交上的成功，成為受歡迎的人，從現在開始用心記住別人的名字吧！

第19章 綜效

每個人都渴望被認同

什麼叫做綜效

從心理學上講，人們在情感及認知上對某個人或者某個事件的認同程度，明顯地影響他們對這個人和這一事件的評價、態度和行為，也就是說，認同制約人們對特定人和事件的態度和行為。在心理學上，我們把這種現象叫做綜效。

在綜效面前，如果一個人對你和你所做的事情產生認同感，那麼他就會在態度和行為上認可和支持你。這也就解釋出，為什麼任何人都存在被別人所認同的渴望。

心理實驗證明：人與人之間心理相容時，一方的行為就能引起另一方正面的反應，反之，則會引起負面反應。所以要取得別人的認同，就要設法取得對方的認可和信任。這就需要讓自己說的話更有說服力，要想辦法讓對方把自己視為觀點一致、取向一致的「自己人」，這樣做的目的是為了縮小彼此的心理距離。

讓我們先看一看一個聰明的青年人如何將心比心，挽救了積惡難改的二順吧！

有一個名叫二順的孩子，年僅十五歲，卻是一個慣竊。二順小偷多次進入感化院，仍屢教不改。因為他無父無母，是個孤兒，祖父母又不要他，所以他便自暴自棄，把進感化院、少年監獄當做家常便飯。從感化院、少年監獄出來就露宿街頭。

面對這樣的孩子，當地的社福機構曾多次派人幫助他、教育他，鼓勵他改掉壞習慣，重新做人，可這些話都被他當成了耳邊風，仍舊惡習不改。

派出所新調一位老所長，聽說了這個孩子的情況後，找了一個青年去勸說這個孩子。這個青年剛見到二順時，二順以為他還和以前來過的很多人一樣，根本不予理睬，露出一副挑釁的神態。

青年人全都看在眼裡，但不予理會。他坐在二順的對面，說：「我知道你心裡怎麼想的，你覺得自己已經成了這個樣子，即使改好了，人們也會看不起你。其實，小時候我的情況比你還不如。我十歲時母親就去世了，父親再婚，繼母對我非常壞，經常打我，不給我飯吃。我從家裡跑出來偷人東西騙人錢，幾次進少年監獄，我父親澈底放棄我了，我覺得自己完了。直到十六歲那年，我遇到了現在的派出所所長，他把我領回家裡，讓我住在他家，告訴我人應該堂堂正正地活著，他還教我讀書識字。在他的引導下，我重新走上了正常的人生之路。現在，我是一名客運司機，半年前妻子剛剛生了一個女兒，我們一家人生活得美滿幸福。」

青年剛開始說話時，二順根本不在意，逐漸地，隨著講述，他對青年人的話有了反應，不時表現出共鳴和激動。聽完青年人說的這番話，二順問道：「大哥，你說的是真的嗎？我這樣也能變好嗎？」看起來，二順的心已經被青年人說動了。

此後，青年人經常與二順談心，幫助他，最終，二順和當年的青年一樣，走回了正常的人生之路。

其實這位青年人並非比別人更善於做說服工作，但他卻能夠勸說成功，這是為什麼呢？那是因為他讓二順產生了一種「自己人」的心理。也就是說，你這樣的經歷我也有過、你的錯誤我也犯過、你這樣的想法我也有過等。

人們常說：要信就信自己人，要幫就幫自己人！一個人一旦認為對方是「自己人」，則另眼相待，這就是一種心理上的認同。當一個人對對方的觀點和行為產生認同時，就會自然而然地產生綜效。

心理學觀點認為，在綜效的影響下，人們更傾向於尋找平衡，這就意味著人們喜歡那些和他們相似的人。在此過程中，兩個人必須要能找到他們相同的價值觀和態度，因為我們總是喜歡那些價值觀、態度、經歷等與自己相似的人。一個人在許多問題上與自己的看法相似，我們就喜歡他，意見越一致，心理的距離就越近，就越容易受到他的影響。

在我們平時的生活中，綜效的現象也很普遍。很多人在大學裡都有過這種體會，同樣一門課程，如果是本系的老師向同學介紹一些學習上的方法，學生普遍比較容易接受和掌握。相反，突然來一個外系的老師向他們介紹這些方法，學生就不易接受。在演講上也是如此，聽眾對於他喜歡的演講人所宣傳的觀點，接受起來既快速又容易，但對於他所討厭或是陌生的宣傳者維護的觀點，卻不自覺地加以抵制。

有一類人就非常熱衷於使用綜效來達成自己的目的，那就是銷售員。

有很多專門上門推銷各種家居日用品的公司，會讓自己的推銷員採用一種「無窮鏈」的方法發現更多的潛在顧客。即如果有顧客喜歡某件商品，推銷員會勸說他提供幾個可能想要了解這種商品的朋友的名單，之後，推銷員就會逐一上門拜訪這些人。同樣，在這些拜訪中，推銷員還會得到更多潛在顧客的名單。在銷售的過程中，銷售員為了發揮綜效的效力，會不斷地向對方提及他的朋友，即使客戶的朋友不在場，綜效也能發揮效力。因為只要提到朋友的名字，就可以達到自己的目的了。

例如，當推銷員去拜訪一個新的潛在顧客時，他都會說「OO 建議我來拜訪您」，這樣顧客想要拒絕推銷員是比較困難的，因為這與拒絕朋友毫無差異。這個辦法的價值無法估量，因為一旦你與顧客的朋友建立了某種連結，你的生意就已經成功了一半。

事實上，生活中有很多高明的推銷員就是這樣做的。他們透過龐大的社會關係網路來推銷他們的產品、與各式各樣的潛在客戶打交道，而打交道的方式有吃飯或者舉辦各種活動等，其目的只有一個，就是設法讓他們之間的關係變得相對複雜，而不是簡單的買賣關係。當人們拉近距離，彼此認同，把對方視為自己人時，生意的成功就近在咫尺了。

所以，在日常生活中，如果你對別人尤其是陌生人有所求，同時為了能使你得到更多，也讓別人更願意跟你合作，你不妨在一開始的時候，對你的要求閉口不談，而是設法與之成為朋友，這在相當程度上會增加你的成功率。

讚美必須出自真心

從心理學上講，每個人內心都是渴望被讚賞的，而發自內心的稱讚更會激發人們的熱情和自信。這世界上沒有人會平白無故地討厭他人的讚美。一般來說，人們在客套話式的表揚或虛偽的禮節和恭維面前都會變得可親、可近。從心理分析的角度看，每個人都有自尊心和或輕或重的自我欣賞的傾向。

如果別人對自己表示好感，欣賞自己，自尊心便會得到滿足。尤其是缺乏自信、過分在意外界對自己評價的人，更願意透過別人對自己正面肯定的評價（即使是表面上的禮貌或恭維）來滿足自己的虛榮心。

因為這個原因，讚美和恭維在人際關係中起著潤滑劑的作用。恰如其分的讚美和恭維有利於消除對方的緊張和戒備心理，在很短的時間內澈底地擊破對方的心理防線，贏得對方的好感、認同甚至是友誼。

讚美是一把增進人際關係的利劍，很多人也都知道它的作用。但是在真正需要讚美別人時，很多人卻又難以運用自如了。我想，很大一部分原因出自讚美的技巧和方式上。

例如，你在讚美對方時，如果話裡的恭維意味特別明顯，你剛一開口，對方就知道下一句話是什麼了，這可不是什麼好現象。

要知道，讚美給人的感覺並不總是美好的、甜蜜的。如果奉承過於露骨或誇大其詞，反而會加劇對方的防備心理。因為過分親熱會讓人不由自主地產生懷疑，猜想對方是否另有所圖。心理學家阿倫森和琳達曾做過這樣一個實驗：

阿倫森讓受試者聽別人對自己的議論，然後讓他說出對議論者的印象。議論內容為以下四種：

①從頭到尾都是表揚；

②從頭到尾都是批評；

③開始是批評而後轉為誇獎；

④開始是表揚而後轉為批評。

受試者比較這四種議論後，最滿意的是第三種「先批評後誇獎」而不是第一種從頭到尾都是表揚。

為什麼會得出這樣的結果呢？

透過分析，心理學家得出這樣的結論，一個人從頭到尾地表揚另一個人會使被表揚的人產生懷疑，覺得「他是不是對我有什麼企圖，別有用心」，或者對表揚者有這麼一個認知，「他對我的印象這麼好，應該很好對付」。

另外，讚美要想達到目的，最忌諱的是陳詞濫調，因為這種話別人聽得多了，不會對你有特別的感覺。最好的方法是展現你的才華，在話語中深藏「暗功」，在不知不覺中讚美對方，達到拍馬而不驚馬的效果。這樣含蓄、不留痕跡的讚美，對任何人都是最具殺傷力的。

這是一個發生在職場中的小故事：

「這人是不是有毛病！」一大清早，某公司的大美人兼大能人朱小姐走進辦公室，將包包隨手一擱，就叫嚷道。

「妳說誰有病？」同事都很驚訝。

「就小張啊！剛來的櫃台妹妹，我真受不了她。」

「她怎麼了？不是挺好的嗎？嘴還滿甜的。」

「那也得有個『分寸』吧！今天早上上班時，碰巧和她一塊進公司，你知道她說了些什麼嗎？」

「怎麼了？」

「她一直在說，說我的頭髮又直又滑，說我的眉毛紋得很好看，說我的唇膏的顏色很適合我，還說我的圍巾，我的手套，我的皮靴，這樣好，那樣好，真讓人受不了！」

也許，你的辦公室就有像小張這樣的同事。熱情地讚美別人，卻讓別人直倒胃口。讓我們來分析一下產生這樣後果的原因。作為本身就十分漂亮、能幹的朱小姐，讚美她、巴結她的人肯定不少，然而她卻很少遇到像櫃台小張這樣毫不遮攔、沒有限度的讚美。因此，小張越是讚美她，她心裡越是懷疑，越是不舒服。

如此看來，身在職場，與同事打理好關係並不是一件容易的事。尤其是新到一間公司，主動地與同事打招呼、適當地讚美同事都是必要的。讚美讓人愉悅，是結交朋友的鑰匙，但是千萬要把握好讚美的「分寸」。要知道，內容過多的讚美，讓人無所適從；頻率過高的讚美，讓人懷疑你的動機。讚美唯有適度，才能帶給人愉悅。

那麼如何把握讚美的「分寸」呢？一方面讚美要發自內心，到位、具體、適當；另一方面要注意讚美時的姿態，不要有意抬高對方、貶低自己，讓對方看不起你。就像櫃台小張，如果她真的喜歡朱小姐這樣美麗又能幹的人，她完全可以以平和的口吻，選擇一兩個對方最在意的地方表示自己的讚嘆，而不是大驚小怪，劈哩啪啦，讓人喘不過氣，進而生厭。

所以，讚美應該發自內心，要做到適當、得體、到位。

虛心向對方請教，化被動為主動

在人際交往的心理博弈中，誰都想占據主動權，誰都不想被動地跟著別人走，被動地被人灌輸一些思想和理論。

但是我們發現，有很多人在與別人的交往中，總是會恰如其分地主動退一步，把主動權交給對方。這樣一來，自己看似處於被動地位，事實上卻是在對方心甘情願又不察覺的情況下把握了主動權，讓交往按照你的意願在繼續。使用這樣的方式，不會讓對方覺得自己是被強迫接受你的意願、你的思想，所以事情的進展反而更加順利。

下面就是一個很有啟發意義的故事：

傑森是做設計的，有一陣子，他想與一位著名的服裝設計師合作，連續三年裡，他每個星期都去拜訪這位設計師，並帶去自己設計好的草圖，可是那位設計師每次都很仔細地看他的草圖，然後拒絕接受他的草圖。經過無數次失敗後，傑森決定改變一下策略。

這天，他又一次去拜訪那位設計師，這次他帶去的是幾張未完成的草圖。當他走進那位設計師的辦公室時，他對設計師說：「如果您不忙的話，可不可以請您幫我個忙？這是些還未完成的草圖，但是我已經不知道該如何繼續下去了，能不能請您告訴我，我要如何把它們完成，才能對您有所幫助呢？」

這位設計師拿過傑森的草圖看了一會兒，然後對傑森說：「你先把這些圖放我這，過幾天再來拿吧！」

幾天後，傑森又來拜見設計師了，設計師提了很多建議，傑森回家後，按照對方的意思完成草圖，然後再拿給設計師看，設計師全部都接受了。

後來，傑森運用這個方法，與設計師談成了很多筆生意。他總結說：「我現在明白，這麼多年來，為什麼我一直無法和這位設計師合作。因為我之前只是催促他買下我認為他應該買的東西，那時是我處於主動地位，可是這於事無補。但我現在的做法正好相反，我似乎是在按照他的意思做事，可這不是最重要的，最重要的是我希望他買我的圖，結果我的目的達到了，而且是他主動買的。這樣一想，最終還是我占據了主動權。」

這就是心理戰術的妙用。試想一下，你對於某件事物的看法，是希望透過自己的觀察得出結論讓你高興，還是讓別人硬把自己的看法塞進你的思想更讓你高興？

我想肯定是前者。就好比在日常生活中，我們寧願願買一些也許比推銷員介紹的還次等的商品，也不願意買推銷員極力想要我們去買的商品，同時，我們會很高興別人來探詢我們自己的意願、我們的需求和我們的想法，如果某件事能按照我們想要的結果去發展的話，那我們就會非常情願地去做。

那麼，每個人心裡所想的其實都跟自己差不多，如果能抓住這一點，然後好好運用，就能讓別人按照你的想法去做，而且對方還是心甘情願、百分之百地合作。

當你想讓某個人幫你做某件事的時候，你對他說：幫我做好這件事，我就給你多少酬勞。也許他會按你的想法去做，然而，對方做事的效率以及所取得的結果肯定不會讓你非常滿意。但是如果你對他說：我遇到了一件麻煩事，我自己解決不了，需要你的幫助，你覺得我是這樣做好呢，還是那樣做？或者你還有什麼更好的方法？

如此一來，你退一步，把自己放在被動的地位，把主動權讓給他人，你能得到的結果就完全不一樣了。因為他是在自己主動的情況下來滿足你的意願，所以不會覺得是被動的，也不會覺得是遵照誰的命令在行事。

在人際交往中掌握主動權，並不在於你有多高的權力，有多大的成就，而是你是否懂得向他們虛心請教，然後揣摩對方說的每一句話，對方的每一個眼神和舉止，看穿對方的意圖和動機，放低姿態，以退為進。最後，主動權就會被你牢牢地握在手中。

雪中送炭比錦上添花更暖人心

雪中送炭，是你在最需要、最渴望別人幫助的時候，有人來幫助你，這個人就是雪中送炭之人。猶如你在寒冷的時候，孤獨無援的情況下，有人送來一盆火炭，或是你即將渴死在沙漠中，別人給你一口救命甘泉一樣。

其實錦上添花也與雪中送炭一樣，都可以落得人情，可兩者的效果是完全不一樣的。就內心的感受來說，你送一塊麵包給一個富翁和送一塊麵包給一個即將餓死的人，在他們的內心所產生的反應會是一樣的嗎？

富翁不會在乎你的麵包，當然就更不可能對你產生什麼感激之情，可在即將餓死的人看來，你就是他的救命恩人。這就是雪中送炭與錦上添花本質上的區別。

人生在世，沒有一帆風順的，總會有許多艱難與困苦。當一個人遇到斷崖險阻時，他最需要的是別人為他架橋搭梯、雪中送炭。在這種情況下幫助他的人，才會被當做是自己真正的朋友，這也是所謂幫人幫急的道理。所以人們對雪中送炭之人都懷有特殊的好感和感恩之心，幫助別人分憂解難，很容易引起對方的感激之情。

古往今來，雪中送炭之後加倍回報對方的故事數不勝數。

眾所周知，周瑜是三國中十分有名的英雄人物，但在三國爭霸之前，他並不得意。當時周瑜曾在軍閥袁術手下為官，被袁術任命為一個小小的居巢長，相當於一個小縣的縣令。

然而令他沒有想到的是，這時候地方上發生了飢荒，再加上兵亂，糧食問題日漸嚴峻起來。居巢的百姓沒有糧食吃，就吃樹皮、草根，很多人被活活餓死，軍隊也餓得失去了戰鬥力。周瑜身為地方的父母官，看到這悲慘情形，急得心慌意亂，卻不知如何是好。此時有人為他獻計，說附近有個樂善好施的財主叫魯肅，他家素來富裕，想必一定囤積了不少糧食，不如去跟他借。

於是周瑜帶上人馬登門拜訪魯肅，寒暄完畢，周瑜就開門見山地說：「不瞞老兄，小弟此次造訪，是想借點糧食。」

魯肅一看周瑜面目俊朗，顯然是個才子，日後必成大器，頓時產生了愛才之心，他根本不在乎周瑜現在只是個小小的居巢長，哈哈大笑說：「此乃區區小事，我答應就是。」

魯肅親自帶著周瑜去查看糧倉，這時魯家存有兩倉糧食，各三千斛，魯肅痛快地說：「也別提什麼借不借的，我把其中一倉送給你好了。」周瑜及其手下一聽他如此慷慨大方，都愣住了，要知道，在如此飢荒之年，糧食就是生命啊！周瑜被魯肅的言行深深感動了，兩人當下就結交為朋友。

後來周瑜發達了，真的像魯肅想的那樣當上了將軍，他牢記魯肅的恩德，把他推薦給了孫權，魯肅也終於得到了大展鴻圖的機會。

可以說，正是魯肅在當初周瑜最需要糧食的時候送了他一倉，才有了後來周瑜的回報。然而在現實生活中，很多人總是在別人不是很需要的時候拉上一把，以便使之錦上添花。但往往沒想到，其實，錦上添花不如雪中送炭。當他人口乾舌燥之時，你奉上一杯清水，便勝過九天甘露。如果大雨過後，天氣放晴，再送他人雨傘，這已沒有絲毫意義了。我們在幫助別人時一定要注意這些。朋友交往乃至做生意，其實就是這個道理。如果能在對方處於逆境時給他一點幫助，那是最容易收到成效的。

逆境時的交往，需要的是真誠，你幫助他，他會感激你的關愛提攜。即使你幫不了他，只要盡到心意，他也會感激你心中有他這個朋友，以後共事也就容易多了。但是人在順境時就不同了，他正春風得意，你的關注和別人的一樣，都是錦上添花，也就無足輕重了。所以，要盡量雪中送炭，而不要錦上添花，因為雪中送炭比錦上添花更暖人心。

第20章 互惠原則

每個人都不希望欠人情債

什麼叫做互惠原則

互惠原則認為，行為孕育同樣的行為，友善孕育同樣的友善，付出也會孕育同樣的付出，你怎樣對待別人，別人就會怎樣對待你。所以我們應該盡量以相同的方式回報他人為我們所做的一切，概括起來就是一種行為應該用一種類似的行為來回報。

康乃爾大學的鄧尼斯．雷根教授和他的助手曾做過這樣的實驗：

他們邀請一些人一起替一些畫評分，實驗在兩個不同的環境中進行：第一種環境，助手主動給予受試者一個恩惠，即在評分中間的短暫休息時，他出去了幾分鐘，回來時帶回兩瓶可口可樂，一瓶給自己，一瓶給了受試者，並告訴對方：「我問過主管人員，是否可以喝可樂，他說可以，所以我帶了一瓶給你。」

第二種環境，助手沒有給受試者任何恩惠，休息後正常地從外面回來，其他方面的表現和第一種環境一模一樣。

在評分完畢後，助手請求那些受試者幫個忙，他說他正在賣彩券，如果他賣的彩券數量最多，他會得到五十美元（約新臺幣一千五百元）獎金，所以他希望受試者可以買一些彩券，價格為二十五美分（約新臺幣七、八塊）一張，買幾張隨便，當然越多越好。

實驗的結果是，兩種環境中受試者的反應截然不同：那些得到過助手飲料的人，總覺得自己欠了助手什麼，而沒有得到過助手飲料的人，則對此漠不關心，最終前者購買的彩券數量是後者的兩倍。

從這個實驗中可以深刻地看到這樣的道理：任何人，只要他在生活中接受了他人的恩惠，即使是芝麻大的恩惠，心理上也會產生一種負債感或者虧欠感，為了丟掉這種負債感或者虧欠感的包袱，他們會想方設法地透過同樣的方式，或者其他方式還予這份人情，即在對方最需要的時候報答對方。這就要求人們在與人相處的時候，不妨先耕耘後收穫。

歌德曾說過：「萬物相形以生，眾生互惠而成。」世界上知名的推銷員喬．吉拉德說：「你真心愛你的顧客，他也會真心地愛你，進而買你的產品。」

的確，人與人之間的相處就是要遵循這種微妙且有規則的事情，當有人覺得欠你人情時，常會想方設法地還給你。此時，如果你有求於對方，那麼對方會很樂意地接受你的請求。

有句古語：「滴水之恩，當湧泉相報。」在這種觀念的薰陶下，人們習慣喜歡對自己有恩的人，也習慣為對自己好的人做事。一個人在得到他人的幫助後，當對方在有求於自己時，常會表現得心甘情願、理所應當，這也正是為什麼那些有時候看似吃小虧的人卻能夠獲得大利益的原因。

人們常說「贈人玫瑰，留有餘香」，其實生活中每個人的存在，都是以別人的存在為前提、為條件的，所以，在人際交往中，只有處處先為別人考慮、處處主動幫助別人的人，才能獲得他人的幫助，才能交到真正的朋友，才能成為人們喜歡的人。

互惠原則告訴人們，關愛別人其實就是在關愛我們自己，你付出的越多，得到的回報也會越多，因為在你關愛對方的同時，對方也會借助其他的方式關愛你，這會拉近你們之間的距離，有時還會讓你們成為親密的朋友。

對此，卡內基曾說過：「如果一個人真的關心別人，那麼他在兩個月內所交到的朋友，要比一個總想讓別人關心他的人，在兩年內交到的朋友還要多。」所以，我們在與人交往的時候，不妨多利用心理學中的互惠原則，主動地付出，這樣才更易得到別人的好感和認同，獲得更多的好朋友。

讓對方產生必須報答你的負債感

「怎麼搞的，檢查組明天就來，事先怎麼沒人告訴我？」局長接了部裡的電話，氣衝衝地闖進主任的辦公室。

「我，我，我把通知……」主任本想解釋，可局長的表情不容分說。「你看，這件事怎麼處理？什麼準備都沒做！」

「對不起，局長，是我粗心大意，我馬上去準備。」

其實，責任還真不在主任那。主任一接到上級的檢查通知，就馬上把通知送往了局長辦公室。當時，局長正在打電話，見他手拿通知進去，就用眼睛示意他把通知放在桌上。

「可能我一走，局長就把這件事忘了。」主任心裡想，但他沒有反駁。

他只是快速跑去局長的辦公室，找出那份通知，按照通知要求，連夜加班，打電話、催進度……最後，終於在檢查組到來之前，把需要的材料全都準備好了。檢查順利透過。

主任鬆了一口氣，局長也鬆了一口氣，他決定好好栽培這位主任。

在職場中，我們可能會遇到很多這類事情，主管安排的任務搞砸了，有時候明明是主管的責任，卻莫名其妙落到自己頭上，還挨主管一頓臭罵。但如果大家細心想一下，此時你會做何種反應呢？是據理力爭還是忍氣吞聲、毫不作為？無論選擇哪一種，無論結果如何，看起來這都是一件倒楣的事情。其實不然，對熟悉心理學的人來說，這種情況恰恰是展示自我價值、獲得主管青睞的好機會。

故事中的局長為什麼決定好好栽培主任？是因為主任有責任心、有擔當嗎？確實如此，不過，更重要的原因在於他在心理上對主任產生了一種負債感。

在局長看來，下屬替自己背了黑鍋，還當眾挨了自己的批評，為自己維護了權威，保住了面子。但同時，局長的心理失衡了，他覺得自己欠了下屬的人情，得找機會彌補才行。

一般來說，我們在得到別人的好處後，就會想要報答對方。例如，一個人幫了我們的忙，我們也會幫他的忙，或者送他禮物、請他吃飯以示回報。那麼在職場，我們是不是可以用一點小小的恩惠感動我們的上司、同事或下屬，以此擁有良好的人際關係呢？答案是肯定的。

那麼在職場中，哪些算是小小的恩惠呢？如幫助對方做事、送禮給對方、請對方吃飯娛樂……必要時，替對方背背黑鍋。

不過，「背黑鍋」這種恩惠不可濫施，否則不但得不到你想要的感激與尊重，還會惹禍上身或者被人輕視。因此，在採取行動之前，你要權衡利弊，想想這個「黑鍋」的份量有多重，值不值得你去背。

除了在職場中，讓對方產生負債感也能在日常生活中發揮很大的威力。我們常說，「投之以桃，報之以李」，如果我們送給某人生日禮物，那麼對方就會在我們過生日時回贈一件禮物。因為受這種心理的影響，對方會覺得在將來某個時候報答自己曾經接受過的恩惠是一種責任，所以「理應報答」成了表達謝意的代名詞。

所以說，讓對方產生一種負債感的威力在於：即使是一個陌生人，或者與你有爭執的人，如果我們先給他一點小小的好處，然後再向他提出請求，對方答應我們請求的可能性就會增加。

這裡需要認真思考一下，負債感只是說對方應該報答我們的關照，但並沒有說對方主動要求這個關照才有報答的義務。當然，如果我們主動向他人要求某種好處，那麼報答的責任就會更大，即使這個好處是不請自來的，這種負債的感覺依然十分強烈。

那麼，人們為什麼會產生這種心理呢？我們需要從負債感的社會意義上尋找其根源。

其實，負債感的確立，就是為了促進互惠關係的發展，為了人們在主動開始這種關係時不必擔心有任何損失。如果達到了這個目的，不請自來的好處一定會讓接受者產生負債感。因此，人們的心中普遍有這樣一種想法：給予是一種責任，接受是一種責任，償還也是一種責任。

在生活中，償還的責任不僅減弱了接受一方選擇施恩者的能力，還把這種權力交到了其他人的手中。在這個過程中，因為雙方的力量懸殊，真正的選擇權被施恩者牢牢地掌握在手中。施恩者決定了最初給予恩惠的形式，也選擇了回報恩惠的形式。因此，即使是一個不請自來的好處，一旦被接受，也會讓人產生一種負債感。

事實上，即使是沒人想要的禮物，也會造成人們的負債感。因為強大的互惠壓力使接受一方必須回報送其禮物的人，即使這些禮物並不是他真正想要的。

但是在日常生活中，對於並不十分需要的商品，我們並沒有任何購買的壓力。

所以說，一個人一旦接受了別人的好處，占了別人的便宜，哪怕這個好處並不是必要的，但再面對別人的請求，就不好拒絕了。這正是俗語裡說的：「吃人嘴短，拿人手軟。」如果你有求於人，不妨先給對方好處，讓對方先占你的便宜，讓他欠你的人情，然後再提出請求，這樣事情就會更加好辦。

相互信任，互相支持

顏回是孔子最喜歡的弟子。有一次，孔子周遊列國，困於陳蔡之間一週沒有飯吃，顏回花了心思才找到一點糧米，他趕忙做起飯來。飯快熟了，孔子聞到飯香，很高興。可是猛然抬頭，看到顏回用手抓出一把米偷偷送入口中。

等到顏回請老師吃飯，孔子假裝說：「我剛才做了個夢，夢到了我父親，想用這乾淨的白米祭拜他。」顏回趕忙說：「不行，不行，這飯不乾淨，剛才煮飯時有些煙灰掉入鍋中，沾著的米飯棄之可惜，我便抓出來吃掉了。」孔子這才知道顏回並非偷吃，心中感慨萬千。

以孔子的聖明，在面對顏回這樣優秀的弟子時還無法做到完全的信任。再看具有如此修養的顏回，卻無法得到老師完全的信任。信任與被信任之間由此可見一斑。

聖人亦如此，我們普通人就更不用提了。在生活中，人與人之間的信任是透過一次次的交往而慢慢形成的。信任一旦建立，雙方都會表現出絕對的信服，具有牢不可破的威力。但一旦破壞，破壞得也很澈底，再難修復，甚至為自己留下陰影，無法再信任別人了。

例如，一個員工，他的頂頭上司很信任他，早上從不檢查他的出勤。

而他也感謝上司的信任，幾乎每天都提早到辦公室。碰巧有一天，上司按時來到辦公室，他卻因個人事情遲到了很久。自此以後，在上班時間，他發現上司時不時就會出現在他辦公室的門口。

又如一對夫妻，結婚多年，對於彼此的忠誠，兩人都信心十足。可是有一次，丈夫無意間發現了妻子與男同事的親密合照，兩人多年培養起來的絕對信任一下子消失殆盡。

在心理學上，表揚、鼓勵和信任，往往能激發一個人的自尊心和上進心。

我們一起來看一個著名的心理學實驗：

西方心理學家奧格登在一九六三年進行了一項警覺實驗，透過記錄受試者對光強度變化的辨別能力，以測定其警覺性。測試者被分為四個組：

A組：控制組，不施加任何誘因，只是普通地告知實驗的要求與操作方法；

B組：挑選組，該組的人被告知，他們是經過挑選的，洞察能力最強；

C組：競賽組，他們得知要以誤差數量評定小組優劣與名次；

D組：獎懲組，每出現一次錯誤就罰款，每次反應無誤就發少許獎金。

請猜一猜哪一組的警覺性最高，將在四組之中勝出？

不管是經驗豐富的公司主管還是一般人，一定會想：不是C組就是D組吧！因為人總是希望自己能夠在競爭中勝出；人在「重獎之下」，應該個個都會成為「勇夫」。

但心理學家的實驗結果卻出乎意料：經測試，B組的警覺性最強。

心理學家分析原因如下：B組的人受到了良好的信任，受到了積極正面的心理暗示，結果他們比那些希望在競爭中勝出、害怕受罰或希望獲獎的人表現得更加出色。這一點，被很多公司高層運用激勵員工上，主管經常給予員工一些充滿期許的目光，信任的話語，使得員工對自己也充滿自信，能夠身心愉悅地接受頗具挑戰性的工作。在這種環境中，信任對於員工而言，是一種最好的激勵；而對於管理者而言，則代表一種能力。

信任是各種關係成功的基礎，有了信任，職場和生活中的人際關係才得以存在，要是信任崩盤，關係也會跟著寸步難行。那麼怎樣有效地建立起彼此的信任呢？

我認為要在職場中贏得他人的信任，需要從以下幾個方面努力：

1、言行一致

俗話說：事實勝於雄辯。不論是領導者還是被領導者的信任度都不僅決定於言談，還決定於行動。如果上司或下屬有事相求，你答應他「我會解決好的」，那麼你一定要做到，而且要及時。

2、兌現諾言

無論在朋友面前還是在主管面前，記住不要自食其言，因為那樣只會破壞別人對你的信任。「我保證下一次會提拔你的」、「我保證替你辦好這件事」。像這樣的承諾能夠激發起希望與信任，但是也可能破壞別人的期望與信任。如果事情發生了變化，應該讓別人知道事情的真相，誠實地向他們解釋你無法兌現諾言的原因。

3、提升能力

想取得別人的信任，還得靠自己的努力。如果你具備值得別人肯定的能力，你同樣會得到別人的喜歡。就像足球運動員一樣，如果能穩定發揮良好表現的話，你會得到教練、隊友等人的信任。所以說，能力是最重要的，無論做什麼事情，你都得具備很強的能力，才能取得別人的肯定與信任，贏得別人的尊重。

總之，無論是在職場中還是在平時的生活裡，信任和隨之而來的支持都是相互的，只有信任他人，才能換來他人的信任和支持，不信任只會導致不被信任。

信任促進溝通，使彼此間能互相支持，作用無法估量，信任可以使一個團隊所有成員齊心協力，完成看似不可思議的目標，獲得意想不到的成功。

你為對方著想，對方就會為你著想

你有沒有經歷過如下的場景：

剛剛升任主管，大量的新工作迎面而來，以前朝九晚五、週休二日的生活一去不復返，有時候甚至還要在公司加班到深夜……時不時揉揉酸痛的肩膀站起來看看，不由得嘆氣：怎麼沒有一個人主動幫一下我呢？

其實，無論是在事業上還是在生活中，每個人都會遇到一些這樣那樣的麻煩和困難。我們經常看到，有些人一旦遇到什麼事情，總是會出現很多人幫上幫下；有些人遇到困難，只能主動請求別人幫助。如果把這兩種情況進行對比，你就會發現，出現困難後得到很多主動幫助的人，肯定就是以前經常為別人著想，主動幫助他人的。也就是說，別人對他的援手，就是一種「互惠式」的回應。

很簡單的事實往往能為我們帶來最有價值的道理。如果你想在遇到麻煩時得到更多人的支持和幫助，就應該在平時多為他人著想，心理學中的互惠原則告訴我們：你為對方著想，對方就會為你著想。

要想更好地為他人著想，就應該學會站在對方的立場思考問題。因為從對方的角度考慮問題，得到的往往是最真實的資訊，你的所作所為也可以讓對方感受到尊重與體貼，彼此間容易產生好感、形成理解，並做出正面回應。

一般情況下，人們往往從自己的角度去思考，人與人之間對同一問題的看法會有很大差別，所以人與人之間想要和睦相處，得先學會從他人的角度思考，遇事先為他人著想。卡內基曾說過：「與人相處能否成功，全看你能不能以同理心站在對方的立場去看待問題，體諒和接受他人的觀點。」

生活中如果多一些「同理心」，就會多一些理解，多一些溫言軟語，少一些矛盾與爭吵。在人際交往中，多為對方著想猶如潤滑劑，能夠促使溝通順利進行，甚至能夠化解矛盾。

卡內基每季都要在紐約的一家大旅館租用大禮堂，以講授社交訓練課程。有一個季度，他剛準備授課，忽然接到通知，房主要他付比原來多三倍的租金。而這時，入場券早已發出，其他準備開課的事宜都已辦妥。

兩天以後，他去找經理，說：「我接到你們的通知時，有點震驚。不過，這不怪你，假如我處在你的位置，或許也會寫出同樣的通知。你是這家旅館的經理，你的責任是讓旅館盡可能地多盈利。不過，讓我們來合計一下，增加租金，對你是有利還是不利。」

「先講有利的一面。大禮堂不出租給講課的而是出租給舉辦舞會、晚會的，那你就可以獲大利了。因為舉辦這一類活動的時間不長，他們能一次付出很高租金，比我這的租金要多得多。租給我，顯然你吃大虧了。」

「現在，來考慮一下不利的一面。首先，你增加我的租金，由於我付不起你所要的租金，只好離開，這樣一來，你的收入反而降低了。還有，這個訓練班將吸引成千的有受過良好教育的中上層管理人員到你的旅館來聽課，對你來說，這難道不是起了不花錢的活廣告作用了嗎？事實上，假如你花五千（美）元在報紙上登廣告，你也不可能邀請這麼多人親自到你的旅館來參觀，可我的訓練班被你邀請來了。這難道不划算嗎？」

講完後，卡內基告辭了，並說：「請仔細考慮後再答覆我。」當然，最後經理讓步了。

卡內基的成功在於他始終站在對方的角度思考問題，他並沒有說一句自己想要什麼。

一味地從自己的角度考慮，不管別人的感受，是不可能得到他人的理解與認同的。可以設想，如果卡內基氣勢洶洶地跑進經理辦公室，與之辯論，即使他能夠辯得過對方，旅館經理的自尊心也很難使他認錯而收回原意。

然而在現實中，缺乏為對方考慮的習慣是現代管理溝通困難的一大原因。

舉個例子，雇主在面對雇員時，總習慣於縱向比較：「以前這個職位的薪資水準比你的低多了，你還不滿足！」；而雇員則傾向於橫向比較：「OO還不如我，薪水卻比我高那麼多，太不公平了！」、「那邊開給我的條件比你這裡更優渥，我為什麼要留在你這裡？」……

其實對於企業管理來說，從對方的角度考慮問題，為對方著想，是一把合適的溝通「鑰匙」。美國瑪麗．凱化妝公司的創辦人瑪麗．凱女士，在面對手下員工的時候，她總是設身處地地站在員工的角度考慮問題，總是先如此自問：

「如果我是對方，我希望得到什麼樣的態度和待遇。」經過這樣考慮的行事結果，再棘手的問題往往都能很快地迎刃而解。

所以，如果你是一位領導者，應該多站在員工的立場思考問題，盡可能地提供良好的工作環境和薪酬待遇，肯定員工的業績，善待員工的不足；而作為員工，也應該多站在經理的角度去考慮問題，盡可能節省公司資源、盡可能高效率地工作，不浪費自己在公司的每一分鐘。

要知道，我們若想獲得別人的支持，就必須先去替別人著想，力所能及地支持對方，至少要做到關心他人。

你為對方著想，對方就會為你著想，這樣能大大促進企業的溝通與發展。

透過這種方式，企業領導者或者員工可能會忽然間發現「哦，原來他們是這個意思。」有了這層理解和認同作為溝通基礎，哪怕彼此的語言方式和行為習慣差異再大，相信雙方也能適應並接受。

第21章 損失規避
人人都害怕失去

什麼叫做損失規避

心理學研究發現，損失規避是人們的又一種有趣心理。生活中，人們往往會覺得「得到利益」所帶來的種種快樂感受，遠遠不如「受到傷害」所帶來的痛苦感受強烈。這就好比在盡量防止一萬塊被偷和努力賺取一萬塊之間。這一現象也就是心理學中所謂的損失規避現象。

下面我們來看一個有趣的故事：

一天，小張在回家的路上看到路邊有一張一百元，顯然是別人不小心遺失的。

他撿起這張錢，心裡分外高興，就像撿到一筆從天而降的財富。但是等他回到家，看到活潑可愛的女兒奔出來迎接他，很快就把撿到一百元的事情忘得一乾二淨。

之後的某一天，小張在上班的路上，突然發現他放在大衣口袋裡本來打算加值悠遊卡的一百元不翼而飛了，在他搜尋一番之後，確定是剛才在擁擠的車上被人順手牽羊了。雖然掉了一百元並不是什麼大不了的損失，但那種懊惱和憤怒卻一直縈繞著小張。結果，那天上班小張的心情一直很差，一直延續到下班回家，還對自己的愛人憤憤不平地講起這件事。

在生活中，相信很多人都經歷過丟錢或撿錢的事情。顯然，人們在撿到一百元的高興和遺失一百元的痛苦之間，一定會對後者產生更強烈的情緒。

損失規避是人們的正常心理。也就是說，同樣一件東西，人們在面對失去它時所帶來的痛苦要遠遠大於得到它時所帶來的快樂。在得失之間，人們更在乎「失」，也就會有意無意地盡量避免「失」，面對誘惑，如果需要冒一些風險，大多數人會選擇放棄，但是面對失去的時候則不一樣，人們都寧願冒更多風險，也要減少自己的損失。

很多商家經常利用人們這種損失規避心理。例如，現在有很多商家採用免費試用作為促銷的手法，或大力宣傳「不滿意就退貨」，這就是利用損失規避的展現。若不是深諳此道，大家都試用一段時間，再去退貨，商家豈不是賡虧不賺。

接下來，我們來看一組有趣的對話：

百貨公司週年慶期間，一個女孩逛著化妝品專區，在某知名化妝品專櫃前，她停下了腳步。

「您好！現在本產品一律八折，你需要哪一款產品？」櫃姐滿臉微笑地迎了過來。

「眼霜、晚霜和防曬的。」

「還需要其他的嗎？」

「不用。」女孩忽然想起自己的姐姐，也用該品牌，是否有必要代買？正猶豫著，櫃姐說話了：「趁打折多買兩樣吧！」

「我不需要了，家人可能還會再來買。打折活動到什麼時候為止？」

「今天是最後一天了」。

「這麼快？週年慶不是還沒結束嗎？」

「買的人太多，我們家的活動就提前截止了。」

女孩感到很慶幸，結果，又買了相同的幾款產品。

到了週年慶最後一天，女孩的姐姐也去逛百貨公司，無意中，她發現妹妹前陣子買的化妝品還在打折。

看到這，你是否會驚訝或者不解？或許，你也遇到過類似的情況。

為什麼櫃姐會撒謊呢？其實很簡單，她撒謊的目的只有一個，那就是促使猶豫的顧客打消「還有」的念頭，進而立刻掏錢消費。

櫃姐靈活地運用技巧，打消顧客的「還有」意識，讓顧客感到迫在眉睫，形成一種「最後」的意識，顧客一旦感覺錯過這次打折機會，就會下定決心購買。

通常，人都有等待的慣性。對一件事總是遲遲不敢下結論。

如果對方舉棋不定，最保險的做法就是，告訴對方這是「最後」或「只有一次」，讓對方認為這是最後的機會，令其明白他即將面臨失去的形勢，這樣，對方通常會立刻下決心購買。因為這些所謂的「最後」，很多人都曾盲目地買下了原本不想買的東西。

心理學家認為，正常人在對待同樣的一件物品時，往往得到時不覺得值錢，而一旦擁有後要放棄時，就會察覺這件東西的重要性。

從心理學角度來講，損失規避經常與短缺的心理交織在一起，由於短缺使得物品的價值得到提升。由此可見，生活中，若掌握並能靈活地運用損失規避這一心理效應，一定會有意想不到的收穫。

失去一百和得到兩百的差異

曾有位權威人士提出這樣一個問題：

假設你得到一種病，有萬分之一的可能性會突然死亡，現在有一種藥吃了以後可以把死亡的機率降到零，那麼你願意花多少錢來買這種藥呢？

我們不妨繼續思考，如果現在有家醫藥公司想找一些人測試他們新研發的一種藥品，你的身體相當健康，但服用這種藥品後會使你有萬分之一的可能性突然死亡，那麼你要求醫藥公司出多少錢來補償你呢？

實驗結果顯示，多數人情願出幾千塊錢來買藥，但是即使醫藥公司願意花費幾十萬補償費，他們也不想參與試藥實驗。這其實就是損失規避心理在作怪，也就是在失去一百和得到兩百時呈現出的不同心理感受。可見，人們對損失和獲得的敏感程度是不同的。

患病後因藥品而治好病是一種獲得，這種刺激相對損失來說並不敏感，而本身健康的情況下增加死亡的機率對人們來說卻是一個很難接受的損失，顯然，人們對損失要求的補償，要遠遠高於他們願意為治病所支付的錢。

當然，損失和獲得也不是絕對的。人們在面臨獲得的時候規避風險，而在面臨損失的時候偏愛風險，損失和獲得其實是相對於參照點而言的，因此，改變人們在評價事物時所使用的觀點，可以改變人們對風險的態度。

例如，一家公司正在面臨兩個投資決策，第一個投資方案可以確保盈利一千萬，而第二個投資方案只有五成的把握能盈利一千五百萬，五成的把握盈利五百萬。

這時候，如果公司的盈利目標定得比較低，如果是五百萬的話，那麼第一個方案看起來好像多賺了五百萬，而第二個投資方案若非剛好達到目標，就是多賺取一千萬。兩種方案看起來都是獲得，這時候公司員工大多就不願鋌而走險，而傾向於第一個選擇方案。

反之，如果公司將目標定得比較高，如果是一千五百萬的話，那麼第一個方案就像是少賺了五百萬，而第二個方案若非剛好達到公司的目標，就是少盈利一千萬，這種情況下兩個方案都是損失，在這時，公司員工反而會抱著孤注一擲說不定可以達到目標的心理，選擇第二個有風險的投資方案。可見，公司主管完全可以透過改變盈利目標來引導並改變員工對待風險的態度。

損失規避心理效應使得人們對自己得到的東西加上了非常高的價值，導致人們不願意去改變現狀。雖然在生活中，人們常常會因為各種原因而需要忍痛割捨自己喜愛的東西，但對現狀偏愛的心理使得人們寧願表現出「不是最好的絕對不選擇」的態度。通常人們會把已經擁有的東西看得更重，既捨不得換掉，又捨不得賣掉。

生活中這種例子更加明顯，每個人多少有過搬家的經歷，每次搬家都會發現很多舊衣服、舊家具，最後只好低價賣給舊貨商，大家想一想，看著以前的「寶貝」就這樣永遠離開自己了，是不是心中「隱隱作痛」。

再如，在生活中，不少婚姻的穩定跟損失規避有著很大的關係，雖然影響離婚的因素很多，但是兩個人結婚以後，共同生活的時間越久，越不容易做出離婚的決定。或者從根本來說，由於人們損失規避的心理，往往會對壞的效應，也就是「失」更加敏感，而忽略了「得」，最終不會選擇離婚——當然，離婚後「得」遠遠大於「失」的情況除外。

由於人們常常過於關注「失」而忽視了「得」，所以有時候用不同的敘述方式來描述同一個事物時，會使人做出截然不同的決策。得與失是日常生活中最常面對的事情，但是對失去一百與得到兩百的差異，也就是得與失的敏感程度卻因人而異，因事而異。

由於人們傾向於對「失」表現出更大的敏感性，因此，我們在做決定的時候要學會使用換位法，將自己帶入不同甚至相反的情形中考慮自己可能的決定，學會從「得」和「失」兩個角度來看問題，從而平衡損失規避心理造成的影響，做出對自己最有利的決策。

損失規避的現象和表現

生活中，損失規避的現象無處不在。

常言道，「二鳥在林，不如一鳥在手」，人們在確定的收益和「賭一把」之間，多數會選擇確定的好處。也就是平常我們所說的「見好就收，落袋為安」。

一般情況下，在確定的損失和「賭一把」之間做抉擇，多數人願意鋌而走險地「賭一把」。意外獲得的一百元所帶來的快樂，難以抵消不小心遺失一百元所帶來的痛苦。我們很多人都買過樂透，雖然贏錢可能性小之又小，或許你的錢有百分之九十九點九都是支持福利事業和體育事業了，可還是存在僥倖心理。這樣的現象不勝枚舉，都是損失規避的表現。

人們的損失規避這一心理，通常表現在面臨「得到」時，總是小心翼翼、不願冒險；而在面對「失去」時會很不甘心，容易冒險。不過，需要注意的是，由於人們對損失和獲得的敏感程度不同，損失規避的現象和表現也就不盡相同。

舉一個發生在我們身邊的例子：

每天報紙上報導的內容，如果你稍微了解一下。它的頭版標題對於這份報紙當天的銷量是至關重要的。然而，你每天所買的那份報紙是用負面新聞作為頭版標題的機會多一點，還是用正面新聞作為頭版標題的機會多一點？

如果沒有錯的話，你會發現自己每天之所以買某一份報紙，大多數時候都是受到了負面頭版標題的影響，對嗎？

世界上每天都發生著無數的新聞，其中大多數都是積極正面的。作為報社、雜誌、廣播電台、電視台等媒體單位的編輯都看在眼裡，心知肚明，然而在他們的報導裡，卻總是負面新聞占據主導位置，就像一位資深新聞從業人員所說的那樣：「我希望天下太平，但是如果過於太平，我們的新聞就沒有人看了。」

從心理學的角度分析，人們對於負面傷害的感受要比正面資訊的感受強烈得多。如果用量化的數字來表示的話，前者應該是後者的四到五倍。

不過，對於正面和負面，也就是得失的判斷，往往需要根據參照點決定，比如說，在「其他人一年賺三十萬元，你一年收入三十五萬元」和「其他人一年收入為四十五萬元，你一年收入四十萬元」的選擇題中，大部分人會選擇前者。

在有十足的把握得到好處（收益）和「賭一把」之間，做一個抉擇，多數人會選擇確定的好處。就如上面所說的「二鳥在林，不如一鳥在手」。

曾有位業內人士做過這樣一個實驗：

在人群中，隨機抽取一百名路人，並分別發給他們同樣的選擇題。

A、你一定能賺十五萬元。

B、你有八成的可能賺二十萬元，兩成的可能什麼也得不到。

這道單項選擇題，如果是你，你會選擇哪一個呢？實驗結果顯示，絕大多數人都選擇A。

傳統經濟學中的「理性人」這時會跳出來批判：選擇A是錯的，因為二十萬乘以百分之八十等於十六萬元，期望值要大於十五萬元。這說明，大多數人處於收益狀態時，往往小心翼翼、厭惡風險、喜歡見好就收，害怕失去已有的利潤。當人們處於收益狀態時，大部分都是風險厭惡者。

在進行投資時，多數人的表現是「賠則拖，贏必走」。在股市中，普遍有一種「賣出效應」，也就是投資方賣出獲利股票的意願，要遠大於賣出虧損股票的意願。這與「對則持，錯即改」的投資核心理念背道而馳。

面對兩種損害，你會選擇什麼樣的道路，是逃避呢，還是奮勇直前？當一個人在面對兩種都損失的選擇時，往往會激起他的冒險精神。在確定的壞處（損失）和「賭一把」之間，二選一，多數人會選擇「賭一把」。用一句話概括就是「兩害相權取其輕」。

讓我們來做這樣的比較：

A、你一定會賠十五萬元。

B、你有八成的可能賠二十萬元，兩成的可能不賠錢。

你會選擇哪一個呢？結果，在參與比較的選手中，只有少數人情願「花錢消災」選擇A，大部分人願意和命運抗衡，選擇B。

「理性的人」會跳出來說，兩害相權取其輕，所以選B是錯的，因為二十萬乘以百分之八十等於十六萬元，風險要大於十五萬元。現實中，多數人處於虧損狀態時，會極不甘心，寧願承受更大的風險來賭一把。也就是說，處於損失預期時，大部分人變得肯冒風險。損失規避表現出非理性的一面，在股市上損失規避的表現就是喜歡將賠錢的股票繼續持有下去。

據調查結果顯示，投資者持有虧損股票的時間遠長於持有獲利股票的時間。投資者長期持有的股票多數是不願意「割肉」而留下的「套牢」股票。

由此可見，人們真正憎恨的是損失，而不是風險。在風險和收益面前，人的「心是偏的」。在涉及收益時，我們是風險的厭惡者，但涉及損失時，我們卻是風險喜好者。在人們認為合適的情況下非常樂意賭一把。

如何進行損失規避

從心理學的角度來講，「損失規避」對於每個人的影響，就像是看不見的指南針一樣。當某件事情降臨到自己身上時，我們的第一反應就是分析這件事情對於自己是有害的還是有利的，進而再決定自己後續的行為方向。

從另一個角度講，無論是在生活還是工作中，人們所做的每一件事情，不是為了獲得某種「利益」，就是為了逃避某種「傷害」。所以，學會如何進行損失規避，是極其重要的。

英國《每日郵報》曾報導了一則新聞：

一位名叫泰勒的英國婦女體驗了一段不洗澡、不刷牙、不化妝的特殊生活，目的是測試化妝品的效用。而以前泰勒每天需使用的清潔和化妝用品多達十幾種，包括化妝水、乳液、髮膠、身體芳香劑、香水等。堅持到第二週，她身上開始散發出難聞氣味。到了第四週，竟然出現意想不到的事情，泰勒發現自己的皮膚開始發光，眼皮上原有的一塊囊腫也消失不見。

這次實驗的結果是：不用化妝品，皮膚也可以健康，喜歡化妝品完全來自心理需求。這則新聞，很多人不禁要問：泰勒做這個「實驗」的真正動機是什麼呢？

泰勒後來解釋說：「我曾閱讀過有些化妝品的說明書，發現自己每天接觸的化學物質超過兩百種。雖然每個廠商都信誓旦旦地保證它們的安全性，但日後會造成何種影響卻不得而知。」

看到這裡，我們都應該知道，泰勒在化妝品的消費中最擔心的是什麼？那就是化妝品對人體皮膚必須保證絕對安全，沒有副作用，老年時不會留下任何後遺症。

泰勒因擔心過度使用化妝品導致的種種負作用，從而進行「損失規避」，這一行動也證明了心理學上的一個觀點：「損失規避」是驅使人類行為的最偉大的力量，是我們一切行為選擇背後的力量根源。

例如，當同事不小心碰翻你桌上的水杯時，你的第一反應就是躲避。當背後書架上的書突然砸向你的頭，你的第一反應是馬上縮頭。從心理學上看，我們可以把水杯傾倒、書突然落下等類似的情況統稱為「觸發點」。這些「觸發點」被觸發後，會立刻喚醒你內心某處深藏的記憶與經驗，才會對你發出「立刻閃躲」、「馬上低頭」的指令。也就是出現「損失規避」的心理效應。

在生活中，我們每個人都有這種「自我保護」的意識，但是從心理學的角度仔細分析，就會發現人們這種「損失規避」的心理並不是時時存在的，它不僅僅有啟動的過程，而且在一些明顯的刺激下才能產生。

透過總結，我認為進行損失規避時需注意：首先要學會審時度勢，先弄清楚對方的心理，投其所好，這樣一來就能避開人們損失規避的心理。其次，可以透過提出一個不同尋常的問題，或者有趣，或者是一個雙方關心的話題。

讓對方被你的問題所吸引，才不會讓對方有時間進行損失規避。再者，不妨把主動權讓給對方，如果你能把對方的消極或中立的態度變得積極起來，並誘使他們願意試著了解你所說的事情，這樣一來，讓對方對自己產生信任感，自然也就能讓對方跟著你的思路。

由此可見，在生活中，人們只要學會如何進行損失規避，就可以影響並改變自己或他人的行為方向，從而取得更多的收穫。

第22章 登門效應
防不勝防的蠶食策略

什麼叫做登門效應

心理學家認為，在一般情況下，人們一般都不大願意突然接受較高、較難的請求，因為它費時費力又難以成功；相反，人們會很容易接受較小的、較易完成的請求，在完成了較小的請求後，人們才慢慢地接受較大的請求。

美國著名心理學家查爾迪尼做了一個實驗：他在幫慈善機構進行募款的時候，對一些人提出募款請求時附加了一句話：「哪怕一分錢也好」；而對另一些人則沒有說這句話。結果前者的募捐比後者多兩倍。

這是為什麼呢？

如果深入分析，我們就會發現：當我們向人們提出一個微不足道的請求時，人們如果斷然拒絕，顯得不通人性。但當人們接受了這一個微不足道的請求後，緊接著面對另外一個稍大些的請求時，人們馬上就會產生一種心理的傾向——保持行為的前後一致，因為如果不這麼做，從心理認知上就會覺得很不協調。於是很有可能會逐步接受更大的請求。

這種現象，就像登門檻時要一級台階一級台階向上走，一步一步來更容易順利地登上高處。後來人們就把這種心理現象叫做「登門效應」。

明代洪自誠在《菜根譚》中說：「攻人之惡，毋太嚴，要思其堪受；教人之善，毋過高，當使其可從。」大意是說，批評別人的錯誤，開始的時候不要太嚴苛，要考慮其承受能力；教人向善，最初的要求不要太高，要讓他每一步都能做到。

他實際上就是在陳述一種登門效應。

登門效應在生活中有著廣泛的存在，也起著很重要的作用，對此，美國著名心理學家傅利曼與弗雷瑟曾在一九六六年一起做過現場實驗。

他們把兩組人分配到兩個社區，勸社區的居民在各自房前的道路上標注上「小心駕駛」的標語。兩組人採取不同的方式，試圖影響社區居民按照自己的意願行事。

在第一個社區，實驗人員直接對人們說出這個要求，但遭到多數居民的強烈反對和拒絕，最後成功說服了百分之十七的人；在第二個社區，實驗人員沒有直接對居民說出要求，而是先請求居民在一份贊成安全行駛的請願書上簽字，對於這樣的要求，很多居民都紛紛地簽了字，在這一過程中，幾乎所有被要求籤字的人，都同意了這樣的請求，幾週後實驗人員又向居民提出樹立標語的要求，得到了百分之五十五的人的同意。

後一組居民的同意率之所以高於前一組的居民，是因為人們的潛意識裡總是希望自己讓人留下前後一致的印象。

「登門效應」無論是在生活中，還是工作中，都經常被借鑑和運用。在生活中，當我們要求他人做某件較困難的事情又擔心他不願意做時，那麼就可以先向他提出做一件容易的、類似的事情。

例如，在教育工作中對成績平平的學生，老師不宜對他們提出過高的要求，而是應先提出一個只要比過去有進步的小要求，當學生達到這個要求後，再透過鼓勵逐步向其提出更高的要求，學生往往更容易接受並力求達到。

可見，「登門效應」蘊涵著一種理性與智慧。「隨風潛入夜，潤物細無聲」於不經意處影響和推動他人朝著自己設定的方向發展。

很多推銷員就常常使用「登門效應」這一技巧來說服顧客購買他的商品。

或許顧客本來不願意購買你的商品，但是你可以先給他介紹一些和這個商品相關的小東西，讓他對這個商品產生濃厚的興趣，一步一步攻破他的心理防線，這樣，就會更容易達成你的銷售目的。

從雙方心理變化的過程中看，對於推銷員來說，最困難的並非推銷商品本身，而是如何與顧客展開第一步。例如，當你讓一名推銷員進入家裡，可以說他的推銷已經成功一半了，即使你剛開始並不是為了買他的商品，僅僅是想看他如何表演。

大家要清楚，從心理學的角度來看，人們拒絕難以做到的或違反意願的請求是很正常的，這是一種出於本能的反應；但是他一旦對於某種小請求找不到拒絕的理由時，就會增加同意這種請求的傾向。而一旦他開始同意的行為，便會產生自己是在關心、支持他人的知覺或概念，此時如果他拒絕後來的更大請求，就會與之前的心理認知相違背，保持前後一致的心理壓力會促使他繼續做下去，甚至會做到更多，並使這種態度保持下去。

步步為贏，成功需要從一點一滴開始

在生活中，我們每個人都不免要請求他人的幫助，在向對方提出請求時，我們要學會用「登門效應」，將你的請求零碎地提出來，從一點一滴開始，比一下子提出所有的要求更容易得到對方的首肯。

如果你不喜歡拐彎抹角，直接提出要求，對方往往會被嚇到，從而產生防範心理。相反，如果你採取逐漸滲透的策略，對方就會認為這些小小的要求沒什麼關係，而消除對你的戒備，這樣，你就容易取得最後的勝利。

第二次世界大戰中，美國的外交官查理斯·塞耶就是利用這種步步為贏的策略，從對手那裡獲得了最大的讓步。

戰爭爆發後，塞耶為了給關在德國監獄的一個英國副領事送一些財物和生活用品，不得不與監獄長反覆談判。又一次，這位英國領事希望得到馬丁尼，塞耶做了多次努力，但監獄長始終不肯讓步，他只好另想辦法。

這天，塞耶見到英國的副領事後，塞耶開始把東西一件件遞了過去：睡衣、襯衫、襪子、一套盥洗用品……隨後，塞耶拿出了一瓶雪利酒，向監獄長解釋說，犯人可以在午飯前喝一點。

監獄長一言不發，有點習慣性地把酒接了過去。接著，塞耶又拿出了一瓶香檳酒，塞耶對副領事說，這可以先冰鎮一下，冰到恰到好處時與午飯一起享用。

監獄長有些不耐煩地轉動著身子，但他仍舊沒說什麼。緊接著，塞耶又拿出一瓶琴酒、一瓶苦艾酒和一個雞尾酒調製器。塞耶解釋說，這些都是為副領事調製晚餐用的馬丁尼準備的。

「哦，你加上一份苦艾酒，」塞耶轉過身，開始對監獄長說，「四份琴酒，再加上足夠多的冰塊……」

「該死！」監獄長簡直氣炸了，「我可以為這個犯人提供雪利酒、香檳酒，甚至是琴酒，但他完全可以自己來調製他的馬丁尼。」

為什麼監獄長原本拒絕提供馬丁尼，最後竟然同意了？

因為塞耶是亦步亦趨地慢慢提出自己的要求，一件一件地提供調製馬丁尼的原料和工具。監獄長原不答應提供馬丁尼，但他的犯人實際上還是得到了馬丁尼。

當我們熟知人們心理中的「登門效應」後，我們可以反其道而行，利用人們心中的這一心理變化規律達成自己的目標。例如，你在向對方提出各式各樣的要求時，先提出高於自己實際要求的要求，使自己的實際要求更容易得到滿足。

例如，身為專案的負責人，你找主管審批經費，你可以先把經費的數額提高，再降低，主管就比較容易接受了。

假設專案的預算費用為七十五萬元，你知道公司的資金不太寬裕，向老闆要錢不是那麼容易，你不妨提出預期費用為一百萬元，老闆一聽，覺得太多了，砍下二十五萬元，批七十五萬元，結果卻恰好是你所需要的。

反之，如果你明知預算不可能一次透過，需要七十五萬元就如實上報七十五萬元，結果老闆給你五十萬元，專案無法完成，結果會對誰不利呢？等到沒有一分錢再去追加經費，甚至等到上頭責備你用了錢沒辦好事時再去申辯，到那時，又有誰會聽你的呢？

再如求人辦事，你一開始就提出低要求，如果遭到了對方的拒絕，就沒有任何轉圜餘地了。改變一下方法：你一開始就向對方提出一個根本不可能的要求，在對方拒絕之後再提出你實際的要求。這樣，對方在拒絕了你一次之後，多半不好意思連續拒絕你，於是，你實際的要求不就被滿足了嗎？

同樣的道理，想讓家人、朋友答應你的請求，也可以運用這一技巧。

例如，你打算向朋友借二十五萬元，你就向朋友開口說借五萬元，這時，朋友心裡會想：太多了，如果少借一點，還可以商量。朋友可能會對你說：「你知道的，我薪水只有這樣子，實在幫不上忙。」

見朋友為難，你如果順著對方的話，說：「真不好意思，我知道你手頭也不寬裕，要不這樣，你先借我二十五萬元，其他的我再想想別的辦法。」事情不就成了嗎？

需要注意的是，到底如何利用「登門效應」，要根據環境和條件的不同而定。如果對方很少拒絕小要求，那麼我們就可以「步步登高」；如果對方平時很難接受你的要求，此時不妨反過來用。

但無論對方是什麼習慣，絕不要一下子就擺出你的全部要求。相反，你要學會在不同的階段，一點一點地提出來。這樣，對方才能一次一次地說服自己，最終同意你的要求。

把大目標細化成小目標

我曾聽過一個故事：

有個小和尚跟隨師父學習武藝，可師父從不教他任何武藝，只是交給他一群小羊，讓他去放牧。因為寺廟門口有一條河，小和尚每天早上都要逐一抱著小羊過河，才能到對面放牧，傍晚再抱回來。

小和尚剛開始很不解，但隨著歲月匆匆，幾年後小和尚卻練就了卓越的臂力和一身好輕功。原來小羊一天天地成長，小和尚在一天天抱著小羊奔向河對岸的時候，臂力也在不斷成長，他這才明白師父讓他放牧的用意。

可見，在我們追求成功的過程中，無論面對什麼目標，很難做到一步登天，只有把大目標細化成小目標，循序漸進，才能達成最終目標。

在日常的生活、工作中，人們普遍地具有避重就輕、避難趨易的心理傾向。

據報導，在一次十公里長跑比賽中，某國一位實力派的女選手勇奪桂冠。當記者對其採訪並問其奧祕時，她說：「別人都把十公里看成一個大目標，我卻喜歡把它分成十段小目標一個一個來完成。在跑第一個公里時，我要求自己爭取第一，這比較容易做到，因此我做到了；在跑第二個公里時，我也是同樣的要求，這並不難，所以我也做到了。就是這樣，在接下來跑的每一個公里時，我都是這樣保持了領先，並超出了她們一段距離。」

歐爾・奈丁蓋爾曾說：「要獲得幸福，我們的人生不能沒有一個遠大的目標。」然而事實上，除了設計能夠讓自己幸福的目標之外，還必須掌握一套能讓這個目標達成的辦法，也就是說，在一個遠大目標的指引下，必須有一個又一個小目標的累積，這一點非常重要。

生活中，人們經常為自己定下一個高遠的目標，為了達成這個目標，常常會感到自己心力交瘁，也常常會在一次又一次的碰壁後，心灰意冷，試圖放棄，在這種環境中不斷地經歷失敗的痛苦，最後會在一聲聲的慨嘆中失去自信，這時成功自然會越來越遠。

《勸學》中有言：「不積跬步，無以至千里；不積小流，無以成江海。」要想在成功的道路上走得更加穩妥，更加順利，就要善於將不同的大目標分解成小目標，善於做到因勢利導。

心理學研究結果顯示，小的成功可促使自己向更大的目標挑戰。我們不妨順應我們這種避難趨易的心理傾向，在這樣的心理傾向下，運用揚長避短的策略，在做任何事情時，都不應急切地追求一步到位，首先鼓勵自己完成那些最容易、最簡單的事情，進而趁勢而上，完成更難的、更複雜的事情，以此累積下來，便能夠品嘗到成功的滋味。

有一本書中曾這樣寫道：「目標就像一個金字塔，要想真正登上塔頂，就必須一級一級地從最底層的塔面開始，在此期間你所做的每一件事情都是登上塔頂的重要一步。」講述的就是這個道理。

大海之闊，源於一滴一滴微不足道的水；沙漠之廣，緣於一粒一粒毫不起眼的沙。有時候，平時進步得太少太慢並不可怕，可怕的是進步中途出現停頓乃至終止。每天進步一點點、每天創新一點點、每天多做一點點，就是走向成功的開始。

我們或許沒有能力一次性獲得成功，但我們可以累積無數小的成功，這些無數小的成功加起來便可以讓我們成為巨人。

養成良好的習慣

《三字經》中說：「人之初，性本善。性相近，習相遠。」簡單地來說，是指人剛生下來本性並沒有太大區別，是後天習慣的養成，使人與人之間性格特質產生了差別。心理學家認為，好的習慣讓人終生受益，壞的習慣會毀了一生，可見，養成良好習慣是至關重要的。

著名管理學家杜拉克在《彼得杜拉克的管理聖經》一書中，提出了著名的「目標管理」思想。他認為目標管理不僅可以用在組織制訂和執行目標，還對我們制訂和執行個人的目標和計畫十分有幫助。它所具有的相關要素是：確立目標、參與決策、規定期限和回饋績效。這不僅僅是管理中的一種要求，也反映出一種好的生活習慣。

心理學研究結果顯示，習慣是刺激與反應之間的穩固連結，是人的一種行為傾向，是一種穩定的甚至是自動化的行為。

英國哲學家培根在談到習慣時深有感觸地說：「習慣真是一種頑強而龐大的力量，它可以主宰人的一生。」

面對習慣，美國石油大王保羅·蓋提的故事值得我們深思。

美國石油大王保羅·蓋提有一段時期，抽菸抽得很凶。

一次，在他去法國度假的途中，住在一個小旅館。晚上下起了大雨，地面特別泥濘，因為已經開了好幾個鐘頭的車，蓋提吃過晚飯，就回到自己的房間裡睡著了。

但是清晨時分蓋提突然醒了，因為菸癮，他就打開了燈，很自然地伸手去摸他平時都會放在床頭的香菸盒，結果一根菸都沒有。他下了床，翻開衣服的口袋，還是沒有。

於是他又將行李袋打開，結果大失所望。他很想抽菸，可是這個時候旅館的酒吧和餐廳早就關門了。如果這個時候去叫醒他們賣菸，實在是不可能。現在他唯一能買到香菸的方法就是穿好衣服，到距離這邊六條街的火車站去。

因為外面還下著雨，情形並不樂觀。他的汽車也停在離旅館還有一段距離的車庫裡。而且，在他住宿的時候，店員也提醒過他，車庫的門是午夜關，第二天早上六點才開門，現在能叫到計程車的機率也相當於零。

顯然，如果他真的迫切地需要一根菸，那麼就只能冒雨走到黑暗中。抽菸的欲望不斷地折磨著他。於是，他下床，換好衣服，準備出去。正在他伸手拿雨衣的時候，他突然笑了起來，笑自己傻。他突然覺得，自己的行為有些荒唐可笑。

蓋提站在那裡，內心不停地來回鬥爭，一個所謂的商人，知識份子，一個認為自己有足夠的智慧可以對別人下命令的人，居然在三更半夜因為要抽菸，決定離開舒適的旅館，而且還要冒著大雨走上好幾條街去買香菸。

這也是蓋提生平第一次注意到，他養成了一個壞習慣，那就是為了一個不好的習慣，他可以放棄極大的舒適。看來，這個習慣並不能為他帶來好處，於是，他的頭腦立刻清醒過來，很快改變了買菸的決定。

他決定好之後，就走到桌子旁把香菸盒扔了出去，心裡頓時感到解脫，甚至有種勝利的快感，然後重新換上睡衣，很滿足地關上燈，回到床上接著睡覺。

伴隨窗外的雨聲，他進入了一個從來沒有過的深沉的睡眠。自從那個晚上以後，蓋提再也沒抽過一根菸，也再沒有想過要抽菸。

這位日後的石油大王經常回憶那天晚上的掙扎，也一直很慶幸自己並沒有被這種惡習俘虜。他有次總結自己的成功經驗時說：「好的習慣讓人立於不敗之地，壞的習慣則讓人從成功的寶座上跌下來。」

可見，習慣的力量是不容忽視的，人一旦養成一個習慣，就會不自覺地在這個軌道上運行。如果是養成良好的習慣，則會終生受益；反之，就會在不知不覺中害你一輩子。人們每天高達九成的行為是出於習慣，換句話說，如果人們能看清並且改掉自己的壞習慣，堅持自己良好的習慣，那麼，你至少能在人生路上得到九十分。

每個人身上有很多好的習慣，同時也有些不好的習慣。良好的習慣是開啟成功之門的鑰匙，壞習慣是通往失敗之門的鑰匙。因此，你要遵循的第一個原則，就是養成良好的習慣，並且全心全力去執行。

第23章 定錨效應 起腳不遠處就是落腳點

什麼叫做定錨效應

定錨效應，顧名思義，就是有一些現象的發生會依賴於它所處的位置，就像輪船一樣，在哪裡拋錨，就會在哪裡停。心理學研究顯示，人們在判斷某人某事時，極容易受第一印象或第一資訊支配，就像沉入海底的錨一樣把人們的思想固定在某處。

關於定錨效應，有個很有趣的故事：

有兩家賣粥的小吃店互相開在隔壁，結果其中一家生意慘澹，而另外一家生意很好。這家生意慘澹的店主非常困惑，於是就跑去另外一家店裡偵察。後來，祕密終於被他發現了，其實兩家粥的味道品質幾乎差不多，唯一的差別就是這家小吃店會問客人要一個雞蛋還是兩個，而自己的店則只問加不加雞蛋。

顯然，兩種問法是有區別的，問加不加雞蛋，第一資訊告訴人們的就是可以不加，這就是「錨」，所以這樣一來，就有不少人會選擇不加。但是問加一個還是兩個雞蛋，人們這個時候得到的第一資訊就是加雞蛋，到底要加一個還是兩個由自己決定，這樣一來銷量自然就會上去了。

無論這個故事是真實還是虛構的，我們都能從中獲得很多啟發，那就是定錨效應在現實生活中會影響我們對一些事物的判斷。

既然人們在判斷的時候都會受心理上定錨效應的影響，那麼在說服別人的時候，就不妨多用用這個原理。要知道很多人其實根本意識不到自己受定錨效應的影響。例如，為了達到目的，一開始採取極端措施，也就是提出一個極端值，那麼人們後來的決策或者判斷就會受此影響。

無論是在生活中還是工作中，我們都離不開說服。例如，談判專家要說服對方接受他的條件，銷售人員要說服消費者購買某產品，而政治家則要說服財閥或者民眾以得到他們的支持。巧妙地說服對方，並不是誰都具有這樣的能力。

說服不僅是一門技術，更是一種藝術，燭之武可以以三寸不爛之舌退秦師，鄒忌可以憑藉超人的口才說服齊王廣納群諫名揚天下，蘇秦雄辯滔滔而身掛六國相印，諸葛亮經天緯地而強於百萬之師，這些都不是一般人能做到的。但是普通人並不是一點兒機會都沒有，你也可以成為說服別人的高手。當然你不一定會是那些大人物，你很可能是一個律師，一個廣告宣傳人，一個普通的推銷員。

但你在說服別人的時候，也可以靈活應用定錨效應。所以，談判專家、銷售人員、政治家為了增加說服成功的機率，就經常使用定錨效應這一招。在實戰中，商務談判專家經常把條件定得很苛刻；銷售人員也經常用一些極端的暗示來影響他人；而政治家在提出自己的方案之前，很多人也會提出一些超出大眾的現有預期的方案，這樣一來就更有可能使自己的方案被通過。

定錨效應告訴我們，在生活中的一些小事上，如果能很好地採用這種策略，很多事情就會容易很多。如賣一件東西，如果市價兩百五十元就可以買到，那麼你不妨說你的賣五百元。通常顧客如果看得上這件商品，就會在兩百五十元到五百元之間選擇一個數字出價，很少有人出價比兩百五十元低的，因為在人們看來，降一半的價格實在是有些瘋狂。同樣地，當你知道定錨效應會對人們行為有深刻影響之後，你就要提防對你決策判斷產生的重大影響，例如，當股票升到六千點的時候，比一般人預期的要高，那麼很多人認為還會漲，實際上他們已經是受高「錨」的影響而高估了，當股票跌到兩千點的時候，人們又很悲觀，這實際上也受到了低「錨」的影響。知道了這個，那麼就會使你自己寵辱不驚，從容面對一切，而不是聽信他人的一面之詞。

生活中，人們很難抵禦定錨效應的影響，從心理學上來說，定錨值通常不會引起人們的注意，但這很可能使決策產生偏差。所以合理利用這一效應，可以為我們的工作提供許多便利。同樣地，為了避免這種情況在我們身上發生，因此，你一定要時刻提醒自己要更加全面地認識事物，而不是僅憑一面之詞。

適當地休息是為了走更長遠的路

磨刀不誤砍柴工，休息是為了走更長遠的路。我們都很讚賞那種工作敬業、在苦難面前拚命的人，但我們更應該知道的是：只有懂得適當休息的人，才能更有效率地工作。

心理學家發現，適當地休息，無論是對生活還是工作，都起著至關重要的作用。適當地休息，是體力恢復的需求，更是心理緩解的需求。足夠的休息，人才能緩解疲勞，放鬆心情，放下包袱，消除厭煩和緊張情緒，釋放內心的壓力，才能養精蓄銳，才會在得到很好的休息之後，以嶄新的面貌、振奮的精神、昂揚的狀態，重新投入到工作中。這時候，由於你得到了充分的休息和放鬆，你的頭腦是清醒的，你的思路是清晰的，你的精神是飽滿的，你的體力是充沛的，工作的效率無疑是很高的。

設想，你一味地打疲勞戰，長時間不停地連軸轉，也不注重休息。這樣看起來似乎很敬業、很認真、很負責，但我認為這是對工作、對自己的一種不負責任的態度。因為人的注意力和精力都是有限的，到達一定的限度之後，工作的效率會降到最低。這時候，欲速則不達，一旦你硬撐著連續作戰，不僅不會達到預期的理想效果，反而會由於你的硬撐，讓身心處於極度疲憊期，思維也會跟著一起混亂，那麼何談做事效率呢？

可見，對於那些不可能一下完成的工作，一定要為自己制定計畫，計畫中一定要有休息的項目。要有步驟，而不是盲目地以一時之意氣做事，既影響工作進程，又損害了身體健康，於自己、於工作都是極其不利的，所以說，不懂得如何休息的人，是不會懂得如何工作、如何走更遠的路的。

看看下面這個例子，一定會為你帶來很多啟發。

> 挪威人自古以來就懂得如何讓工作與生活相結合，這個北歐國家的人們非常愛好和大自然相處。挪威的人口只有四百多萬，但面積廣大，平均每一平方公里住著十一個人，其餘都是峽灣、麥田、湖泊、森林、山脈等。挪威的大都市人口不到五十萬，且地廣人稀，按理來說，他們的工作節奏應該是極其忙碌的。然而，挪威人有個習慣，一到星期天，他們務必到郊外散步或滑雪，一到假期也很少留在都市中瘋狂地工作。令人驚訝的是，繁重的工作，他們從來都是高效率完成。
>
> 有位作家首次到挪威時很吃驚地問道：「人怎麼都不見了？」原來那天是週末，所有人都出去盡情地放鬆娛樂了。後來，當作家和挪威人一起去滑雪時，被一群學生帶到偏僻的山莊過夜，等到晚上要睡覺時，才發現室內氣溫竟然是零下

二十七度，與外面的溫度沒什麼差別。這種與大自然的相處對於心靈的影響，不但讓這個作家漸漸平靜下來，而且也創造一種思索生命的空間，於是一直以來困擾他思路的難題終於迎刃而解。

可見，當人在忙碌的都市生活之中思考問題時，容易鑽牛角尖，走上死胡同。一旦離開這種精神壓力，讓身心得到適當的放鬆，許多問題反而可以豁然開朗。

生活中流傳這樣一句話，即便是到了除夕夜，只要你想做，事情也依舊會很多。也就是說，工作是永遠做不完的，我們不能總用一種浮躁不安的心態來對待工作，而應該學會如何統籌規劃，如何提高工作效率，只有在這上面努力下工夫，才能達到事半功倍的效果。

自古有云：文武之道，有張有弛。該張的時候，我們要竭盡所能地投入，以求高效率；該弛的時候，我們要讓自己徹底放鬆，讓身心得到休息，以利再戰。

當然，適當休息是建立在稱職、敬業的前提下。並不是說當天必須要完成的工作不去做，或者上級交給你的急難險重任務卻因為要休息而一拖再拖。

經常慰勞一下自己

在日常生活中，懂得如何慰勞自己的人，是會讓自己保持舒暢的心情，充滿昂揚的鬥志。我們常聽到一些人抱怨自己的生活、工作，尤其是人處在失意狀態，熱情會被磨殆盡，對任何事喪失信心。其實，出現這種情況是正常的。

每個人都希望取得驕傲的成績，事業的進步，生活的舒心，然而在我們前進的道路上有太多風雨需要自己去承擔。因此，想要得到更好的發展，人就必須懂得適當地慰勞自己。

心理學研究顯示，一個人做任何事情的興趣常常和自己對取得成績後的滿足感連結在一起，這種滿足感是伴隨著被稱讚、誇獎而增強的。可見，適當地慰勞自己才會更有幹勁，才會更加明確和堅定未來發展的方向。

二十五歲的韓國圍棋棋手李世石十次獲得圍棋世界冠軍。此前，常昊、胡耀宇、周鶴洋、孔杰、謝赫、陳耀燁……無一不倒在他的劍下，有網友曾送其綽號：「西門世石」，隱喻其無人能敵。然而，和李世石同年出生的古力並不怕他。一次，圍棋大戰，在古力與李世石較量之後，古力已將兩人的交手紀錄改寫為七比六，有望成為繼羅洗河之後李世石的另外一位苦主。

記者在採訪時問起古力為什麼會保持這麼好的心態時，古力則笑著表示，經常慰勞自己，好好大吃一頓，說不定還會熬夜看看球賽。

古力低調表示：「這只是一個開始，一步一步來吧！」

其實對於古力來說，這場比賽獲勝的意義深遠——也許，這就是他挑戰小李王朝的起步。畢竟，從二〇〇八年的世界大賽看，除了應氏盃出局，他在春蘭盃、富士通和 LG 盃上都進入了八強，保持著奪冠希望。當初那個力量奇大容易衝動的少俠，早已被更冷靜、更穩重的形象所代替。古力常常會慰勞自己，以此給予自己鼓勵，並舒緩緊張壓抑的情緒。

從這個例子中，我們看出適當地慰勞自己，不僅會為自己帶來好的心態積極應對工作，還會為自己帶來意想不到的收穫。

朋友曾經講述一個發生在他身上的趣事：

當他終於完成自己的小說後，決定重重地慰勞自己一回，獎品是兩百公克的爌肉。「兩百公克的豬肉也能算慰勞？」我質疑地反問道。朋友卻說：「這可是『重獎』，說出來你可能不信，自從豬肉價格飛漲以後，我就再也沒有吃過它。因此這一大塊爌肉，實在算得上是『重獎』了。而且我是一頓吃掉，乾淨俐落。」

朋友向我講述時，洋溢著成功的喜悅。他說早應該經常地慰勞自己，為什麼呢？因為這樣做的最大好處，是時時看到自己的成績、成功，有助於消除疲憊心理，減輕心理壓力，與精神障礙絕緣。在小說完稿之前，朋友經常半夜醒來就再也睡不著，反覆地想，前面寫的情節是否合理，是否有漏洞，接下來應該如何構思細節、遣詞造句等。於是，就只能下床，坐在電腦前工作，結果總是一無所獲。有段時間，幾乎就要放棄，每當小說沒有進展，他會選擇慰勞一下自己，出去散心，吃一頓大餐，去一個好地方，這些方式能為自己帶來動力。最終，他戰勝了創作中「最大的挑戰」。

生活中，人們常會被一些事情所束縛，長而久之，人會變得無精打采，失去正向的生活態度。其實，我們不妨在完成一項工作後，學會適當地放鬆一下心情，施與自己小恩小惠，自我獎勵。比如說，約幾個知心好友去喝茶，帶上愛人去郊外領略一下久違的田園風光，買幾本心儀已久的書靜靜地品讀等。

心理學研究顯示，任何事情都不是一蹴而就的，學會自我慰勞，不僅僅讓身體得到調適，也能夠讓疲憊的心靈擁有一個反省與頓悟的時間，這樣會獲得意想不到的收穫。

因此，要想時刻保持正向的心態和頑強的鬥志，就需要經常給予自己適當的獎賞，不斷地慰勞自己。

和什麼樣的人在一起決定你的前途

生活中，人們也常說，和什麼樣的人在一起，就會有什麼樣的人生。和勤懇的人在一起，你不會懶散；和正向的人在一起，你不會變得消沉；與智者同行，你會卓爾不群；與高人為伍，使你登上巔峰。

心理學研究也顯示，和什麼樣的人在一起很重要，能改變你的成長軌跡，甚至決定著你的人生成敗。

與正面的人在一起，人的情緒和生理狀態都會受到其良好的影響，激發人的內在潛能，發揮人的超常水準，使人奮發向上，積極進取。與負面的人在一起，你會在不知不覺中變得沒有夢想，甚至會漸漸頹廢，變得平庸。

在民間流傳這樣一句諺語：正面的人像太陽，照到哪裡哪裡亮；負面的人像月亮，初一十五不一樣。態度決定一切。一個人是否擁有正面的態度，直接關係到他未來成功與否。

有人說，人的一生有三大幸運：學生時代遇到好老師，工作時遇到一位好主管，成家時遇到一個好伴侶。有時他們一句溫馨的話語，一個鼓勵的眼神，就能使你的人生變得與眾不同，光彩照人；而生活中最不幸的是：你身邊盡是不思進取、缺少遠見卓識的人，使你的人生變得失去光澤、平平庸庸。

古時「孟母三遷」，足以說明和誰在一起的確很重要。

在孟子很小的時候，其父親就不在了，母親為了守節始終沒有改嫁。

一開始，孟母帶著孟子住在墓地旁邊。孟子就跟著鄰居的小孩經常一起學著大人跪拜、哭嚎的樣子，玩起辦理喪事的遊戲。孟子的母親看到後，就皺起眉頭擔心起來：「不行，我絕不能讓我的孩子住在這裡了。」於是，孟子的母親就帶著孟子搬到殺豬宰羊的市集附近住。到了市集，結果孟子又和鄰居的小孩，一起學商人做生意和屠宰豬羊的事。孟子的母親不由得再次擔心，她又皺皺眉頭：「我也絕不能讓我的孩子在這個地方居住。」於是，他們又搬一次家。這一次，孟子的母親帶著孟子搬到了私塾附近。每月夏曆初一這個時候，一些官員便到文廟，行禮跪拜，且互相都以禮相待，孟子見了都一一學習記住。

這一次，孟子的母親很滿意地點著頭說：「這才是我的孩子應該住的地方。」

「孟母三遷」的故事告訴我們，人只有接近更優秀的成功者，才能受到優秀的影響。

雄鷹如果在雞窩裡長大，就不會擁有飛翔的本領，也不可能搏擊長空，在空中翱翔。野狼如果在羊群裡成長，也會因「愛上羊」而喪失原有的狼性。

可能你原本很優秀，但由於你的周圍都是一些負面的人，難免你會深受影響，你會因缺乏向上的動力，喪失前進的目標而變得如此平庸。

如果你想像雄鷹一樣於天空翱翔，那你就必須和群鷹一起飛翔，而不是與燕雀為伍；如果你想像野狼一樣於大地上馳騁，那就必須和野狼群一起奔跑，而不是與鹿羊同行；正所謂「畫眉麻雀不同嗓，金雞烏鴉不同窩。」如果你想聰明，那你就必須和聰明的人在一起，你才會更加睿智；如果你想優秀，那你就必須和優秀的人在一起，你才會出類拔萃。這就是潛移默化的力量和耳濡目染的作用。

心理學家認為：善於發現他人之長處，並將其轉化成自己的長處，你就會成為聰明人；善於把握人生的機遇，並把它轉化成自己的機遇，你就會成為優秀者。

很多人說看一個人周圍有什麼樣的朋友就能看出一個人發展的前景。朋友優秀，則意味著你的價值就高，對你的事業幫助就大。人生的奧妙之處就在於與人相處，攜手同行。生活的美好之處則在於送人玫瑰，手留餘香。

和怎樣的人在一起，就會有怎樣的人生。生活如此，事業也如此。因此，學最好的別人，做最棒的自己。借人之智，成就自己，此乃成功之道。

第24章

自我求證

為什麼要信算命師的

什麼叫做自我求證

心理學研究發現，人們都有自我求證的心理。自我求證的過程，對絕大多數人來說是一個變相強化和自我麻醉的過程。

例如，你在購物中心買衣服，你本身覺得這件衣服很漂亮。所以，一旦有人誇讚這件衣服漂亮時，你會比平時更加信以為真，如果把這件事放在平時，你一定會判斷出對方評價的真偽度，但是，現在處在自我求證過程的你，一定會覺得對方說的是真話。你會更加確定這件衣服的漂亮程度，從而決定購買。

然而，在有人說不好看時，你可能會想方設法地把對方的評價當成嫉妒、沒有欣賞水準，相反，你會更加確定自己的正確性。

由此可見，人們獲取資訊的出發點並不是完全為了接受教育，每個人的內心都是非常自我的，往往他們不會輕易接受與己不同的思想，人們獲取資訊的主要目的是為了替自己原來的觀點尋求證據和支持，這就是自我求證。

如果僅僅是一件衣服，對於我們的生活影響並不大，如果是其他的東西呢？提到自我求證時，人們幾乎會馬上想到占卜算命。

日本的心理學教授多湖輝對算命這一現象進行過深刻的研究，他發現：絕大多數的算命師父都能掌握人的心理，他們最常用的心理招數就是：「人們在聽到對方語意不明確的話語時，往往會向著自己理解的方向推敲，從而產生一種『對方了解我』的錯覺。」這就是一種自我求證的心理現象。

人們在遊覽名山秀水時，常常會碰到一些看手相、面相的算命師父。在他們周圍總會圍著幾個正在算命的遊客，有的人還不時地點頭：「對，真的是這樣。」神情極為虔誠。

其實算命師父所使用的訣竅就是：提供一些比較模糊的資訊，讓對方去尋找自己的經驗，使資訊的模糊性具體化。其實從心理學的角度分析，當我們聽到一段籠統的、一般性的人格描述時，都傾向於認為這段描述特別適合自己。

算命師父只不過是善於抓住人們的心理，巧妙地在短時間內察知對方當前的心境和煩惱，並提供一些適當的忠告而已。

我們來看看這樣一個例子：

一位女性找算命師父算命。這位女性年齡未滿三十歲，看起來比較好勝。她似乎對算命興趣不大，但也並非完全不相信。

算命師父首先發問。

「你相信巧合嗎？」

「巧合？」

「就是本來沒有一點關係的事件同時發生。就比如說，我今天一共算了六個人的命，他們的血型全是B型，妳是第七個，當然也是B型。」

「對，我是B型。你是怎麼知道的？」

「所以我說這就是巧合，從表面上看可能是偶然事件，但也會被我們不知道的法則引導而發生。」

這就是算命術中經常用到的技巧，需要絕妙的時機和特別有彈性的說話方式。

當然，今天有六個來算命的人都是B型之類的話，完全是算命師父胡編亂造的。

算命師父之所以能推斷出這位女性的血型是B型，完全在於他懂得如何察言觀色。

算命師父一邊說「這六個人的血型都是B型」時，一邊觀察這位女性的表情。如果她沒有太大的反應，就表示她的血型不是B型。此時，只要說「好不容易遇到第七個人的妳，就不是B型」就好了。

但是此時，算命師父明顯看到她臉上呈現的驚訝表情，所以這位女性不用開口，算命師父就知道她的血型是B型。因此算命師父立刻斷言：「當然第七個人的妳也是B型。」

算命師父繼續發問。

「你現在正為人際關係而煩惱嗎？」

「人際關係？」

「職場上的問題、親子問題啦、戀愛啦……」

「沒錯，是戀情問題……」

這就是算命術的「巧妙質問法」的應用。所謂人際關係，其實概念比較寬泛，而把算命師父說的人際關係這個模糊的主題縮小到「戀情煩惱」的，不是別人，而是這位女性本身。

算命師父若無其事地從對方口中套出資訊，這就是運用人的自我求證心理的技巧。通常向算命師父尋求幫助的人，多半是遇到了麻煩或難題，希望得到建議或答案。因此，如果算命師父沒有完成這個使命，就算說中前來算命者的性格或現狀，也不會有太大的意義。因為算命師父存在的價值，就在於為前來算命的人提供困境的答案。即使只是一般人，如果能一語道破對方所面臨的困惑或煩惱，對方也會打開心扉。

心理學家研究發現，自我求證心理根源於人們以自己為中心的思維方式。從古希臘哲學家蘇格拉底「認識自己」開始，我們就從來沒有停止過對自我的追尋，但我們常常迷失在自我當中，很容易受到周圍資訊的暗示。當看到別人的一段經驗總結，或者別人生活中遇到的問題時，我們會從內在去尋找，找到相似之處，然後就以為我們也有過這樣的感慨或者這樣的問題。

由此可見，自我求證的心理與我們如影隨形，無論是在工作中還是在生活中，我們都要警惕這種心理帶來的影響。

是信算命師的，還是信自己

英國哲學家培根曾說：「人的命運，主要掌握在你自己手中。」

當一些意外的困難出現，甚至是悲慘的命運降臨時，選擇勇敢抗爭，相信自己，那麼你就會戰勝困難，戰勝命運。但一旦選擇放棄，覺得自己無法與之抗爭，則你的整個人生將會被失敗籠罩。

在前途和命運面前，每個人的態度是不同的。有人認為，命運是上天注定的，是算命師可以算出來的，是人無法改變的。但在我看來，只要對自己充滿信心，命運只是人手中的方向盤，駛往哪個方向，始終掌握在每個人自己手中。

一個生活平庸的年輕人，對自己的人生沒有信心，平時經常去找一些「賽半仙」算命，結果越算對自己越沒信心。

一次，他聽說山上寺廟裡有一位禪師算命極準，這天他便帶著對命運的疑問去拜訪這位禪師，他問禪師：「大師，能不能告訴我，這個世界上是否有命運這一說？」

「有。」禪師回答。

「哦，這麼說來，我是不是命中注定窮困一生了？」年輕人沮喪地問。禪師讓這個年輕人把左手伸過來，指著手掌對年輕人說：「你仔細看看，這條豎著的線就是生命線，這條橫著的線是愛情線，還有這條斜線是事業線。」

接著禪師又讓這個年輕人做了一個動作，把手慢慢地握起來，緊緊地握住。

禪師發問：「你能看見這幾根線在哪裡嗎？」

年輕人困惑地說：「在我手裡啊！」

「那麼，命運呢？」

年輕人終於恍然大悟，原來命運一直是掌握在自己手中的。無論別人怎麼跟你說，無論「算命師父」如何替你算，記住，命運永遠掌握在自己的手中，而不是在別人的嘴裡。當然，再仔細端詳自己的拳頭，你還會發現，你的生命線有一部分留在外面沒有被抓住，它又能給你什麼啟示？命運通常都掌握在自己手中，但還有一部分掌握在「上天」的手中。古往今來，凡成大事者，他們「奮鬥」的意義就在於用其一生的奮鬥去換取在「上天」手裡餘留的那一部分「命運」。

在明白命運的道理後，有人不禁會問如何來實現命運？答案很簡單，那就是努力奮鬥。

從下面兩個故事的對比中我們很容易明白，除了堅持不懈地努力外，沒有能實現命運的第二條路，即使她擁有好的背景、天賦，也不能跟命運達成交易，那樣的成功也是不會長久的。

有個女孩，長得非常漂亮。她一直夢想著自己有朝一日能當上電視節目的主持人。她覺得自己對這方面很感興趣，而且自己很有才華，每當她和別人相處時，即便是第一次見面的陌生人也會很願意親近她並和她交談。她懂得怎樣讓別人打開心扉說話，身邊的朋友都稱她是自己親密的心理醫生。

這個女孩就讀的是一所著名大學，其父親是在業內很出名的工程師，母親則在一所也很知名的大學任教，家庭環境優渥。父母都很贊同並支持她實現自己的理想。

於是，這個女孩經常會對別人說：「只要有人願意給我一次上電視的機會，我相信自己絕對會成功，一定能成為一個出色的主持人。」可是，已經幾年過去了，奇蹟依舊沒有發生。因為現在的節目主管根本沒精力去四處搜尋人才。

而這個女孩國中時的同班同學卻實現了自己夢寐以求的理想。那個女孩也很漂亮，卻沒她優秀。那個女孩的家庭條件比較差，根本無法提供她可靠的經濟來源。所以，女孩白天就去打工，晚上則到大學舞台藝術系進修。一拿到自己的畢業證書，她便開始去應徵，幾乎跑遍了全台的廣播電台、電視台，而且經歷了一次又一次碰壁。多次的失敗，但女孩並沒有退縮，最後終於被一家廣播電台錄取，雖然這個廣播電台很小，但女孩在那裡當上了主持人。一次，某電視台和該小廣播電台聯合錄製了一個節目，某電視台的高層發現女孩是個人才，後來把她叫到電視台試鏡。結果，女孩被錄取了，最終憑著自己不懈的努力，實現了到電視台當節目主持人的夢想。

可見，滴水穿石。你每一天的努力，即使只是一個小動作，只要持之以恆，都將成為明日成功的基礎。

相信自己，是人通往成功之路的砝碼。要學會並相信命運始終靠自己掌握，唯有奮鬥不止的人最終才能獲得成功的青睞。

自我求證的祕密

一日，三名秀才進京趕考，夜宿旅店，遇見一位算命老翁，三人紛紛向其問及科舉前途，老者神祕地伸出一指晃了晃說：「想必你們一定能領會我一指的暗示吧！」並約了見榜歸來在此店見面的時間，驗證其準確程度。三個秀才都不願放下「讀書人」的架子，都顯露出心領神會的樣子。

待三位秀才走後，店老闆出於崇拜向算命老翁討教，算命老翁詭祕一笑說：

「若一人中舉，則釋為暗示只一人會考中；若二人同時中，則釋為暗示其中一人不能考中；若三人都未中，則釋為每個人都考不中；三種可能皆在暗示之中，你說豈有不準之理！」

正如本章前面講到的，算命師父很會觀察人們的心理，並懂得如何利用這些心理達到自己的目的。算命師父向那些前來算命的人提出的問題往往都是語意含糊籠統的，因為語意含糊的問話，往往容易讓人們向自己認定的方向去推測，這樣一來，算命師父便為自己留了較大的轉圜餘地。

深諳人們自我求證心理的算命師父適時而入，說上一段無關痛癢的話便會使前來算命的人深信不疑。此時，充當「神」的算命師父與需要「神」來接管和奴役的人們，便構成了一個彼此需要的病態心理互補綜合體。兩種需求融會在一起，就形成了各種迷信現象滋生的環境和土壤。這也就是產生自我求證的根本原因。

另外，之所以很多人對算命師的話深信不疑，在不自覺間陷入自我求證的惡性循環，在相當程度上與人們心理中的自動篩選有關。

生活中流傳著這樣一句話：「受傷的手指經常被人碰。」大意是指人們某個手指受傷後，總覺得與未受傷前相比，被人們觸碰的次數大大增加了。

其實道理很簡單。這種心理現象的出現並不意味著手指在完好無損的情況下被人碰的次數就少，而是因為手指在完好無損的情況下被人碰的時候人們並沒有在意，大腦中的痕跡也不深。而受傷的手指就不同，哪怕是受到很小的一點刺激，大腦也會留下比較深刻的印象。

說到底，這是因為人們對受傷的指頭格外注意罷了。

也就是說，人們的心理對於要記憶的事情具有篩選功能。

例如，很多職場新人，剛進入公司時往往會帶有一種崇拜的眼光去看待自己的主管，對主管在工作中閃閃發光的模樣往往印象深刻，而一些失誤之處則被選擇性「忽視」了。就像大多數預言家預言準確的時候是極少的。只不過人們往往會輕易地忘記一百次失敗的預言，卻津津樂道於偶然的一次成功罷了。

我曾經和朋友玩過「紙牌算命」的遊戲，算得她們準確度的回饋率是百分之九十五、百分之九十八，甚至是百分之百。這並不代表著邪靈在作怪，我的神機妙算，其實只不過是因為對他們的性格比較了解而已。有句話說「性格決定命運」，只要你能夠獲取對方性格的因數，就能對對方有更多的揣測。

其實，在這個世界上，每個人都不可避免地有一種自我求證的心理。無論是他人還是自己，無論是有察覺還是無察覺，人們這種自我求證的心理無處不在。因此，了解自我求證的祕密，將會為你帶來收穫和幫助。

跳出自我求證的惡性循環

我們都聽過馬謖失街亭的故事。

故事的主角馬謖在接下鎮守街亭的任務，到達街亭之後，並沒有根據「鎮守街亭」這個任務本身去制定作戰計畫，而是根據自己「大敗曹軍」的個人願望主張進攻。當王平給予他勸告時，馬謖認為自己經常替諸葛亮指點迷津，根本不屑於聽取王平的建議。直到被魏軍圍困之後，馬謖也無法冷靜思索突圍的方法，而是更加責怪其他士兵。應該說，在處理這一系列的問題當中，馬謖更多的是從自己的角度出發，依照自己情感上的需求加以判斷和進行決策。他在做出這些決定時極其不理智。

故事中的馬謖之所以會如此感情用事，控制不了自己的情緒，從心理學的角度來講，都是因為渴望成功導致的。馬謖這種急於求成的心態，使他無法仔細和冷靜地判斷和做出分析。「急於求成」的直接結果，就是「利令智昏」。由於他對自己的過分自信，在壓力和質疑面前陷入了自我求證的惡性循環，失守街亭，致使諸葛亮不得不揮淚斬馬謖。

可見，很多事情如果急於求成會導致人喪失判斷力、不冷靜甚至情緒化，馬謖就是一個令人惋惜的典型案例。由於他過分渴望「大滅曹軍」，成功立業，導致其犯下了令後人難以理解的錯誤。

眾所周知，很多大學畢業生在社會的壓力和挫折面前，竟然陷入了直銷的泥淖。對此，很多人在痛惜不已的同時，常常是百思不得其解。

曾有位資深專家對教育心理學理論做過深入研究，他分析出了大學生參與直銷過程中所表現出來的心理問題。

經過調查發現，很多大學生參與直銷的心理根源，驅使他們走向直銷的根本動力是心中的投機心理和成就心理，最具體的目標是「一夜暴富」。多數參與直銷的學生家庭經濟比較貧困，雖然經過多年的苦讀，來到了大學，但他們內心所渴望的，一直希望能夠在短時間內改變自己，創造財富回報家人和證明自己。

這種利益驅使和「簽樂透」的牟利心態是絕對不同的。甚至從某種程度上來說，大學生的這種心情，與一般投機發財的願望相比要迫切、強烈得多，因此也就更容易落入直銷的圈套。

而且，這些學生往往太過輕信自己，太過自信實際上是自卑的產物。太過自信讓他們變得固執，認為自己絕不會錯，壓力和質疑越大，自我求證渴望越大，所以也就看不出直銷是否是個騙局。學生這種盲目的自信會使他們的狀態處於非理性。正是這種非理性的狀態，使他們在直銷的泥淖中越發不可自拔，無法從自我求證的惡性循環中跳出來。

學生過分渴望成功的心理，實際上是由於對成功的過度評價後所能獲得的利益造成的。

如果在看待「利益」時能夠謹慎，也就不會出現這類情況了。如果這些大學生能夠懂得社會發展階段中的各種問題，進而憑藉自己的努力來贏得收入，就不會陷入直銷的圈套了。而對於馬謖來說，是由於他對「大滅曹軍」後能夠帶來的威望和成就感，以及未來在蜀軍中、在歷史上所擁有的盛名和地位太過渴望，才導致其失去理智。

那麼，如何才能保持自己清醒的理智，跳出自我求證的惡性循環呢？我認為應該做到以下幾點：

首先，積極勇敢地面對，克服懶惰投機的思維。

「趨利避害」是人的本能，人們總是尋求舒暢安適的工作職位、生活環境，一旦被滿足後，則會產生一種畏難的惰性，而這種惰性是導致一切積極性和進取心枯竭的根源。那麼，昨日的成功很可能就是今天的失敗。因為你的心中已裝滿東西，又怎麼會去考慮更多更新的東西？

其次，放下虛榮，樹立良好心態。

人們有時會因拉不下臉而採取逃避的態度，不敢去積極應對問題，這就要求，人要以一顆平常心來看待處理問題和周圍的事物，因為逃避和面子永遠解決不了麻煩的存在。

最後，要學會自覺地檢視思維，達成自我超越。

每個人對同一件事情處理的方法或許會不同，其原因就在於每個人的思維方式會不可避免地產生偏差。「我是」思維就是不檢視自己思維的一種惡性循環，實際上就是一種「熟練的無能」表現。是自己思想深處的一個盲點。

可見，跳出自我求證的惡性循環並不比克服一個壞習慣更難。從心理學的角度來說，如果人們能從自我求證的惡性循環裡跳出來，以一個旁觀者的身分審視自己，審視人生道路，就能讓我們更全面地認識自己，認識成功，把人生看得更清更遙。

後記

人人都渴望成功，筆者亦然。

當然正如我書中所講，每個人對成功的定義都是不同的，但我認為對於普通人來說，比自己的過去有進步就是成功。

在成功的道路上，有的人是順風順水，一馬平川；有的人是坎坷不斷，失誤連連。同樣的目標，相差無幾的能力，為什麼他已成為眾人眼中的成功者，自己還在職場的某個層級打拚？

自踏入社會的那天起，筆者就立志成為一個成功人士。為了實現自己的成功，筆者從一個普通銷售員做起，一做就是十五年，期間曾經出任公司高管，也當過大學老師，也經歷過多次創業和投資。雖然目前的成就離自己的目標還很遠，但多年追求成功的經歷告訴我，做什麼工作不重要，做什麼行業也不重要，重要的是對成功的那份企圖心、對事業的專注和對人性的把握。

可以說，一個人追求成功的過程，就是與自己、與他人心理博弈的一個過程，而其中，把握人性是成功的不二法門。

當數年前發現這個「祕密」之後，筆者就對心理學產生了濃厚的興趣。在近十年的培訓生涯中，筆者希望透過研究與實踐，找出一條新的成功路徑。

筆者在研讀大量心理學著作的同時，也把學到的這些知識和方法應用到了實踐中，演繹到了各大企業員工的培訓課上，甚至在一些諮詢項目中，筆者也常常使用心理學的方法。這些實踐告訴我，如果能將心理學和自己的工作、生活結合起來，可以使個人的綜合能力與人際關係突飛猛進。這種切身的體會讓筆者有了創作的衝動，為什麼不與那些渴望成功並正在不懈努力的人們分享我的「成功」經歷呢？

從確立創作計畫開始，我把絕大部分空餘時間都用到了書稿的撰寫上，完稿後回頭看了幾遍，發現由於時間緊迫，在很多地方尚有言猶未盡之感。另外，在很多專家面前，可能還有很多觀點需要進一步的探討和交流。

在本書的部分章節中，參與編寫的還有張勇、瑞凌、劉超、楊雪獻、趙真、張子倩等，在本書出版之際，特向他們表示感謝。

最後，本書內容敬望廣大讀者批評指正。

李恆

國家圖書館出版品預行編目（CIP）資料

不厚黑也能成功的心理學 / 李恆 編著 . -- 第一版 . -- 臺
北市 : 清文華泉 , 2020.7
面； 公分
ISBN 978-986-99044-6-9(平裝)

1. 成功法

177.2　　109007325

書　　名：不厚黑也能成功的心理學
作　　者：李恆 編著
責任編輯：柯馨婷

發 行 人：黃振庭
出 版 者：清文華泉事業有限公司
發 行 者：清文華泉事業有限公司
E-mail：sonbookservice@gmail.com
粉 絲 頁：https://www.facebook.com/sonbookss/
網　　址：https://sonbook.net/
地　　址：台北市中正區重慶南路一段六十一號八樓 815 室
Rm. 815, 8F., No.61, Sec. 1, Chongqing S. Rd., Zhongzheng Dist., Taipei City 100, Taiwan (R.O.C)
電　　話：(02)2370-3310　　**傳　　真**：(02) 2388-1990

定　　價：450 元
發行日期：2020 年 7 月第一版